AF463179

Les Compagnies du Corail

Étude Historique

sur le Commerce de Marseille au XVI siècle et les Origines de la Colonisation Française en Algérie-Tunisie.

PAR

PAUL MASSON

Professeur à l'Université d'Aix-Marseille

PARIS
FONTEMOING, ÉDITEUR
4, rue Le Goff, 4

MARSEILLE
IMPRIMERIE BARLATIER
19, rue Venture, 19

MCMVIII

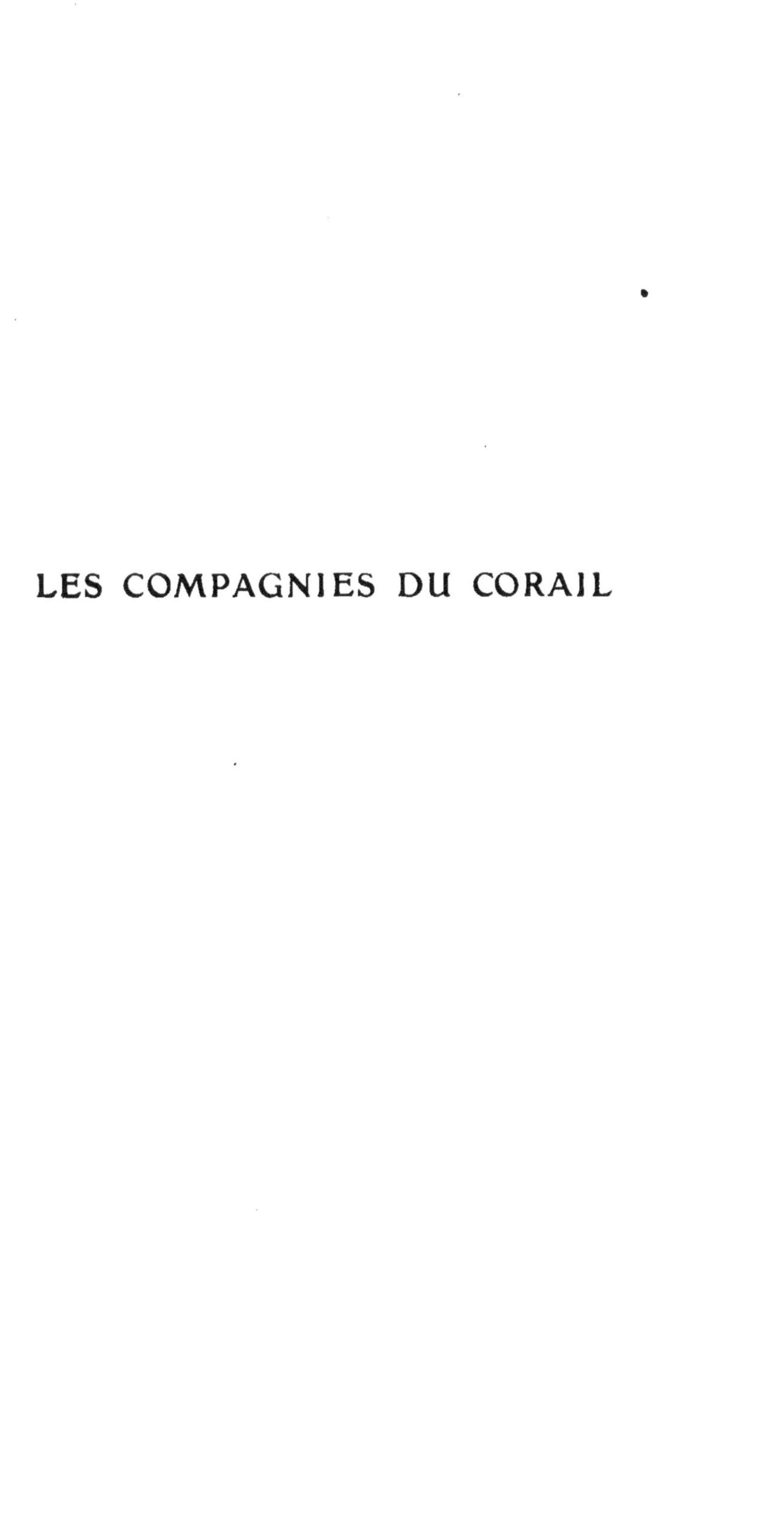

LES COMPAGNIES DU CORAIL

LES COMPAGNIES DU CORAIL

ÉTUDE

SUR LE COMMERCE DE MARSEILLE AU XVIe SIÈCLE

ET LES

Origines de la Colonisation française en Algérie-Tunisie

AVANT-PROPOS

Cette étude est due à l'heureuse découverte faite aux Archives départementales de l'Isère d'une série de registres portant la mention *Compagnies du corail*. M. Fournier, archiviste des Bouches-du-Rhône, à qui revient l'honneur de cette trouvaille, a bien voulu m'en faire part et me laisser le plaisir d'en tirer parti. Le dépouillement de ces registres, communiqués un à un, a été d'abord quelque peu décevant et rebutant. Il était permis d'espérer qu'ils renfermeraient des correspondances, des actes et documents divers, mais on n'y trouve exclusivement que des comptes. D'autre part, l'état des manuscrits et de l'écriture, la langue employée, mélange de provençal, d'italien et de français, les abréviations et les signes conventionnels des comptables d'alors, ont rendu souvent le déchiffrement difficile et même impossible. Néanmoins, le travail a été poursuivi parce que c'était une véritable chance d'avoir mis la main sur des documents de premier ordre, d'autant plus précieux qu'ils sont uniques. Seuls, en effet, ils permettent de faire l'histoire des compagnies du corail du XVIe siècle, les premières compagnies marseillaises, qui prennent rang parmi les plus anciennes grandes compagnies de commerce françaises et même européennes. Ils jettent une lumière toute nouvelle sur les origines de la colonisation française en Algérie-Tunisie, dont un ouvrage récent n'avait guère pu que constater les obscurités (1). Enfin, ils donnent une foule de renseignements sur la vie commerciale du XVIe siècle. D'autres chercheurs pourront y puiser les éléments de plusieurs études sur divers points particuliers.

Voici quelques indications sommaires sur les registres conservés dans la série EII des archives de l'Isère.

EII, 944. Gros registre in-folio de 600 pages environ (les 100 dernières en très mauvais état), reliure peau. Comptes des années 1566-69. Sur la première page on lit la mention : N° I, 1666. Peut-être était-ce déjà le plus ancien des registres conservé à cette date.

EII, 945. Registre de 120 folios, en très mauvais état, décoloré par les moisissures, pages détruites en partie. On y retrouve les dates de 1570, 1571, 1585, 1586.

EII, 946. Registre relié en parchemin de 489 pages, sur grand papier timbré à deux sols la feuille. Copie française du XVIIe siècle. Excellent état.

Titre : *Compte général et rapport de la Compagnie du courail du royaume de Thunis dressé par nous Jean-Baptiste Cotta docteur ès droit advocat en la cour et Laurent Brémond secrétaire du commerce de cette ville de Marseille et en la forme portée par les arrêts du roi nouvambre mil six cents vingt et 6 août mil six cents cinquante neuf qu'est depuis le...... 1591 jusques au 9 juillet 1593.*

EII, 947. Registre de 558 folios, sans couverture. Copie française du XVIIe siècle, en assez bon état. Comptes de 1591 à 1595. Non coté, mais communiqué après le numéro 946.

EII, 948. Registre de 254 folios, en forme d'agenda. Comptes de 1583-1585.

(1) P. MASSON. *Histoire des établissements et du commerce français dans l'Afrique barbaresque*. Paris. Hachette. 1903.

EII, 949. Registre relié en parchemin d'environ 400 folios (les derniers en grande partie détruits). Comptes de 1587 à 1591.

EII, 950. Registre relié en parchemin de 270 folios (il commence au folio 108). Titre : *Libre de les despensos menudes per la Compagnie du corail.* Comptes de 1581 à 1586. Sur le premier folio figure la marque ci-contre.

15 81
15 82
C

EII, 951. Registre de 274 folios, relié en parchemin. Très bon état et très lisible. Comptes de 1570-72.

EII, 952. Titre : *Carnet des payements daoust 1618.* 58 folios. Très bon état.

EII, 953. Registre de 41 folios. Très bon état ; en français. Titre : *Ce premier de janvier 1598. Libvre de comptes teneus a bone en barbarie pour messieurs les participes de lempreze du corail du negoce ses faict pour eux durant la ministration de Reimond Gallueil ayant charge de escripvain a bone.*

EII, 954. Registre relié en peau, marqué de fleurs de lys, avec fermoirs en cuir, 252 folios.

En tête : *Lanno 1594 al primo di nouvembre am (avemo) commenchiato la compaignia nova de corailli a masacarès in barbaria.* — Les derniers feuillets portent les dates de 1614, 1615.

EII, 955. Registre de 269 folios. Très bon état et très lisible. Comptes de 1575-76. En provençal jusqu'au folio 80, puis en français.

EII, 956. Registre de 224 folios relié en peau. Comptes de 1576 à 1593 (comptabilité des opérations faites au Bastion).

EII, 957. Registre relié en peau avec fermoirs, composé de cahiers ayant chacun un foliotage spécial. Titre : *Al nomine sia del omnipotente Iddio Padre Figlolo e Spirito santo, Trino et Uno, amen.*

In questo libro sono Doi libri grandi con li suoi giornali di conti renduti per me Battista Salvetti alla compangnia vecchia dei coralli cioe uno per la compagnia di carati XXIIII di X anni del anno 1582 sino al anno 1591 e uno per la compagnia di carati XXX ½ di anni IIII del anno 1591 a tutto lanno 1594 e comminciono coma apresso sara notato.

Da carte 1 sieno a carte 207 e il giornal del libro grande per la compagnia di 24 carati e da carte 1 dopoi seguente il detto giornale a carte 53 e il libro grande per detta compagnia di 24 carati.

Da carte 1 dopoi il detto gran libres sino a carte 37 et il giornale del altro libro grande por la compagnia di corate XIX ½. Da carte 1 dopo questo altro giornale sino a carte 28 e laltro libro grande per detta compagnia di carati XIX ½.

Très intéressant. Le Journal renferme tous les achats et ventes de la compagnie récapitulés par année. Les Grands Livres donnent les totaux des achats et ventes de chaque article pour les années 1582-91 et 1591-94. C'est le registre qui permet le plus facilement de suivre les opérations de la compagnie.

Eii, 958. Gros registre relié en peau, avec fermoirs, d'environ 400 folios. En français ; écriture très fine et nette. Bien conservé sauf le haut des derniers folios. Comptes de 1575 à 1580.

Eii, 959. Deux cahiers non reliés, l'un de 29 folios (comptes de 1585), l'autre folioté de 78 à 119 (comptes de 1586).

Un cahier couvert en parchemin de 64 folios : livre de comptes de Victorio Marchione, agent de la Compagnie à Bône.

Enfin, deux cahiers non cotés, l'un de 14 folios (comptes de 1579-82), l'autre de 12 pages : *Giornale tenutto per me Carlo de Lorenzo per contto de li magnifici signori de la compagnia vecchia de coralli de Cha*[tti] *19 ½ qui al suo bastion di massachareze in barbaria a die 24 giugnio 1594.*

Ainsi les 19 registres ou cahiers des archives de l'Isère renferment un ensemble de comptes qui forment une série ininterrompue entre les années 1566 et 1594 ; la documentation est particulièrement riche à partir de 1580. On pourrait s'étonner, au premier abord, de la présence à Grenoble de documents dont la place serait à Marseille. Il faut se souvenir que l'appel de nombreux procès provençaux, ou leur jugement en première instance, était porté, sous l'ancien régime, devant le parlement du Dauphiné, celui de Provence étant dessaisi pour cause de suspicion. Tel fut le cas des interminables procès qui marquèrent la liquidation des compagnies du corail. Les historiens de Marseille et de la Provence pourraient donc certainement tenter aux archives de l'Isère d'autres recherches fructueuses.

Les riches archives des Bouches-du-Rhône ont permis de suppléer en partie, sur divers points, à l'insuffisance des livres de comptabilité de la Compagnie. Ceux-ci, par exemple, laissaient en pleine obscurité les débuts de la Compagnie; ils permettaient de croire à tort qu'elle avait prolongé son existence assez au-delà du XVIe siècle.

Les archives notariales, mine inépuisable pour l'histoire économique, sont à peine explorées à cause de la difficulté d'accès et de la longueur des recherches. Il est à souhaiter que leur versement aux archives départementales soit partout hâté. Quatre noms de notaires sont cités à diverses reprises dans les registres de la Compagnie du corail, ceux de Mes Aimard Champorcin, d'Ollières, Gaspard Boyer, Michel Rebotaud. Il a été permis de tenter une exploration approfondie et fructueuse des registres des deux premiers, déposés aux Archives départementales. Les portes des études Guigou et Lamotte qui conservent les actes de Mes Boyer et Rebotaud sont facilement ouvertes aux chercheurs ; même il faut louer le bel ordre des archives de la première faciles à consulter.

Les officiers de l'Amirauté, nouvellement institués, transcrivaient sur leurs *Registres des insinuations* toutes les ordonnances, arrêts du conseil, lettres patentes, concernant les choses maritimes. Un récent inventaire facilite les recherches dans le fonds de l'Amirauté aux Archives des Bouches-du-Rhône.

L'inventaire a été aussi publié pour le fonds de l'ancienne Cour des Comptes de Provence qui a fourni à cette étude quelques documents utiles.

Les très intéressants registres des lettres de naturalité, conservés au même dépôt, font connaître les étrangers qui venaient s'établir à Marseille et leur origine. Ils mériteraient de faire l'objet d'un travail particulier.

Les archives du Parlement de Provence, restées au Palais de Justice d'Aix, n'ont complété que sur quelques points les indications fournies par celles de la Cour des Comptes ou de l'Amirauté. Celles de la Sénéchaussée de Marseille (archives départementales) nous ont livré la traduction d'un commandement du Grand Seigneur qu'on eût plutôt cherchée dans les registres de l'Amirauté.

Il n'est jamais permis de se flatter d'avoir arraché aux archives tous leurs secrets. Il y aurait certainement bien des découvertes à faire dans les dépôts des notaires ; elles n'apprendraient sans doute que des détails sans rien modifier aux grandes lignes. L'histoire des compagnies marseillaises en Afrique est maintenant bien connue, des origines jusqu'à la Révolution, sauf une lacune. Il faudrait qu'une heureuse trouvaille, analogue à celle qui a rendu possible ce travail, permît de faire la lumière sur la période très obscure qui s'étend entre la destruction du Bastion de France en 1604 et son rétablissement en 1628, période marquée par de nombreuses et curieuses tentatives de restauration, marseillaises ou autres, qui prouvent l'attrait qu'exerçait dès lors cette terre d'Afrique.

Je ne saurais présenter cette étude au lecteur sans exprimer tous les remerciements que je dois : à M. Prudhomme, archiviste de l'Isère, pour la rapidité avec laquelle il a bien voulu me faire parvenir les registres de son dépôt ; à M. Fournier, non moins complaisant qu'érudit, que tous les travailleurs se félicitent de voir placé à la tête des belles archives des Bouches-du-Rhône ; à M. Raimbault, l'aimable et distingué sous-archiviste. Tous deux m'ont souvent aidé dans des lectures difficiles. M. Raimbault, majoral du félibrige, ne m'a pas ménagé les secours de sa connaissance approfondie des dialectes, des vieux mots et des usages provençaux.

Marseille, 15 juin 1907.

CHAPITRE PREMIER

LES DÉBUTS DE LA COMPAGNIE DU CORAIL (1553-1580) ET LA NOBLESSE COMMERÇANTE EN PROVENCE

La cessation de la longue lutte des Angevins et des Aragonais pour la couronne de Naples, qui avait été si funeste à la Provence et tout particulièrement à Marseille, marqua le commencement d'une ère de relèvement. En même temps Marseille devenue française inaugurait enfin son rôle moderne de grand port français et commençait par bénéficier de l'essor économique qui suivit la fin de la guerre de Cent ans et les premières relations avec l'Italie sous Louis XI, Charles VIII et Louis XII. Le XVIe siècle s'était donc ouvert pour elle sous d'heureux auspices. Mais l'événement imprévu des Capitulations allait en faire un siècle de prospérité inespérée.

La vie du grand port et celle de la Provence même en furent modifiées. Le gouverneur de Provence, amiral des mers du Levant, avait maintenant, comme occupation spéciale, le soin de s'occuper des relations avec les Turcs. C'est pourquoi le roi avait cru nécessaire de créer auprès de lui le poste nouveau de « truchement en langue turquesque et arabesque. » Les registres de la Cour des Comptes de Provence montrent qu'il fut successivement rempli par Claude Legrand jusqu'en 1571, puis successivement par Claude Levantin, turc converti, jusqu'en 1596, par Ysnard Aycard, de Marseille, que remplaça en 1600 le Marseillais Honoré Suffin. Le roi leur ordonnait de résider « près la personne du gouverneur et notre lieutenant-général en notre pays de Provence pour estre le lieu où plus communément se présentent les occasions d'employer pour notre service ledit treuchemant. » En fait, ils habitaient Marseille en permanence. Leurs lettres de nomination parlaient des « honneurs, autorités, privilèges, franchises » appartenant à leur charge. En réalité ces prédécesseurs des interprètes attachés à la personne du roi, qui devaient vivre à la cour entourés de considération, et dont quelques uns, comme les Pétis de la Croix ou les Ruffin, devaient laisser un nom parmi les orientalistes, devaient se contenter de vivre bien modestement de leurs gages de 200 livres, portés en 1579 à 100 écus à la requête de Claude Levantin, « paouvre homme estrange de nation turquesque s'estant fait baptiser pour prendre le christianisme » et vieilli au service du roi. Les malheureux truchemants devaient même sans cesse disputer et réclamer pour obtenir le paiement de leurs gages. Officiers de finance, Parlement, Cour des Comptes témoignaient envers eux la plus mauvaise volonté. Les lettres de jussion répétées en faveur de chacun d'eux jusqu'après 1600 attestent leurs longues tribulations.

Cependant le nouvel office, indispensable au service du roi, servait aussi très utilement les intérêts provençaux. L'alliance turque, en effet, pas très heureuse dans la lutte contre les Espagnols, avait immédiatement porté ses fruits sur le terrain économique. Marseillais et Provençaux s'étaient lancés hardiment dans les entreprises maritimes en Levant et en Barbarie. Celles-ci furent particulièrement favorisées pendant la période où l'union fut étroite, entre les lys et le croissant, c'est-à-dire jusqu'en 1559 et même ensuite jusqu'après 1570.

Comment se fait-il que la première et la seule grande compagnie créée à Marseille à ce moment de grand essor ait été une compagnie du corail ? Le rôle joué par la pêche du corail dans nos relations avec la Barbarie, l'âpreté avec laquelle Français et Italiens se la disputèrent, ce titre porté longtemps par les compagnies de commerce marseillaises établies en Algérie paraissent incompréhensibles aujourd'hui que le commerce de cette substance a perdu la plus grande partie de son ancienne importance.

Mais, pendant des siècles, elle compta parmi les articles essentiels du grand commerce. Sa destinée n'est pas sans analogie avec l'ambre si recherché des peuples de l'antiquité et dont le transport créa les premières routes commerciales entre la Baltique et les bords de la Méditerranée. Pour les échanges avec les populations de l'Orient et tout spécialement de l'Inde le corail était un des assortiments nécessaires des cargaisons.

Pline l'Ancien nous apprend quelle était l'importance du trafic à l'époque romaine. « Autant, dit-il, nous attachons de prix aux perles de l'Inde, autant les Indiens en attachent au corail... Les grains de corail sont aussi estimés dans l'Inde, même par les hommes, que les grosses perles de l'Inde le sont par nos femmes.... Avant qu'on connût la prédilection des Indiens pour le corail, les Gaulois en ornaient leurs glaives, leurs boucliers et leurs casques. Maintenant l'exportation rend cette matière si rare qu'on ne la voit plus guère dans les pays qui la produisent. » (1).

On a retrouvé, en effet, dans la sépulture d'un chef gaulois, dans la Marne, un collier composé d'amulettes de tout genre et de brins de corail. C'étaient sans doute déjà les Marseillais qui avaient donné aux Gaulois le goût de cette parure, car les côtes de Provence et particulièrement les parages des Stœchades (îles d'Hyères) étaient le principal lieu de production. On en pêchait aussi dans la mer de Sicile autour des îles Eoliennes (Lipari) et près du cap Drepanum. On estimait alors surtout le corail le plus rouge et les Orientaux conservèrent invariablement ce goût jusqu'aux temps actuels tandis que les caprices de la mode européenne se sont portés récemment vers le corail rose ou d'aspect laiteux. Les Indiens n'en faisaient pas seulement des ornements, mais ils portaient sur eux les brins de corail comme de précieuses amulettes. C'est encore chez eux le mode d'emploi le plus usité aujourd'hui.

A l'époque des Croisades, quand le commerce avec les Indes orientales par l'intermédiaire des pays du Levant prit une intensité nouvelle, l'exploitation du corail devint aussi plus active. Tandis que les Vénitiens s'adonnaient à la fabrication de la verroterie, autre article essentiel d'exportation, les Génois semblent avoir exercé tout spécialement le commerce du corail concurremment avec les Catalans. Ils pratiquèrent eux-mêmes

(1) Pline, XXXII. 11. éd. Nisard.

ou firent pratiquer la pêche sur les côtes de Barbarie qui fournissaient alors le plus renommé, sur celles de Sardaigne, de Sicile et de Corse. Les habitants de cette dernière île, sujets de Gênes, déjà incapables de tirer des ressources suffisantes de leur sol ingrat, se livrèrent tout naturellement pour le compte de la république au rude métier de corailleurs et y acquirent une habileté traditionnelle.

La Provence, grande pourvoyeuse de l'antiquité, n'était déjà plus, à la fin du moyen âge, qu'un centre de production secondaire quoique toujours activement exploité. Au XIVe siècle des négociants marseillais s'associaient pour faire la pêche. On en a la preuve dans les papiers du marchand Jaume Stornell conservés à l'hôtel de ville. Stornell, négociant et changeur, fut un des bourgeois marquants de l'époque ; il remplit d'importantes fonctions, fut membre du conseil, envoyé auprès du pape, syndic, c'est-à-dire consul de la communauté. Or, en 1371, il s'associe à Jehan Eliés afin d'engager un certain nombre de patrons de barques pour faire la pêche depuis la fête de Pâques jusqu'à la Saint-Michel (1).

En 1467 Jean Cossa, comte de Troyes et lieutenant-général pour le roi René, concède la pêche sur les côtes de Provence à une compagnie italienne ayant à sa tête René de Pazzi, florentin, Jean de Martinis, et deux frères Mathieu et Ambroise de Contarenis, vénitiens. René lui-même confirma le privilège par lettres patentes du 22 mars 1468 données dans sa villa de Sanary. L'intervention d'un des membres de la célèbre famille florentine des Pazzi étonne moins quand on sait que le roi René, chassé de Naples en 1442, passa par Florence où il fut comblé d'honneurs, qu'il se lia d'une façon intime avec le chef des Pazzi

(1) Cartulaire de J. Stornell, fol. 38 recto. Document gracieusement communiqué par M. Mabilly, l'aimable archiviste de la ville de Marseille, qui se propose d'écrire une monographie sur ce négociant du XIVe siècle. Les mêmes archives renferment plusieurs documents intéressants concernant un négociant opulent, l'un des plus marquants de la ville, Julien de Casaulx qui, par son testament du 30 janv. 1394 laissa toute sa fortune aux hôpitaux de la ville. Julien de Casaulx pratiquait la pêche du corail. Chaque barque porte alors quatre hommes : un trelhier, un popier, un proyer, un panat...gier. Le nom de proyer subsiste seul plus tard.

et qu'il voulut être le parrain de son petit-fils, ce René précisément qui portait son nom. Plus tard un Pazzi exerça la fonction de clavaire et de viguier à Marseille.

C'était un beau cadeau que le roi faisait à son filleul en lui cédant le monopole d'une exploitation réservée jusque là aux Provençaux. Il est intéressant de constater cette association de Florentins et de Vénitiens pour se procurer la précieuse denrée nécessaire au commerce du Levant qu'ils pratiquaient. Le texte des lettres, mélange de bas latin, de provençal et de français est curieux par lui-même et par les clauses qu'elles contiennent.

« Primo demande ledit Guillaume (agent chargé de la procuration de la compagnie italienne) au nom dudit René et compagnie, susdits conducteurs, que leur soit concédée toute faculté de faire pêcher le corail en tout lieu des confins de Provence, savoir du Var au Rhône, et que nul autre d'aucune nation ne puisse pêcher ou faire pêcher, excepté les sujets du roi, sous peine de perdre les barques et ce qu'elles contiendront et deux marcs d'argent appliqués la moitié à la cour et l'autre au dénonciateur. En outre que les sujets du roi soient obligés de vendre les coraux pêchés aux dits conducteurs ou à leurs officiers lesquels sont tenus à la première requête de les acheter à des prix honnêtes qui seront établis par accord. S'ils étaient vendus à d'autres les acheteurs perdraient le corail donné moitié à la cour et moitié aux conducteurs et les vendeurs perdraient l'argent donné moitié à la cour et moitié au dénonciateur. Item que les conducteurs et leurs officiers et employés aient un sauf conduit général du roi sur terre et sur mer, soient affranchis de toute représaille en temps de guerre. Item que par la majesté du roi il soit donné et accordé un officier accepté et agréable auxdits conducteurs qui soit juge en toutes les causes qui pourront se présenter et que nul autre officier ne puisse s'entremettre dans ladite pêche du corail. Item, s'il advenait que par corsaires ou autres personnes sujettes de ladite majesté du roi fut fait dommage ou empêchement à ladite emprèze, Sa Majesté ordonne que ces corsaires ne soient reçus en aucun de ses ports mais traités en rebelles. Item que lesdits conducteurs paieront à qui sera ordonné par Sa

Majesté pour le cens de ladite pêche quatre écus pour chaque quintal provençal de coraux, qu'ils paieront sans fraude. Et moyennant le paiement de ce cens ils seront libres de toute gabelle présente et future. Item promettent lesdits seigneurs conducteurs que chaque année ils donneront une belle branche de corail audit seigneur gouverneur. Item que lesdits René et compagnie ratifieront en forme authentique les présents chapitres et commenceront à faire pêcher la première saison suivante (1). »

La concession était accordée pour dix ans. Elle ne fut pas renouvelée puisque, vers la fin de son règne, le roi René céda à un de ses familiers, noble Jean Oche, tous ses droits sur la pêche du corail entre l'embouchure du Rhône et celle du Var, notamment le privilège de prélever sur tous les pêcheurs les quatre écus par quintal de corail. Jean Oche obtenait en 1483 la confirmation de ce privilège de Jean de Baudricourt, lieutenant-général de Louis XI en Provence (2). Cent ans plus tard, Pierre de Libertat rend à Henri IV le signalé service de remettre Marseille sous son obéissance. Parmi de nombreuses « gratifications » le roi lui accorde par lettres patentes de 1596, « par privilège spécial et particulier qu'il puisse et lui soit loisible sa vie durant, privativement à tous autres, faire pescher le corail aux mers et coste de nostre pays de Provence et ce despuis nostre ville d'Antibou jusques à Fos sans que autre que lui puisse faire la pesche... »

Mais l'importance du commerce du Levant et spécialement des relations de Marseille avec l'Inde par Alexandrie avait multiplié les besoins de Marseille en corail. Donc les Marseillais s'en allèrent pêcher en dehors de leurs côtes. Déjà, au XIIIe siècle, ils profitent de l'avènement de leur nouveau maître, Charles d'Anjou, au trône des Deux-Siciles pour obtenir la permission de pêcher sur les côtes napolitaines jusque là réservées aux regnicoles. Les fonds étaient particulièrement abondants dans

(1) Arch. des Bouches-du-Rhône. Reg. de la cour des Comptes (Taurus) B. 15. fol. 221-222.

(2) Ibid. B, 20. fol. 21. 23 avril 1483.

le bras de mer qui sépare Capri de Sorrente ; les marins provençaux se rencontraient là avec les corailleurs indigènes qui peuplaient tout un quartier de Naples près de l'église du « Carmine ». Charles d'Anjou en leur accordant la permission avait stipulé à son profit l'abandon du dixième du produit de la pêche (1).

L'établissement des Aragonais en Sicile et à Naples ferma aux Marseillais l'accès des pêcheries de l'Italie méridionale. On vit alors leurs barques sur les côtes de Corse et de Sardaigne qu'elles fréquentaient déjà sans doute auparavant. Jean Forbin, le père du fameux Palamède, qui devait remettre la Provence entre les mains de Louis XI, possédait une flottille qu'il employait à la pêche du corail sur les côtes d'Alghero en Sardaigne. En 1444, il s'associa avec son frère Bertrand, qui conclut, le 11 avril, des contrats avec des équipages de corailleurs. On y trouve déjà les usages maintenus plus tard par les Compagnies du XVIe au XVIIIe siècle. Les patrons se louent à honorable Bertrand de Forbin, négociant à Marseille, pour conduire les barques vers Alghero, pour y travailler convenablement à son compte en pêchant le corail et en le gardant jusqu'à la Saint-Michel suivante ; ils s'engagent pour 15 florins par mois et reçoivent 45 florins d'avance (2).

Ce trafic dura tout au moins jusqu'aux premières années du XVIIe siècle. En 1602, des lettres patentes de Henri IV accordaient à damoizelle Claire Dolivier la permission de sortir du royaume tous les engins, agrès et vivres nécessaires pour l'équipement de barques et la nourriture d'équipages. La noble damoizelle avait « coutume depuis longtemps d'envoyer tous les ans quelque quantité de barques en Corségue et Sardaigne pour faire la pêche du corail, à quoi étaient employés plusieurs patrons et mariniers sujets du roi, tant de Marseille que de la Provence, ce qui revenait au grand profit public et augmentation des droits du

(1) Yver. *Le commerce et les marchands dans l'Italie méridionale au XIIIe et au XIVe siècle*, p. 130-131.

(2) Actes des notaires Julien et Vinatier, cités par le marquis de Forbin d'Oppède. *Monographie de la terre et du château de Saint-Marcel*, p. 99-101.

roi, vu qu'elle faisait porter tout le corail qui se prenait es lieux de ladite province. (1) »

Mais les Marseillais furent attirés surtout par la richesse des fonds sur les côtes des confins des royaumes d'Alger et de Tunis. Au xve siècle, la place avait été prise par les Catalans. En 1446, un négociant de Barcelone avait affermé le droit de pêcher le corail sur toute la côte de Tunisie jusqu'à Bougie. Les Génois leur avaient succédé. Leur situation venait d'être consolidée par l'acquisition de l'île de Tabarka, devenue la propriété des frères Lomellini. Tabarka, bientôt fortifiée par eux, était merveilleusement placée pour abriter les pêcheurs en cas de tempête, pour leur donner un refuge en cas de brouille avec les Barbaresques, pour leur servir de magasin d'approvisionnement, de ravitaillement, d'entrepôt des produits de la pêche.

Ce court historique montre suffisamment l'ancienneté et l'importance de la pêche et du trafic du corail. Un autre fait peut étonner, au premier abord, dans l'histoire des compagnies du corail qui va suivre, c'est le rôle considérable et même prépondérant joué par les Corses. La prospérité de Marseille au xvie siècle, les facilités nouvelles d'y faire fortune y attirèrent quantité d'étrangers. Les précieux registres de lettres de naturalité conservés aux archives des Bouches-du-Rhône attestent un mouvement insolite de naturalisations au milieu du xvie siècle. Parmi ces étrangers fixés à Marseille, les Italiens étaient en majorité, Florentins, Génois, Lucquois, Pisans ou autres, mais les Corses ne furent sans doute guère moins nombreux.

Cet afflux d'Italiens était dû en partie aux relations créées par les guerres d'Italie, plus encore aux incessantes révolutions des villes italiennes. Ce sont aussi les révolutions corses qui suscitèrent une active émigration de mécontents ou d'exilés. La situation de l'île, toujours soumise à des étrangers dans le cours de son histoire, était devenue douloureuse au début du xvie siècle. La fameuse compagnie de Saint-Georges la gouvernait pour le compte de Gênes. Son administration, éclairée d'abord, était

(1) Arch. B. du Rh. Amirauté, Insinuations 1555-1620, 2me partie fol. 109.

devenue despotique et tyrannique. Les principales familles avaient été abattues, les anciennes institutions renversées. C'est alors, paraît-il, que les dénis de justice donnèrent naissance à la fameuse vendetta. De plus, les gouverneurs de Saint-Georges ne semblaient s'occuper de la Corse que pour en tirer des profits ; ils négligeaient tous ses intérêts et ne se souciaient même pas de la protéger contre les Barbaresques qui désolaient ses côtes. Les Corses quittèrent l'île en masse. Une foule de jeunes gens allèrent chercher du service dans les armées de Venise, de Milan, de Florence, de Gênes, de Rome, de France et même d'Allemagne. Le reste des insulaires, sauf un parti peu nombreux, était plein de ressentiment contre les Génois.

C'est ce qui explique l'accueil fait aux Français en 1552. Henri II reprenait la guerre contre Charles-Quint ; Gênes était l'alliée de l'empereur. L'escadre française du baron Paulin de la Garde se joignit à celle de Dragut pour conquérir la Corse. Dans le corps de débarquement se trouvait Sampiero d'Ornano, venu en France sous François Ier et bientôt célèbre par ses exploits. Il commandait trois régiments avec le titre de maréchal de camp et de colonel des Corses. Sampiero est resté le héros légendaire dans sa patrie. C'est grâce à lui que l'île fut bientôt en grande partie aux Français. C'est lui qui fut ensuite l'âme de la résistance contre les Génois. Laissé sans secours lors de la conclusion de la trêve de Vauxelles (1556), abandonné définitivement à la paix de Cateau Cambrésis (1559) par laquelle Henri II restitua expressément la Corse aux Génois, Sampiero, indomptable, continua la lutte sans espoir jusqu'à sa mort (1567).

Le plus clair résultat de cette passagère domination française fut d'appesantir le joug des Génois sur l'île, de rendre plus actif le mouvement d'émigration, particulièrement en France.

Déjà, avant 1550, ce mouvement avait amené de nombreux Corses à Marseille. Plusieurs d'entre eux y avaient acquis de belles situations. Or, la pêche du corail était chez eux de tradition séculaire. Ils étaient au courant de l'organisation que les Génois lui avaient donnée sur la côte africaine. Il n'est donc pas étonnant qu'ils aient eu l'idée de fonder une compagnie et de prendre pied à côté d'eux en pays barbaresque. Peut-être leur animosité contre Gènes et leur esprit vindicatif leur servirent-ils de stimulants.

Les Lenche, fondateurs de la compagnie du corail, étaient originaires du cap Corse. Les habitants de cette péninsule du nord de l'île passent pour avoir le caractère beaucoup plus entreprenant que le reste de leurs compatriotes. Tandis que ceux-ci recherchent en France les fonctions publiques et se contentent souvent des situations modestes de gendarmes, douaniers, policiers, les gens du Cap vont tenter la fortune en Amérique. Ceux du XVIe siècle se distinguaient-ils déjà de la masse des Corses qui prenaient du service dans les armées d'Europe ? En tout cas, ils étaient nombreux parmi les insulaires établis à Marseille.

Les trois frères Lenche, Thomas (1), Antoine, Visconte, y étaient peut-être arrivés successivement. En tout cas, l'aîné Thomas s'y trouvait peu après 1530 et s'y était marié en 1541 avec Hugone Napollon dont le nom porté par plusieurs familles marseillaises, sans doute originaires de Corse, devait être illustré plus tard en Barbarie par Sanson Napollon, le restaurateur du Bastion de France. Lenche avait obtenu des lettres de naturalité en 1553. Il avait été d'abord capitaine marin, puisque les documents le qualifient de patron. Ces capitaines d'alors, propriétaires souvent d'une part importante de leur bâtiment, étaient donc de petits armateurs mêlés en même temps intimement aux opérations de négoce. Ils étaient chargés souvent de vendre la cargaison, d'en acheter une nouvelle. Aussi, après avoir plus ou moins longtemps navigué, devenaient-ils négociants à leur tour. Le cas fut fréquent à Marseille au XVIe siècle ; les exemples particulièrement nombreux dans l'histoire de notre compagnie.

Lenche était rapidement devenu un négociant en vue. Dès 1545 il avait pu acheter aux enchères une grande maison confisquée par le roi à un certain Etienne Boniffacy, convaincu d'hérésie,

(1) Un acte de 1555 l'appelle Thomas Lanzo. Plus communément on écrit au début Lenchou ou Lencho, puis Lenche et de Lenche. Le nom corse était sans doute Lencio.

Pl. I.

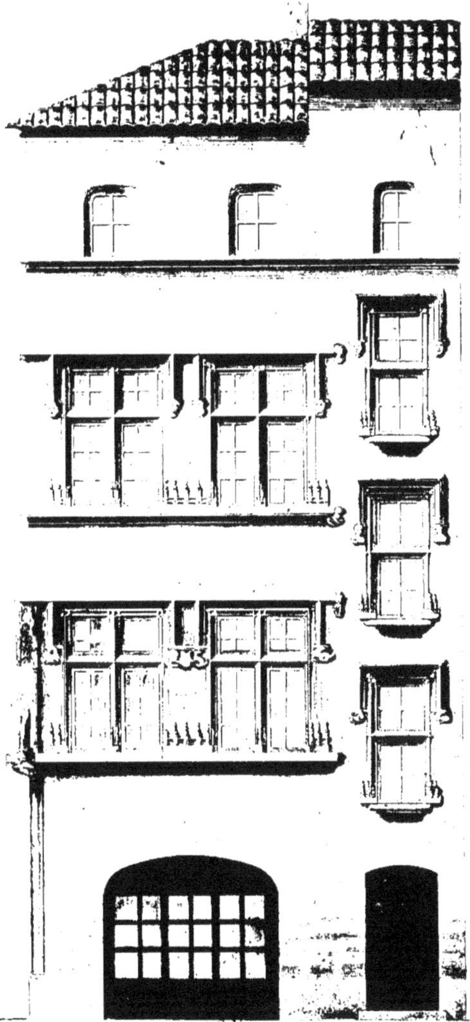

MAISON DES DE CABRE, CONSTRUITE EN 1535.
(Marseille, Grand'Rue).

Cliché communiqué par M. J.-B. Samat.

MAISON DE CABRE (Détails).

Clichés communiqués par M. J.-B. Samat.

pour le prix de 820 écus d'or au soleil (1). C'était l'année où le président d'Oppède exécutait avec une odieuse violence l'arrêt du Parlement d'Aix contre les Vaudois du Lubéron prononcé en 1540. La persécution avait dû commencer plus tôt à Marseille. C'est dans cette ville que François Ier, se rencontrant avec le pape Clément VII, qui négocia le mariage de sa nièce Catherine de Médicis, promit en 1533 de poursuivre les hérétiques. On peut penser que la maison de Lenche, provenant d'une confiscation, était d'une valeur supérieure à son prix d'achat. En tout cas cette habitation, placée au cœur du vieux Marseille, donnant d'un côté sur la Grand'Rue, de l'autre sur la rue du Port, tout auprès de l'Hôtel de Ville, faisait du marchand corse le voisin des meilleures familles bourgeoises de la cité. En 1557 il y joignait une « ruelle » voisine, louée 60 florins par an à Gabriel Dedena, maître de hache, pour lui servir de magasin.

On place communément la fondation du Bastion de France, par Lenche, en 1561. Or, depuis huit ans au moins, il avait constitué une importante compagnie pour l'exploitation de la pêche du corail. Le plus ancien document qui la concerne est en forme de lettres patentes datées du 17 août 1553, donnant permission « pour Thomas Lenche et compagnie pour porter pour la pesche du courail de Barbarie robes de contrebande prohibées et défendues ». Elles donnaient à la compagnie le droit d'équiper tous les bateaux qui lui étaient nécessaires, d'emporter toutes sortes de vivres, d'agrès, « ensemble les bois, legnames, clavaisons, estoupes, fillets, clapes, bois et autres choses nécessaires pour l'entretenement adoub et réparation » des bateaux. En outre la compagnie, pour la « sureté, tuition et défense » de ses bateaux, pourra « envoyer une ou deux frégates équipées pour aller quérir ledit courail ». Enfin le roi promettait toute sa protection tant aux pêcheurs qu'aux « facteurs, entre-

(1) On peut comparer les prix suivants de maisons au XVIe siècle : 505 livres, maison de marchand à Bourges (1563) ; 500 écus, maison d'un bourgeois à Lyon (1579) ; 3.000 livres, maison de deux étages pour un conseiller au présidial, Nîmes (1564) ; 5.800 livres, hôtel du comte d'Egmont, à Arras (1568). Dans d'Avenel. *Hist. économ. de la propriété et des salaires*, t. II, p. 26.

metteurs et négociateurs » de la compagnie qui entreprenait en même temps le trafic des marchandises de Barbarie.

Elle avait conclu auparavant un accord à Alger. « Nos bien aimés Thomas Lenche, Peyron Bausset et Jehan Tibaud, merchans de notre ville de Marseille, disent les lettres patentes, nous ont fait remontrer qu'ils ont cy devant obtenu de haut et puissant prince et roi d'Airguiers congé et permission de peschier du courail es pays de son obéissance et pouvoir faire et rapporter ledit courail à notre royaume ». Une redevance annuelle avait été dès lors stipulée par les Algériens. La permission de pêcher impliquait naturellement celle de fonder des établissements nécessaires à la vie et à la sécurité des pêcheurs.

Il est probable que Lenche avait fait depuis peu cet accord avec les Puissances d'Alger et qu'il avait aussitôt constitué sa compagnie. L'obtention de ses lettres de naturalité un mois avant celle des lettres patentes avait eu sans doute pour but de faciliter la délivrance de celles-ci.

Nicolas de Nicolay, valet de chambre et géographe ordinaire du roi, chargé par lui d'accompagner à Constantinople l'ambassadeur d'Aramont, passa à Bône en 1551. Il parle de la pêche du corail qu'André Doria affermait alors au roi d'Alger moyennant une importante redevance annuelle et il ajoute : « De fortune nous y trouvâmes une nef marseillaise là conduite par un patron corse pour le recueillir et de fait en donnèrent par présent à l'ambassadeur plusieurs belles et grandes branches (1) ». Ce texte intéressant montre que les Marseillais n'avaient pas encore supplanté les Génois en 1551, mais qu'ils leur faisaient déjà concurrence. Rien n'empêche de croire que ce Corse avisé, qui cherchait à gagner les bonnes grâces de l'ambassadeur du roi, ne fût Lenche ou quelque capitaine à son service.

On lit dans un commandement du Grand Seigneur en faveur de la compagnie, délivré en 1582, que les Lenche pêchaient le corail en Barbarie depuis trente ou quarante ans. Ce texte offre une précision qui n'est pas ordinaire aux documents de ce

(1) *Les navigations, pérégrinations et voyages...*, par Nicolas de Nicolay, p. 24.

genre ; il devait bien y avoir exactement trente ans en 1582 que Lenche avait commencé son entreprise. Le même texte parle d'un accord passé entre les Marseillais et les Génois et même d'un achat en règle des établissements de ces derniers (1).

La formation de la compagnie du corail contribue à éclairer une question controversée : la noblesse marseillaise avait-elle le droit de commercer au début du XVIe siècle ? On sait que, quand plus tard Henri IV, Louis XIII, Louis XIV voulurent permettre aux nobles de faire le commerce sans déroger, ils heurtèrent fortement les préjugés de leur temps. Pour Marseille, on a prétendu que l'autorisation royale remontait aux lettres patentes données à Moulins le 10 janvier 1566 (2). Ces lettres n'attestent en réalité que la nouveauté des préjugés nobiliaires et leur influence croissante. De tout temps, comme dans les républiques italiennes, les plus grandes familles marseillaises, et même provençales, s'étaient adonnées au négoce. A Aix, la capitale aristocratique, rien n'était plus commun que de trouver le titre de noble marchand, *nobilis mercator*, accolé au nom de seigneurs possédant fiefs. Même d'anciennes familles remontant aux croisades, dont les membres remplissaient de hautes fonctions à la cour du roi René, ne se tenaient pas à l'écart des entreprises commerciales. Il en était de même jusque dans la haute Provence, s'il faut en croire les exemples cités par l'historien de la ville de Sisteron. Quand Colbert fit faire des recherches sur les faux nobles, l'ancienneté et la force des traditions marseillaises fut facilement démontrée avec grand renfort de preuves par un prêtre de Marseille, Marchetti, dans son *Discours sur le négoce des gentilshommes de la ville de Marseille et sur la qualité de nobles marchands qu'ils prenaient il y a cent ans* (3).

Marchetti explique très bien comment le roi fut amené à publier, en faveur des Marseillais, ses lettres de 1566 sur la requête des habitants. « L'un des principaux motifs qui les convia de recourir à une autorité plus grande et plus forte que

(1) Voir le document à l'appendice, pièce n° IV.
(2) Voir, par exemple, De Loménie. *Les Mirabeau*. t. II, p. 33, note 1.
(3) Marseille, Brébion, 1671.

n'était alors celle de la coutume, qui s'affaiblissait de plus en plus tous les jours par le peu de cas qu'on commençait d'en faire, fut le dégoût de la qualité de marchand que prit la noblesse de ce temps-là pour s'accommoder à la vanité et au caprice du siècle qui commença de la traiter de vile et de roturière. Le mépris que l'orgueil public en faisait depuis quelques années, jusqu'à porter nos gentilshommes à ne la prendre plus si facilement ni si souvent qu'ils avaient accoutumé de faire, obligea nos habitants à ne différer pas davantage de recourir à l'autorité du souverain pour tâcher d'étouffer ce mépris dans sa naissance, sans attendre qu'il fît un plus grand progrès dans Marseille ».

L'intervention royale arrêta-t-elle ce commencement de discrédit jeté sur le commerce ou plutôt les traditions du moyen âge restaient-elles encore bien vivantes à Marseille? En tout cas rien ne peut mieux montrer le grand rôle de la noblesse commerçante dans le port provençal à la fin du XVIe siècle que l'histoire des compagnies du corail. On y verra de vieilles familles soutenir leur fortune et l'accroître par le négoce, des roturiers devenus nobles par la fortune ne pas renoncer aux entreprises qui les ont enrichis.

Les actes des notaires ne mentionnent que quatre des premiers associés de Thomas Lenche. Deux étaient des roturiers, le patron Jean Mouan ou Muan, bourgeois cossu, troisième consul de la ville en 1554, et le patron Carlin Deydier que la tradition adjoignit plus tard à Lenche comme fondateur du Bastion. Son rôle paraît cependant n'avoir été que tout secondaire.

Les deux autres principaux associés, Pierre Bausset et Jean Riqueti, négociants des plus notables de la ville, appartenaient en même temps à la noblesse. La particule, devenue d'un usage courant au XVIIe siècle pour désigner les nobles, ne l'était pas au moyen âge ni même pendant la plus grande partie du XVIe siècle. Pierre Bausset pouvait faire remonter authentiquement au XIIe siècle la noblesse de sa famille. Un de ses ancêtres, Jean Bausset, capitaine de la galère royale de Marseille, avait été pourvu par le roi René, en 1437, de l'office de secrétaire ordinaire en récompense de ses services Son fils, Jean II, qui obtenait en même temps la survivance de cet office, accompagna ce prince à Naples en 1442 à la tête de quarante-cinq arbalétriers qu'il avait soudoyés et se distingua dans cette malheureuse expédition. Ces hommes de guerre avaient été sans doute en même temps des négociants. En tout cas, Pierre Bausset, seigneur de Roquefort, qualifié de marchand dans tous les actes, ne fut pas autre chose. Troisième consul de Marseille en 1537, il obtint le second chaperon en 1560. Par la grosse fortune qu'il acquit, il devait accroître l'influence de sa maison, éteinte avant le milieu du XVIIIe siècle.

Jean Riqueti, associé de Lenche et Bausset, n'est autre que le fondateur de la puissance de la famille des Mirabeau, illustrée par ses derniers représentants dans la seconde moitié du XVIIIe siècle. Son nom, orthographié diversement dans les documents du XVIe siècle, est écrit Richetti dans les registres des compagnies du corail. Honoré, son père, était venu de Digne s'établir à Marseille dans les premières années du XVIe siècle. Sa famille passait depuis longtemps pour noble. Une enquête faite en 1584 prouva que les Riqueti,établis d'abord à Seyne-les-Alpes, appartenaient à la noblesse au XIVe siècle et put faire remonter authentiquement la généalogie jusqu'à Pierre Riquet, consul de Seyne en 1346. Mais la famille n'était pas riche ou ne l'était plus car Honoré Riqueti vint évidemment à Marseille pour tenter la fortune dans le négoce. Un acte de notaire de 1517, tout en le qualifiant de noble, le montre faisant une association pour le commerce rompue en 1521 (1). Quant à Jean Riqueti tous les documents du XVIe siècle, actes notariés ou autres, le qualifient de marchand.

Cette désignation indignait plus tard l'*Ami des hommes* et son fils le grand orateur. Les Mirabeau eurent la faiblesse, commune alors, de prétendre à une origine illustre et voulurent la prouver en établissant leur généalogie. Il ne manquait pas, sous l'ancien régime, de généalogistes complaisants, capables, moyennant finance, de vieillir la noblesse des parvenus et de les rattacher à

(1) V. Actes du notaire Jean Sicolle, 4 juillet 1517, fol. 266 v°, 270 v° (étude Lamotte).

d'illustres familles. C'est dans cette catégorie qu'il faut ranger Jean-Baptiste l'Hermite de Soliers, dit Tristan, l'auteur de la *Toscane française* (1661) et l'abbé Robert de Briançon qui publia, en 1693, son ouvrage sur la noblesse provençale dédié au marquis de Mirabeau (1). Les révolutions ayant amené beaucoup d'Italiens de grandes familles en Provence, on aimait particulièrement à se trouver pour ancêtre quelque banni fameux, guelfe ou gibelin. C'est ainsi que, grâce à l'Hermite de Soliers et à Robert de Briançon, les Riqueti devinrent des descendants des Arrighetti, nobles florentins expulsés en 1267 par le parti guelfe triomphant, qui contractèrent aussitôt en Provence une alliance princière. Comment le descendant de tels hommes aurait-il pu tomber au rang de marchand au XVIe siècle ? Aussi, les Mirabeau, l'orateur et son père, s'évertuaient-ils à prouver qu'il y avait eu erreur dans les pièces de l'enquête du XVIe siècle qui qualifiaient leur ancêtre Jean Riqueti de marchand.

Pourtant Riqueti, d'une noblesse bien plus obscure que celle de son associé Bausset, ne possédant aucun fief, méritait ce nom beaucoup plus que lui s'il était possible. Il fut non seulement l'un des fondateurs de la compagnie du corail, mais il devait survivre à tous les associés de la première heure, durer, à quelques années près, autant que la compagnie elle-même. Pendant sa très longue existence, devenu seigneur riche et puissant, il ne cessa d'être le plus actif des membres de la société avec les Lenche ; il en fut même le chef pendant les dernières années de sa vie. Plus tard les Mirabeau reconnaissaient bien qu'ils devaient beaucoup à cet ancêtre, fondateur de la grandeur de leur famille en Provence. Ils n'auraient pas dû oublier que leur fortune leur étaient venue exclusivement par le commerce, par l'initiative et le long labeur d'un des grands marchands du XVIe siècle.

Riqueti était déjà riche et très bien posé vers 1555. En 1562 il allait être élu premier consul de Marseille alors que cette dignité était réservée aux gentilhommes. Il se distingua brillamment dans sa charge. La ville était menacée de la famine ; avec ses

(1) *L'état de la Provence dans sa noblesse*, par M. l'abbé R. D. B. Paris, 1693, 3 in-12.

deux collègues il avança mille écus d'or sans intérêts pour faire des approvisionnements. Il s'occupa en même temps de mettre Marseille en état de défense contre les huguenots du Languedoc qui envahissaient la Provence ; mais, d'autre part, il fit tous ses efforts pour soustraire les huguenots de la ville aux exécutions populaires. Les passions étaient si fortes qu'il ne put empêcher, au péril même de sa vie, l'un d'eux d'être massacré presque sous ses yeux. C'est couvert d'un nouveau prestige qu'il épousa Marguerite de Glandevès et s'allia ainsi aux plus nobles familles de Provence. En 1571 il est inscrit parmi les citoyens les plus imposés de la ville avec une taxe de deux cents écus.

On ne connaît pas les noms des autres associés de la Compagnie Lenche et on ne sait rien de plus sur son origine. Mais cela suffit pour la distinguer, dès le début, des nombreuses sociétés qui se formaient à Marseille et se rompaient souvent peu de temps après, lorsqu'elles avaient atteint le but immédiat qu'elles se proposaient. La fondation du Bastion de France n'apparaît plus comme une initiative isolée et quelque peu fortuite de deux obscurs Marseillais, Lenche et Didier, mais comme l'entreprise mûrement concertée et soigneusement organisée, approuvée et soutenue par le roi, d'une société composée de plusieurs des plus notables négociants de la cité.

On ne connaît pas davantage les opérations de la Compagnie pendant les dix premières années de son existence, mais il est certain qu'elles réussirent pleinement. Le seul acte qui les concerne est une permission donnée au nom du gouverneur de Provence, le comte de Tende, à Pierre Bausset et Thomas, Lenche de faire porter en Barbarie la quantité de foin, d'étoupes et de cotonine nécessaire pour radouber les bâtiments employés à la pêche. Les sociétés entre négociants marseillais n'étaient pas, en général, conclues à long terme. Plus tard, le contrat d'association des compagnies du corail fut renouvelé, tantôt pour trois, tantôt pour cinq ans. Il est donc probable que notre première compagnie avait été plusieurs fois remaniée déjà

(1) Arch. municip. Reg. des délibérations. 1570-1574, fol. 182.

avant le mois de septembre 1564 qui fut le terme de l'un des contrats. Elle avait, sans doute, des difficultés avec les officiers de l'amirauté, car elle dut, à plusieurs reprises, en 1563, en 1568, faire renouveler les permissions qu'elle avait obtenues de faire la pêche et de charger sur ses bâtiments tout ce qui lui serait nécessaire (1).

C'est à partir de ce renouvellement de 1564 qu'on sait pour la première fois le nombre et le nom des participants; dès lors, et sans interruption, la vie des compagnies de corail nous est connue dans ses détails.

La société, qui s'intitule sur ses registres : *La nostra compagnia della pesca da coralli da Buona,* comptait onze participants qui possédaient en tout 25 parts, *carats* ou *quirats,* dont voici la répartition :

Patron Thomas Lenche	6 carats
M. Jean Richetti	3 1/6
M. Pierre Albertas, seigneur de Saint-Chamas	2 1/2
Patron Pierre de Battista	2
Patron Jean Muante (Mouan)	2
M. Joseph de la Seta	1
M. Pierre Bausset	4
M. Jean Daysac, seigneur de Venelles ...	2 1/3
Patron Carlin Dedier	1
M. Jean Vernet	1/2
M. Jacques Moustier	1/2
	25 carats

L'épithète de patron accolée au nom de Lenche devenu gros négociant rappelait ses modestes débuts de capitaine marin. Jean Mouan, Carlin Didier, s'étaient créé une belle situation; Pierre de Baptiste, Corse comme Lenche, plus récemment fixé à

(1) Voir les lettres patentes du 12 octobre 1563 et du 23 juin 1568. Arch. du Parlement (Aix, Palais de Justice), B., 3328, fol. 1044 ; 3331, fol. 345.

Marseille, venait d'obtenir ses lettres de naturalité et de citadinage en 1559 (1).

Quant aux autres associés dont le nom était précédé du titre de *monsieur*, ils appartenaient à la noblesse ou à la bonne bourgeoisie. Pierre Albertas, l'un des gentilshommes les plus marquants de Marseille, était plus en vue que Pierre Bausset. Les généalogistes faisaient venir sa famille d'Italie à Apt au XIVe siècle (2) et son grand-père était passé d'Apt à Marseille vers la fin du XVe siècle. Son père avait rempli avec distinction les fonctions de premier consul; Pierre lui-même avait été honoré de la même charge en 1543 et devait l'être de nouveau en 1566. Seigneur de Ners et de Pichaury (3), il venait d'acquérir d'un de ses parents la seigneurie de Gémenos au prix de 20.400 écus d'or au soleil et il achetait en 1563 celle de Saint-Chamas (4). Son rang et sa fortune ne l'empêchèrent pas de rester jusqu'à sa mort l'un des membres les plus agissants des compagnies du corail, ainsi qu'en témoignent leurs registres.

Il allait bientôt s'associer pour la curieuse entreprise de l'écarlate avec noble Jean Daysac, seigneur de Venelles, qui devait prouver son initiative hardie en essayant d'implanter en Provence plusieurs industries nouvelles. Daysac, troisième consul

(1) Archives des Bouches-du-Rhône, registre Vulpes et Lepus, fol. 109.

(2) Nostradamus (*Hist. de Provence*, p. 420), rapporte que, de son temps, on lisait à Apt sur la maison construite par le premier des Albertas l'inscription suivante : Antonius Albertassiensis, natione Italus Albensis ex nobilibus Albertassiis montis Lupi dominis ortus has aedes erexit primusque Albertassiam gentem ab Italia in Provinciam traduxit anno MCCCLX. — L'étymologie fantaisiste montre que les Albertas avaient voulu, suivant le travers de l'époque, se rattacher à la vieille noblesse italienne.

(3) Ners et Pichauris, ancienne seigneurie, dépendant autrefois de la paroisse de Peypin, canton de Roquevaire, arrondissement de Marseille. Les ruines du château de Ners, connues sous le nom de Casteou Viei, dominent la route de Marseille à Saint-Savournin, à 17 kilomètres de la ville. Ce château, bâti dans une gorge, au milieu des bois, par les évêques de Marseille, assurait le paiement d'un péage. Pichauris, à quelques kilomètres plus loin, dans un vallon, n'est plus qu'une ferme.

(4) Voir les registres de la Cour des Comptes (Arch. des B.-du-R., B. 1001, 1287. — Il avait acquis, en commun avec Pierre Bausset, son associé de la compagnie, le château de Roquefort, appartenant à l'Évêché de Marseille, et les lettres patentes du 13 avril 1570 leur confirment la « haute moyenne et basse mère impère et simple juridiction » de leur seigneurie. Arch. du Parlement (Aix), B. 3332, fol 23.

de Marseille en 1557, acquéreur de la seigneurie d'Istres en 1567 (1), devait être élu second consul en 1575.

La famille della Seta, originaire de Pise, s'il faut en croire les lettres de naturalité de 1557 (2), était venue s'établir à Marseille au début du XVIe siècle. Joseph, qualifié d'écuyer et seigneur de Nans, représentait à Marseille la confrérie établie à Naples pour le rachat des captifs en Barbarie. Sa noblesse ne l'empêchait pas non plus d'être mêlé très activement à de nombreuses affaires commerciales, ainsi qu'en témoignent les registres des notaires. Deuxième consul de Marseille en 1567, il s'était signalé en présentant à Charles IX d'énergiques doléances contre les prétentions des officiers de l'amirauté. Enfin, les familles des Vernet et des Moustier fournirent des consuls à leur cité; Jacques Moustier allait obtenir lui-même le second chaperon en 1572.

Ainsi, en 1564, la Compagnie du corail apparaît puissamment constituée et recrutée parmi l'élite du commerce marseillais. On en trouve une autre preuve en consultant la liste des juges du commerce, ou juges consuls, choisis au nombre de deux chaque année, toujours parmi les négociants les plus réputés, souvent même parmi les anciens consuls de la ville. On y relève les noms suivants d'associés de la Compagnie : Pierre Albertas (1548), Jehan Daisac (1561), Joseph de la Seda (1563), Jehan Daisac (1565), Jehan Riqueti (1567), Pierre Albertas (1568), Joseph de la Seda (Sepeta) sieur de Nans et Sébastien Cabre, sieur de Roquevaire (1569), Pierre Bausset, sieur de Roquefort (1571), Jehan Riqueti, sieur de Mirabeau (1572). Dans ce second exercice Riqueti se signala encore par un curieux conflit avec les consuls au sujet de la possession d'une grande salle de l'hôtel de ville qui servait de prétoire à la juridiction consulaire (3).

L'influence et les relations de famille des principaux associés

(1) Reg. du Parlement. B., 3331, fol. 172 v°.

(2) Registre Milvus, fol. 151 v°. Le nom est écrit de la Seta, della Seta, de la Cetta, de la Sède.

(3) Léon Magnan. *Histoire des juges consuls et du Tribunal de Commerce de Marseille*, p. 74-77.

ne durent pas peu contribuer aux succès de la Compagnie. Ceux-ci furent des plus brillants.

Thomas Lenche, l'ancien patron corse devenu l'un des plus riches négociants de la ville, élu second consul de Marseille en même temps que son associé Pierre Albertas obtenait la premier chaperon, put l'année suivante contracter une alliance avec l'une des plus illustres familles de Provence. En 1565 il maria sa fille Désirée à Jean-Baptiste Forbin, sieur de la Motte, chef de la branche des Forbin, seigneurs de Gardanne (1) petit-neveu de Palamède le Grand et arrière petit-fils de ce Jean Forbin qui pratiquait au xve siècle la pêche au corail en Sardaigne. J.-B. Forbin allait remplir en 1574 les fonctions de premier consul de Marseille. Cette alliance devait rehausser encore le prestige de la Compagnie. L'année suivante Lenche logeait chez lui l'ambassadeur du sultan Hadji Morat et, par l'entremise de son hôte, il obtenait d'être dispensé d'obéir aux récentes ordonnances en démolissant une arcade qui touchait sa maison (2).

Thomas Lenche ne jouit pas longtemps des succès qui couronnaient brillamment sa carrière; il mourut, en effet, sans doute à un âge peu avancé en 1568. L'année suivante disparaissait un de ses associés de la première heure, Jean Mouan. La Compagnie avait fourni pour les obsèques de son chef vingt-cinq torches ou cierges (intorce) du prix de 33 livres. Elle fit les mêmes frais pour Jean Mouan et, dès lors, dans les registres de comptabilité, la dépense de vingt-cinq intorce annonça, régulièrement la disparition d'un des associés.

La mort de Lenche et de Mouan n'amena pas de changement important dans la société qui avait été renouvelée au bout de

(1) Voir dans le registre 5 des Insinuations de la Sénéchaussée de Marseille (Arch. dép. des B.-du-Rh.; fol. 156-158), le contrat de mariage, daté du 29 juillet 1565, de damoyselle Désirée Lenche et Jehan-Baptiste Forbin. Lenche constitue « en doct et pour douaire » de sa fille la somme de 24.000 livres tournois que Forbin confesse avoir reçues en présence du notaire Gaspard Boyer, en 1632 écus pistoles et le reste en testons. En outre, Lenche donne « en augment dudict douaire », les bagues, joyaux d'or, d'argent, perles et vêtements quelconques appartenant à sa fille.

(1) Lettres du 22 octobre 1567. Arch. du Parlement. B. 33 31. fol. 170.

trois ans et pour le même terme en 1567. Elle ne comptait plus que 24 carats au lieu de 25, Jean Daysac n'ayant gardé que 1 carat 1/3. Les héritiers de Lenche et de Mouan avaient conservé leurs parts dans l'association. Les premiers avaient pourtant vendu un carat à un nouveau venu, « maître » Bastian Cabre qui appartenait aussi à l'aristocratie marseillaise. Le grand-père, habitant d'Aubagne, déjà qualifié de noble, y était mort en 1507 et ses trois fils étaient venus s'établir à Marseille. Bastian ou Sébastien Cabre avait été second consul en 1559 et en 1561 ; il était devenu en 1563 seigneur de Roquevaire. Ses entreprises commerciales continuèrent d'accroître sa fortune, si bien qu'il put faire contracter à ses deux filles, Isabelle et Marquise, deux superbes mariages, l'un avec haut et puissant seigneur Jean de Castellane, l'autre avec un membre de la branche marseillaise des Doria (1). L'un de ses fils, Joseph, était élu premier consul en 1570 ; l'autre, Louis, devait le devenir beaucoup plus tard en 1602. L'adhésion du seigneur de Roquevaire donnait donc encore un surcroît d'influence à la Compagnie.

Le renouvellement de 1570 ramena le chiffre des carats à 25 par l'attribution d'un carat à Jean-Augustin Catachiollo ou Catacholi. Celui-ci renforçait l'élément corse dans la compagnie ; natif de Bonifacio, il venait de recevoir ses lettres de naturalité en 1567.

J.-B. Forbin, gendre de Lenche, était devenu l'un des associés de la Compagnie. C'est l'exemple le plus illustre de noble

(1) Branche fondée par Lazare Doria, établi à Marseille du temps du roi René, dont son cousin et associé était conseiller et chambellan. Il était allié à la puissante famille des Vento, d'origine génoise aussi, qui donna des consuls à Marseille au XVe siècle. Son fils Blaise, noble et négociant comme lui, fut le plus illustre des Doria de Provence. Intimement mêlé à la vie de la cité, il est peut-être le seul citoyen de Marseille, en dehors de Casaulx, qui ait été investi trois fois des fonctions de premier consul, en 1517, 1533, 1547. Marié à Marguerite Forbin, fille du seigneur de Gardanne, il était ainsi apparenté à J.-B. Forbin, le mari de Désirée Lenche. Il était, de plus, lié avec plusieurs des principaux membres de la Compagnie et, la même année 1567, il tient sur les fonts baptismaux Honoré, le fils aîné de Jean Riqueti, et la fille du capitaine Nicolas Bausset. C'est son septième enfant, Gaspard Doria, qui épouse en 1584 Marquise de Cabre. — Labande. *Les Doria de France*. Paris. Picard. 1899 p. 80 et suiv.

commerçant que nous offre Marseille au XVIe siècle. Plus encore que les Albertas les Forbin appartenaient à la haute noblesse provençale. C'étaient bien des gentilshommes d'épée. Pourtant ce terme n'a pas grand sens ici. Au XVe, au XVIe siècle, de nombreux Forbin manient l'épée à l'occasion, mais ce sont surtout à la fois des ruraux et des commerçants. Charles de Ribbe dans son intéressant ouvrage sur la *Société provençale au moyen âge*, nous les a présentés à diverses reprises comme des types de gentilshommes provençaux campagnards. Jean Forbin, le père du fameux Palamède, grand armateur, que nous avons vu entreprendre la pêche du corail, représente bien sous ses différents aspects le noble marseillais et provençal de la fin du moyen âge. Propriétaire soigneux, en même temps que possesseur de navires, il laisse à sa femme la jouissance de ses biens et stipule spécialement dans son testament (1453) qu'elle gardera ses porcs et ses truies. Il n'était pas moins ardent à guerroyer quand il le fallait. Au lendemain de l'incendie de Marseille par les Aragonais en 1423, il avait lancé ses navires contre la flotte d'Alphonse d'Aragon. Une autre fois que ce roi bloquait Marseille par mer il coula son vaisseau pour fermer l'entrée du port à la flotte ennemie. Il pourvoit la ville d'artillerie pour la défendre d'une attaque; il fait construire la vieille tour Saint-Jean, encore debout, qui lui coûte 2.000 florins d'or.

Ainsi ces multiples exemples prouvent bien que, jusqu'à la fin du XVIe siècle, la noblesse provençale conserva une physionomie spéciale. C'est une noblesse qui travaille, toute différente de ces seigneurs de la cour des derniers Valois, entièrement oisifs en dehors des guerres, dépensant leurs revenus sans compter et se ruinant. Bernard Palissy, l'infatigable travailleur, plein de dédain pour ces courtisans, « mangeant leurs revenus en bravades, despenses superflues, tant en acoustremens qu'aultres choses», aurait trouvé en Provence un spectacle moins attristant.

Dans le règlement de la succession de Thomas Lenche, J.-B. Forbin n'avait gardé que trois carats au nom de sa femme Désirée Lenche. Deux avaient été cédés par lui à Antoine Lenche, frère cadet de Thomas. Celui-ci, venu peut-être plus tard à Marseille, n'avait obtenu ses lettres de naturalité qu'en 1568. Est-ce parce qu'il les avait sollicitées seulement au moment de remplacer son frère à la tête de la compagnie ? Il en avait pris, en effet, la direction et devait porter à la fois à leur apogée sa prospérité et celle de sa famille (1).

L'association renouvelée pour cinq ans, en 1570, comprit exactement les mêmes participants et le même nombre de 25 carats ; Jean Vernet, Jacques Moustier et Carlin Deydier, successivement décédés, furent remplacés par leurs héritiers.

Antoine Lenche avait débuté par un coup de maître. Il avait fait un voyage à la cour en 1570. Son but était, sans doute, de s'assurer d'une manière générale la faveur des conseillers influents du roi, mais, plus particulièrement, d'obtenir que des ordres fussent envoyés à notre ambassadeur, à Constantinople, pour faire réussir la négociation que tentait la compagnie auprès de la Porte. Le moment semblait favorable ; Claude du Bourg venait de renouveler les Capitulations en octobre 1569. Ce qu'il y a de certain c'est qu'un envoyé de la compagnie réussit à obtenir un commandement du Grand Seigneur qui consolidait sa position sur la côte barbaresque. Voici la traduction de cet important document, par Honoré Suffin, interprète du roi à Marseille en langue turquesque et arabesque. Elle figure à la suite du texte arabe dans l'un des registres des insinuations de l'amirauté de Marseille :

« Au valeureux seigneur des seigneurs, clément et magnanime, vertueux et suprême, rempli de tout honneur et félicité, à lui conçue par la grâce de la divine providence, au suffisant roi de Algiers Jafer, la félicité duquel soit perpétuelle, et autre vertueux, digne de tout honneur et gloire, le cadi de Algiers et à mes très chers capitaines volontaires, que leur force soit augmentée, que vous étant arrivé mon très haut et sublime commandement, vous sera pour avis que Marce carès et la Cale et boume, les *trois bastions* ensemble, compris le gouvernement de l'escale et trafic de

(1) Lettres portant provision de l'office de maître des ports en la ville de Toulon pour Antoine Lenche, de Marseille, 15 mai 1575. Arch. du Parlement, n° 3332, fol. 1197.

Bône, le tout concédé par mon haut et sublime commandement à Anthoine Linchou et à ses participants, marchands de Marseille, ce que auraient envoyé ici leur homme à ma haute porte, afin que ne leur fût fait aucun trouble par les capitaines des galères, ni à leurs personnes et facultés, nous ayant requis de n'être molestés, ayant fait commandement ou commandé que, à l'arrivée de mon sacré commandement, vous soit enjoint que, tout ainsi comme de ancienneté et par à devant, en payant par chacune année ce que est de coutume, de les laisser jouir de ladite escale et bastions et que, tout ainsi que a été à devant, les laisser faire leur marche et contracter, acheter et vendre parmi les Arabes, et leur être permis de prendre pour leurs alimens, nécessaires pour leur entretien, sans contrevenir à mon sublime commandement, que ne leur soit donné aucun trouble ni empêchement par les capitaines de mer, ni permettre que leur soit fait aucune difficulté, que après la vue de ce mien haut et sublime commandement soit remis en leurs mains, ainsi sachiez et prêterez foi à mon sacré signe daté du commencement de la lune de regeb, année de leur prophète 980, qui est du nôtre le premier de la lune du mois d'octobre 1572, à l'impériale résidence de Constantinople, traduit par moi interprète de Sa Majesté, par la commission à moi donnée par monsieur le lieutenant de l'amirauté. » Honoré SUFFIN, interprète (1).

Ainsi le privilège de la pêche du corail et la possession de ce qu'on allait bientôt appeler les « Concessions d'Afrique » étaient dès lors assurés à la compagnie marseillaise, à la fois par la volonté des Algériens et par la haute autorité du sultan, en même temps que par la faveur royale. Chose curieuse, elle en jouissait paisiblement depuis plus de vingt ans, et c'est au moment où il semblait que sa situation fût affermie qu'elle allait être attaquée. En effet l'éclat de ses succès et l'appât de ses bénéfices allaient lui susciter, à Marseille même, d'ardents rivaux et ouvrir pour elle une ère de difficultés.

(1) Reg. des Insinuations, 1555-1620, fol. 257-58. Arch. des Bouches-du Rhône. — Cf. le commandement de 1582, publié à l'appendice.

CHAPITRE II

LA COMPAGNIE DU CORAIL ET SES VICISSITUDES (1580-1602)

A partir de 1580, la prospérité de la compagnie fut menacée par une succession de calamités, de circonstances adverses, de luttes à soutenir contre des adversaires. Elle résista à tout pourtant et se fût maintenue jusqu'au XVIIe siècle, si, brochant sur le tout, la discorde ne s'était pas mise entre les associés et n'avait fini par amener la dissolution de leur association au début même du nouveau siècle.

En 1580 elle était engagée depuis plusieurs années déjà dans une lutte difficile dont on ne pouvait pas prévoir l'issue. Au moment de son renouvellement, en 1575 (1), Henri III avait de nouveau confirmé, par ses lettres patentes du 13 décembre 1574, les privilèges accordés en 1553 (2). Pourtant, en 1577, arrivait à Constantinople le négociant J.-B. de Nicolle, chef d'une compagnie rivale qui s'était formée à Marseille pour supplanter celle de Lenche. La longue querelle qui s'éleva prouve bien que les privilèges ou permissions accordés par le vice-roi d'Alger, le roi de France et le Grand Seigneur, équivalaient à un monopole de fait, bien que le mot n'eût pas été prononcé, et étaient considérés comme tels par Lenche et ses associés.

Nicolle arrivait chargé d'une lettre du roi pour son ambassadeur, Gilles de Noailles, abbé de l'Isle, par laquelle S. M. lui commandait « d'assister ledit Nicole de conseils et de toutes autres choses qu'il pourrait.... et de seconder la volonté que

(1) La compagnie de 1575 compta 26 carats Par suite du désistement de Jean Daysac et des héritiers de J. Vernet il y eut 2 carats 5/6 disponibles. Jean Riqueti, prenant 2/6, porta sa part à 3 carats 1/2 ; les héritiers de J. Moustier prirent 1/2 carat, et Antoine Lenche, doublant sa participation, eut ainsi 4 carats. Voir, à l'appendice, pièce n° 1.

(2) Arch. des B.-du-Rh. Amirauté. Reg. des Insinuations, fol. 382-86.

S. M. a d'aider ceux de ses sujets qui se veulent évertuer à faire chose profitante au public comme sera l'entreprise dudit Nicole et ses associés ». Nicolle obtint du G. S. tout ce qu'il désirait ; il était en train de faire rédiger les commandements qui lui étaient nécessaires quand on apprit l'arrivée à Constantinople, sur les galères d'Alger, d'un Corse, parent d'Antoine Lenche. L'agent du roi, Juyé, qui faisait l'intérim de l'ambassade, avait cru devoir se plaindre à la cour des procédés de Nicolle. Celui-ci avait réintroduit la coutume, qui « avait été quasi du tout levée avec beaucoup d'honneur et réputation pour S. M. et grand soulagement de ses sujets », de faire des présents à la Porte. Cependant Nicolle avait pour lui les ordres du roi ; Juyé le soutint et demanda au grand vizir de n'ajouter aucune créance à ce que pourrait lui dire le Corse envoyé de Lenche (1578) ».

La nouvelle compagnie obtint donc les commandements qu'elle sollicitait et, bientôt après, des lettres-patentes d'Henri III en date du 2 mai 1579, qui assuraient son complet triomphe. « Nous aurions ci devant écrit au Grand Seigneur en faveur et recommandation de notre cher et bien amé Jehan Baptiste de Nicolle et ses associés de notre ville de Marseille, afin de leur permettre la pêche du corail es mers îles et côte de Barbarie ensemble le libre négoce et trafic des marchandises non prohibées ce que le Grand Seigneur leur aurait libéralement concédé en notre contemplation, outre ce gratifié ledit Nicolle, pour son particulier et des siens, pour la pêche du corail et trafic d'un lieu appelé Massacarès, audit pays de Barbarie, ains les édifices et bâtiments que tenaient ci devant aucuns marchands genevois..... sur quoi icelui de Nicolle, pour la plus grande sûreté et afin de ôter toute occasion de révoquer notre intention en doute, pour ce regard nous a très humblement supplié et requis vouloir le tout autoriser par nos lettres à ce convenables et, d'autant que le fait est de soi recommandable pour le bien et utilité qu'il en peut revenir au public, aussi égard aux services par nous reçus dudit de Nicolle, en deux voyages qu'il a fait devers ledit Grand Seigneur où nous lui avions donné charge de quelque affaire concernant notre service, dont il se serait bien et fidèlement acquitté à notre contentement et désir. A ces causes et autres à ce nous mouvant, agréons le susdit pouvoir concession et octroi par lui obtenu dudit Grand Seigneur..... le don desdits lieux et édifices de Massacarès pour ladite pêche du corail et trafic des marchands (1) ». Ces lettres avaient été enregistrées sans difficulté par le lieutenant général de l'amirauté de Marseille qui avait rendu une ordonnance en conséquence le 14 juillet 1579.

Nicolle avait fait auparavant deux fois le voyage de Constantinople pour le service du roi; la cour devait souvent, dans la suite, employer dans ses négociations des Marseillais, intermédiaires à la fois commodes, avisés, et peu compromettants. Ce fut aussi dans les traditions du gouvernement de savoir récompenser de pareils services sans faire rien débourser au Trésor. Comme il convenait les privilèges semblaient accordée à Nicolle en vue du bien public : il s'agissait de remplacer à Massacarès des Génois qui, sans doute, avaient disparu depuis longtemps pour céder la place à la première compagnie marseillaise. De celle-ci il n'était fait aucune mention ; ce qui laisse supposer que Nicolle et ses associés avaient obtenu leurs lettres par surprise. Cependant, ils étaient trop avisés pour avoir songé qu'elle s'inclinerait sans rien dire devant les faits accomplis. Ils avaient fait insérer dans les lettres-patentes des défenses très expresses de les molester, et en même temps l'interdiction à toute cour et juridiction de s'occuper des procès et débats qui pourraient intervenir, lesquels étaient évoqués au conseil du roi.

Allait-on voir deux compagnies marseillaises établies côte à côte en Barbarie? Lenche et ces associés firent un puissant effort pour rester en possession de leur monopole et parurent d'abord l'emporter. En 1580 l'ambassadeur Germigny vit arriver à Constantinople, sur une galiote d'Alger, le capitaine Salvety l'un des principaux officiers de la compagnie Lenche en Afrique. Il apportait une recommandation du roi pour le grand-vizir en faveur de cette compagnie, en même temps qu'un arrêt du conseil

(1) Registre des Insinuations de l'Amirauté, 1555-1620, fol. 477-479.

rendu sur cette affaire. Germigny présenta les lettres du roi au capitan pacha qui lui donna une réponse favorable. Tout paraissait remis en l'état quand la cour se dégagea une seconde fois l'ambassadeur reçut d'autres lettres du roi à Sa Hautesse en faveur de la nouvelle compagnie, portant révocation des précédentes et de l'arrêt. C'est là un exemple du gâchis dans lequel était tombé le gouvernement de la France pendant ce triste règne de Henri III.

Sagement, Germigny ne tint pas compte des dernières lettres reçues et attendit de nouveaux ordres avant d'agir. Comme il le disait, il serait dangereux de solliciter toujours de la Porte des commandements contradictoires, « de quoi le Grand Seigneur et ses ministres se moqueraient et irriteraient comme ils ont fait ci-devant, au blâme et mépris de la nation. »

En attendant il faisait ressortir que le capitan pacha, Euldj-Ali, était tout à fait favorable à Lenche. C'était lui qui, étant vice-roi d'Alger, avait « baillé audit Lencio la Cala de Massacarère » et il écrivait lui-même au roi que « difficilement autre que Lencio et ladite ancienne compagnie en pourrait jouir et tirer profit. »

Ces désordres semblent avoir rendu confiance aux Génois expulsés par les Français ; ils négocièrent aussi de leur côté. Dans une instruction, en date du 5 septembre 1580, remise à son secrétaire Berthier, qu'il envoyait au roi, Germigny faisait, en effet, ressortir qu'il avait tenu à obtenir un commandement du Grand Seigneur en faveur de l'ancienne compagnie, à cause de « la pratique que les Génevois ont à cette Porte pour composer avec le nouveau vice-roi d'Algiers de la pêche du corail et faire avoir copalte (la ferme) d'icelui à la Cale de Massacarère, de laquelle jouissent à présent les sujets du roi... seulement pour conserver les sujets de Sa Majesté en possession de ladite Cale et empêcher qu'elle ne retournât en mains étrangères, jusqu'à ce qu'il ait plu à Sa Majesté établir sur icelle, par arrêt de son Conseil, un règlement entre les deux compagnies ancienne et nouvelle. » (1). En 1582, l'ancienne compagnie obtenait un nouveau

(1) V. CHARRIÈRE. *Négociations de la France dans le Levant*. T. III, p. 766-767 et 929-931, en note.

et très exprès commandement adressé au vice-roi d'Alger qui lui confirmait solennellement le monopole de la pêche et la possession de ses établissements (1).

Bientôt après, Lenche et Nicolle trouvèrent un terrain d'entente. En 1584, ils fondèrent ensemble, pour l'exploitation de la pêche sur les côtes de Tunis, une compagnie dont il sera question plus loin. Mais cette association fut rompue en 1586 et les contestations reprirent. En 1588, en 1589, les registres de la Compagnie Lenche portent des dépenses faites au procès contre Jean-Baptiste de Nicolle. En 1591, un certain Jean Zeddes (?) est à Paris pour poursuivre les sollicitations au sujet de cette affaire et reçoit 579 écus d'or de bonne monnaie pour sa peine. Les appuis grandissants que les Lenche et leurs associés avaient à la Cour finirent par faire reconnaître la justice de leur cause.

Ils avaient eu à se débattre contre d'autres tracas. Le premier consul français établi à Alger, le capitaine marseillais Maurice Sauron, qui avait enfin pu prendre possession de son poste en 1581, réclama aussitôt de la compagnie du corail le paiement des droits de consulat. Celle-ci voulut s'y soustraire, Sauron le fit citer devant le Grand Prieur, gouverneur de Provence. Antoine Lenche se rendit auprès de celui-ci à Salon, en avril 1583, pour plaider sa cause (2). Suivant l'usage, il ne négligeait pas les présents ; on voit la compagnie dépenser en 1584 deux écus d'or pour l'achat d'une *monine* (singe), cadeau destiné à M. le Grand Prieur. Il en coûtait plus cher à la cour où le capitaine Bausset, député en 1584, avait dû promettre à divers seigneurs 163 écus d'or de divers présents, dont 60 écus pour deux *vanos* (couvertures d'apparat) de taffetas à la Siotto (de Chio ?).

(1) Voir, à l'appendice, le texte de ce document que sa précision rend particulièrement important.

(2) On trouve dans un des registres, Err, 918, des chiffres intéressants sur les dépenses de voyage d'alors : 20 avril 1583. Payé à sieur Antoine Lenche pour être allé à Salon parler à M. le Grand Prieur.... et premièrement a demeuré quatre jours à ses dépens, 13 liv. 4 s.; ensemble pour louage d'un cheval, quatre jours à 16 sols, se monte 64 sols et 24 sols pour dépenses de son serviteur ; monte le tout 17 livres 12 sols (5 écus 52 s.). — 18 avril 1583, pour louage de neuf chevaux pour aller à Salon. . . assavoir 8 chevaux 3 jours et 1 cheval 4 jours, à 16 sols, 7 écus 28 sols.

Il fallut transiger; la veuve de Sauron reçut, en 1585, la somme de 650 écus pour paiement de tous les droits contestés. C'était le commencement d'une longue et funeste querelle qui allait faire des consuls et des compagnies du Bastion des adversaires déclarés, au grand détriment de l'influence française et des intérêts du commerce. La dispute avait même commencé dès les origines du consulat. C'est en 1564 que des lettres patentes de Charles IX avaient créé ce poste en faveur du Marseillais Bertolle. Le Conseil de ville de Marseille avait décidé aussitôt d'engager un procès contre Bertolle par devant le Conseil privé du roi. Thomas Lenche, deuxième consul de la ville cette année-là, avait pris la parole à ce sujet dans l'assemblée municipale (1).

C'est pendant ces pénibles contestations que Marseille fut désolée à plusieurs reprises par les plus terribles pestes qu'elle eût endurées depuis longtemps. Le fléau l'avait souvent visitée dans le cours du moyen âge, malgré les rigoureuses quarantaines imposées aux navires aux Vieilles Infirmeries, situées dans l'anse des Catalans. Les relations avec le Levant, où les foyers d'infection existaient à l'état permanent, créaient un continuel danger. Or la vigilance était quelquefois endormie, les procédés de désinfection pas toujours efficaces. Il arrivait aussi que des navires revenaient de points contaminés du Levant sans passer par les Infirmeries de Marseille et apportaient la contagion dans quelque petit port de Provence; tel fut le cas en 1580. Déjà, en 1530, Marseille avait été affreusement ravagée pendant plusieurs mois. Mais la peste de 1580 devait rester longtemps tristement célèbre sous le nom de grande peste. Il fallut celle de 1720 pour en effacer le souvenir et cependant le désastre du XVIIIe siècle ne fut pas plus considérable.

Le mal fut introduit à Cannes par un navire de retour du

(1) Voir les lettres patentes abolissant, à la requête des Marseillais, l'office de consul de la nation française à Alger en Barbarie, « comme inutille et non nécessaire ». (Moulins, janv. 1566. Registres du Parlement de Provence. B, 3330, fol. 196 v°).

Levant. C'était ordinairement les marchandises qui étaient le véhicule des dangereux microbes; il paraîtrait qu'une femme, passagère du navire, apporta cette fois le fléau. Il désola d'abord tout le voisinage et particulièrement la ville de Grasse où le nombre des morts s'éleva, dit-on, à 6.000 environ. De là il se répandit dans toute la Provence maritime. Signalé à Aix en juillet 1580, il sévit treize mois sans discontinuer. Parlement, Cour des Comptes, officiers du roi, s'étaient hâtés de déserter la capitale. Les chaleurs d'un été accablant succédant à des pluies de printemps excessives avaient aidé à la propagation du fléau. Sa malignité était excessive et peu de malades frappés pouvaient espérer échapper à la mort.

Marseille, atteinte dès le mois de février, fut la plus éprouvée. Le nombre des morts atteignit 20.000, suivant le vieil historien Bouche qui recueillit les récits de témoins survivants, de 30.000 d'après Ruffi. C'était presque le dépeuplement pour une ville qui ne devait pas atteindre alors 50.000 habitants. La mortalité avait été aggravée par une terrible famine. Les gens d'Aix avaient, en effet, retenu au passage les blés des villages avoisinants d'où le port tirait sa subsistance ordinaire. « La plupart des pauvres gens étaient contraints de brouter l'herbe et se servaient de viandes si fort inusitées qu'ils semblaient plutôt des fantômes vivants que des hommes (1) ». Il faut signaler le dévouement de plusieurs officiers municipaux qui n'abandonnèrent pas la ville. Le second consul, d'Olières, l'assesseur, Jean Doria, furent victimes de leur dévouement. Pierre d'Antelmi, lieutenant du viguier, survécut et le conseil lui vota une récompense de 150 écus d'or au soleil. L'automne et l'hiver amenèrent une accalmie et les habitants rentrèrent. Mais le jour de Pâques suivant (26 mars 1581), le fléau se ralluma. Ce fut une panique indescriptible. On s'écrasait à la fois sur les bateaux pour fuir par mer et aux portes de la ville, devenues trop étroites, pour gagner la campagne. C'est à peine s'il resta dans les murs deux à trois mille personnes. Cette fois-ci le viguier et les consuls

(1) Ruffi, p. 352.

donnèrent l'exemple du courage. La ville échappa à un autre danger. Un jour, trente ou quarante galères d'Espagne, qui croisaient devant le golfe, faillirent entrer dans le port par surprise. Profitant d'une brume épaisse, elles passèrent entre le Château-d'If et la côte sans être vues. Heureusement la forteresse de Notre-Dame de la Garde les découvrit et tira deux coups de canon pour donner l'alarme. La population, réfugiée dans le terroir, accourut en armes jusqu'aux portes pour les garder et les Espagnols s'éloignèrent.

La santé fut rétablie en 1582, mais la contagion reparut de nouveau sur divers points, en 1586, notamment à Aix et à Marseille, où elle dura du 15 novembre au mois de mai 1587. De nouveau la ville fut abandonnée. La crédulité populaire attribua la prolongation inusitée du fléau aux maléfices d'un faux ermite qui avait parcouru le pays, sous prétexte de soigner les pestiférés et s'était d'abord attiré une grande vénération ; le soi-disant ermite, dont Bouche raconte la curieuse histoire, fut brûlé vif à Aix en 1588.

On conçoit quel trouble de pareilles épidémies devaient apporter dans le commerce. Chaque fois que Marseille était contaminée les négociants transportaient le siège de leurs opérations à Cassis, à La Ciotat ou à Toulon, suivant que l'un ou l'autre de ces ports restait indemne. C'est ainsi qu'en 1580-81, la compagnie du corail se servit de La Ciotat ; un de ses membres, Augustin Catacholi, y tenait la caisse et y dirigeait le chargement et le déchargement des navires. Au milieu de ces perturbutions, le fisc tenait à ne pas perdre ses droits : l'ordonnance royale du 24 août 1581 avait stipulé que les marchandises débarquées à Cassis, La Ciotat ou Toulon, y paieraient les mêmes droits de la table de la mer auxquels elles auraient été soumises à Marseille (1).

Malgré tout, la compagnie du corail continuait à prospérer. Elle était bien à son apogée, semble-t-il, quand l'association fut renouvelée en 1585 (2). Celle-ci avait été réduite à

(1) Archives du Parlement, B., 3334, fol. 678.

(2) Voir, à l'appendice, l'acte d'assossietté extrait des registres du notaire Champorcin.

24 carats (1) par suite de l'achat qu'elle avait fait de deux parts à J.-B. Forbin, seigneur de Gardanne, le mari de Désirée Lenche. Elle comprenait deux membres nouveaux, Jean et Pierre Olivier, possesseurs d'un carat que leur avait vendu Nicolas Bausset, fils aîné et héritier du vieux Pierre Bausset (2). Celui-ci, continuant les traditions de sa famille, avait fait de son fils un capitaine de galère et Charles IX, par lettres patentes de 1573 et 1574, l'avait pourvu du gouvernement important de la forteresse du château d'If et des îles qui commandaient l'entrée de la rade de Marseille. Sur l'ordre du roi, Nicolas Bausset avait fait en 1575, sur sa galère, le voyage de Rome, et y avait rendu de si grands services que, par lettres patentes de 1576, Henri III lui avait accordé la survivance de ce gouvernement pour Jean de Bausset, son fils aîné. Aussi est-ce lui que la compagnie avait député à la Cour en 1584 pour y soutenir ses intérêts dans la querelle contre le consul Sauron. Il allait jouer un rôle très actif dans les troubles de la Ligue en Provence.

Pierre Albertas, un des fondateurs de la compagnie comme Pierre Bausset, avait aussi disparu. Son fils aîné, Antoine-Nicolas d'Albertas, qui le remplaça dans la société, se paraît des titres de seigneur de Saint-Chamas, Gemenos, Ners, Pichauris, Dauphin, Saint-Maïme, du Tholonet et de Roquefort, de gentilhomme ordinaire de la chambre du Roi et capitaine de 200 hommes de guerre. Il vient assez longtemps à la Cour et ne semble pas s'être mêlé activement comme son père de choses de négoce. Jean de Cabre, seigneur de Saint-Paul (3) et Louis de Cabre, seigneur de Roquevaire, avaient aussi remplacé leur père, Sébastien Cabre, dans la possession de ses carats. L'influence accrue des représentants de cette génération nouvelle était doublée par leurs alliances : Louis de Cabre avait épousé en 1576 la fille du premier président de la Cour des Comptes de

(1) La réduction avait été faite au renouvellement de 1582. Voir l'en tête du registre E. II, 957.

(2) 12 sols payés à 12 garçons qui ont porté 24 torches à l'ensevelissement de feu M. Bausset (3 juillet 1584). Registres de la Compagnie. E. II, 948.

(3) Saint-Paul les Durance, arrondissement d'Aix.

Provence, Jean de Sade. Les liens de la compagnie faisaient aussi contracter des alliances entre les familles des associés : Jean de Cabre avait épousé Marguerite d'Albertas; Antoine d'Albertas se maria en 1596 à Marguerite Riqueti, fille de Jean. La fille d'Antoine Lenche devait devenir en 1592 la femme d'Honoré Riqueti, frère de Marguerite.

La prospérité de la compagnie était surtout révélée par la fortune croissante de ses deux principaux membres, Lenche et Riqueti. Noble écuyer et puissamment riche, Antoine Lenche avait dédaigné d'acquérir des fiefs. Il achetait des maisons dans Marseille (1). Tout en l'imitant Jean Riqueti travaillait systématiquement à fonder la puissance territoriale de Mirabeau. C'est en 1570 qu'il avait acheté la terre et la seigneurie de Mirabeau, de Gaspard de Glandevès, parent de sa femme, pour la somme de 21.000 écus de 48 sols pièce. Il acquit aussi la seigneurie de Negréaulx (2) et ne cessa d'arrondir ces deux fiefs. Dans le dénombrement de ses terres, fait lors de l'hommage prêté à Henri IV en 1597, on mentionne les « aultres biens acquis audict Mirabeau et son terroir par ledict Riqueti ». On y voit figurer dix terres de la contenance de vingt charges en semences, une terre de trois charges, une vigne, deux prés, sept terres de seize charges, six terres de douze charges, etc. (3). Les registres des notaires marseillais renferment un grand nombre d'actes d'achat « de bastide et jardin ou de maison » pour Jehan Riqueti sieur de Mirabeau.

C'est à ce moment que l'épithète de magnifique parut toute naturelle pour désigner la compagnie et ses membres. On disait « la magnifique compagnie du corail », les « seigneurs de la magnifique compagnie. » Cette grandiloquence se retrouvait dans la comptabilité de la compagnie ainsi libellée : « Le magnifique seigneur A. Lencio pour compte de la magnifique grande

(1) Voir par exemple dans les registres du notaire Champorcin : vente par Pierre Bellon, marchand, d'une maison de « mil escus d'or sol » pour noble Anthoine Lencho escuyer de Marseille (25 septembre 1586, fol 716). Lenche signe toujours Antonio Lencio.

(2) Aujourd'hui Negreoux sur les bords de la Durance, non loin de Mirabeau.

(3) Cour des Comptes de Provence. B. 794, fol. VII-XI.

compagnie du corail.... a chargé sur le galion.... pour consigner au magnifique capitaine Jean Porrata, gouverneur de l'entreprise. » Pourtant les mauvais jours allaient bientôt commencer pour la compagnie, avec les troubles de la Ligue qui allaient particulièrement désoler Marseille, avec le refroidissement progressif de l'amitié turque et algérienne auquel la Ligue elle-même et son amitié pour l'Espagne ne furent pas étrangers (1).

Marseille s'était toujours distinguée par son zèle catholique. La communauté avait envoyé deux cents hommes, soldés à ses frais, au duc d'Anjou commandant l'armée royale et cette troupe s'était distinguée à Jarnac (1569). Après la mort de Charles IX les protestants avaient repris aussitôt les armes : ce fut la guerre des *Carcistes* et des *razats*. Marseille fournit trois cents arquebusiers au chef catholique le comte de Carcès. Catherine de Médicis était venue elle-même rétablir la paix en 1579; puis, les pestes de 1580 et 1581 avaient fait diversion.

En 1585, l'organisation de la Ligue dans tout le royaume vint compliquer une situation déjà suffisamment troublée. Les catholiques, en désaccord sur la politique à suivre vis-à-vis des huguenots, prenaient les armes les uns contre les autres. En Provence, elle fut formée par le sieur de Vins et dirigée contre l'autorité du gouverneur, le grand prieur de France, Henri d'Angoulême, frère bâtard du roi. Dès lors, la lutte fut ardente, à Marseille, entre la faction ligueuse et les *bigarrats*, comme on surnomma les royalistes.

Pendant onze ans, la ville eut en permanence l'aspect d'une place en état de siège. De forts corps de garde surveillaient les postes pour éviter toute surprise ; un autre occupait l'hôtel de ville. A tout moment, on courait aux armes ; pour se rendre aux réunions de l'hôtel de ville, les bourgeois revêtaient la cuirasse sous leurs vêtements et y cachaient des poignards.

Comme toujours, les ambitieux eurent beau jeu au milieu des

(1) Heinrich *L'Alliance franco-algérienne*.

troubles pour les faire servir à leur dessein. On vit les chefs ligueurs réveiller de vieux sentiments d'indépendance, sans qu'on puisse dire la part de sincérité qu'il y avait dans leurs revendications comme dans leur affectation de zèle religieux. On vit aussi se succéder les drames sanglants qui montrent à la fois la violence des passions et la brutalité de mœurs de ces gens si polis et si raffinés de l'époque de la Renaissance. Les principaux membres de la Compagnie se signalèrent par un attachement inviolable au parti du roi, surtout les Lenche et les Bausset, le capitaine Nicolas, gouverneur du château d'If, et son neveu, l'avocat, porteur du même prénom.

Les Bausset prirent une part active au renversement de la tyrannie établie dans la ville par le consul Louis de la Motte Dariès, le premier chef des ligueurs. Pris et remis au Grand Prieur, Dariès, jugé sommairement, fut aussitôt pendu en sa présence (13 avril 1585). Son émouvante exécution ne rétablit pas le calme. L'année suivante, le colonel corse Alphonse d'Ornano, ami des Lenche, fut l'intermédiaire qui fit connaître au Grand Prieur les menées du gentilhomme marseillais Philippe Altovitis, ancien partisan de Dariès. On sait comment Altovitis, transpercé d'un coup d'épée par Henri d'Angoulême dans l'hôtellerie d'Aix où il se trouvait, eut la force en tombant de tirer son poignard et de le blesser à mort (juin 1586).

La réapparition de la peste ne ramena qu'une trève passagère. Aux élections municipales d'octobre 1587 les ligueurs et bigarrats firent un grand effort pour s'emparer des fonctions municipales. Nul ne remporta la victoire. Le premier consul fut bien un ligueur, Nicolas de la Cépède, mais Antoine Lenche obtint le second chaperon et le viguier Pierre d'Antelmy le soutenait. Les deux partis, croyant être en état de triompher, entamèrent une lutte violente pour devenir maîtres de la ville. Nogaret de la Valette, commandant en Provence en l'absence de son frère le duc d'Epernon, successeur du Grand Prieur, vint inutilement apporter aux bigarrats l'appui de l'autorité royale. Il ne fit que prouver son impuissance et dut quitter la ville livrée à l'anarchie.

L'année 1588 devait être marquée par un nouveau drame. Lenche, homme résolu, chef reconnu des bigarrats, voulut, semble-t-il, s'emparer de l'hôtel de ville par un coup de main et en chasser les ligueurs. Ceux-ci avertis avaient renforcé le corps de garde mais Lenche, malgré les conseils de prudence, ne voulut pas renoncer à son dessein. Couvert d'une cuirasse et le chaperon consulaire en tête, suivi d'une cinquantaine de royalistes armés de toutes pièces il s'avançe, un soir, vers le poste qui l'accueille à coups de pistolets et d'arquebuses. Le premier consul accourt aussitôt avec un renfort de ligueurs; les bigarrats sont mis en fuite et Lenche abandonné se réfugie au couvent de l'Observance. Une assemblée générale, aussitôt convoquée à l'hôtel de ville, décide de le suspendre de sa charge et de faire informer contre lui comme perturbateur.

Cependant une troupe de ligueurs a découvert son asile. Au matin « ayant eu avis qu'il était dans le couvent de l'Observance le vont prendre là-dedans, le chaperon lui est ôté par un cardeur à laine qui lui donne encore un soufflet et le mènent hors du couvent. Etant à la porte, il est chargé à coups d'épée et de pistolets et s'étant jeté dans l'Eglise il est poursuivi par ses assassins et meurtriers jusqu'au devant du *benoistier* où il est tué et massacré inhumainement et après délivré aux enfants qui le traînent jusques au devant de son logis où il est recueilli par ses domestiques et serviteurs avec les lamentations et clameurs que ces accidents ont accoutumé d'apporter.» Telle fut la fin lamentable d'Antoine Lenche racontée par un de ses plus ardents partisans, l'avocat Bausset (1). Les deux premières victimes de marque de la guerre civile avaient été des ligueurs; ceux-ci avaient pris leur revanche.

Elle fut d'ailleurs complète; la Ligue restait maîtresse de la ville pour huit ans. La mort de son chef était un coup sensible

(1) *Mémoires concernant les derniers troubles de la ville de Marseille, depuis l'an 1585 jusqu'en 1596*, par Nicolas de Bausset, lieutenant principal en la sénéchaussée de ladite ville. Publiés par la Société historique de Provence dans les Mémoires pour servir à l'histoire de la Ligue en Provence. Aix. Makaire. 1866.

pour la compagnie du corail; mais, surtout, elle avait à redouter la malveillance de la faction qui tyrannisait Marseille.

La Ligue semblait alors triompher dans tout le royaume. Elle était maîtresse aux Etats de Blois de 1588. Marseille y avait envoyé trois députés qui se distinguaient par leur exaltation. L'un d'eux était Antoine-Nicolas d'Albertas; la division s'était donc mise au sein de la compagnie. L'assassinat du Balafré, puis celui d'Henri III, portèrent à son comble l'exaltation ligueuse. En Provence, tout particulièrement, le parti royal semblait réduit à une complète impuissance. Mais deux factions divisèrent les ligueurs : l'une avait pour chef le comte de Carcès; c'était le parti modéré, représentant les mêmes tendances que le duc de Mayenne, hostile aux énergumènes de Paris; l'autre dirigé par le sieur de Vins, puis par sa belle-sœur l'énergique comtesse de Sault, n'hésitait pas sur le choix des moyens et ne reculait pas devant les alliances étrangères.

Marseille, où les *bigarrats* n'osaient plus se montrer, fut troublée par les luttes des deux factions ennemies. Pour faire triompher leur cause, de Vins et la comtesse de Sault mirent leur confiance dans Charles Casaulx, fils d'un marchand originaire de Gascogne, qui s'était distingué par son audace et sa violence dans les troubles précédents et avait su grouper autour de lui des partisans résolus. Cependant, même en ayant recours à l'émeute, Casaulx ne put réussir à se faire élire consul ni en 1589 ni en 1590; les partisans du comte de Carcès restaient maîtres de l'hôtel de ville.

C'est alors que la comtesse de Sault fait venir en Provence l'astucieux Charles Emmanuel, duc de Savoie. Les Marseillais étaient peu disposés à le recevoir. La comtesse accourt avec Casaulx; une nouvelle émeute, soulevée par celui-ci, le rend maître de la ville où le duc fait une entrée solennelle et décide l'envoi d'une députation qui l'accompagne à Madrid auprès de Philippe II, son beau-père. Bientôt, le grand-duc de Toscane, inquiet des menées du Savoyard, envoie ses galères à Marseille pour surveiller les évènements. Nicolas Bausset, gouverneur du Château-d'If, ennemi des ligueurs, traite avec l'envoyé du

Médicis qui lui promet sa protection, laisse les Toscans débarquer dans les îles mais tient close sa forteresse.

La situation, déjà bien troublée à Marseille, le devient encore plus par la brouille de Charles Emmanuel et de la comtesse de Sault. Casaulx lui donne asile et se fait enfin élire premier consul (1591). Il repousse successivement deux attaques du duc de Savoie (novembre 1591) et du comte de Carcès (août 1592) et ces deux succès grandissent son prestige. C'est alors qu'il fait nommer viguier un homme qui lui était tout dévoué, Louis d'Aix. A partir de l'automne de 1592 ils exercent pendant deux ans et demi un duumvirat dictatorial. La constitution de Marseille n'existait plus et Casaulx resta premier consul sans même être soumis à la formalité d'une réélection. Des proscriptions et des confiscations de biens avaient marqué son triomphe. Personne n'osait lui résister ouvertement ; mais des complots avortés, œuvre d'obscurs mécontents, lui fournirent des prétextes pour atteindre ses ennemis. Les Riqueti et quelques autres sortirent de la ville pour aller offrir leurs services à l'armée du roi. Pendant leur absence Casaulx fit emprisonner la veuve de Lenche et Marguerite de Glandevès femme de Jean Riqueti. Il alla voir celle-ci dans sa prison, croyant pouvoir en tirer de l'argent, mais il dut y renoncer devant sa fière attitude.

Cependant, tandis que la puissance et l'audace de Casaulx grandissaient, l'abjuration d'Henri IV (juillet 1593) avait changé la face des choses : le roi avait été sacré à Chartres (février 1594) et, avant même son entrée à Paris (22 mars), la plupart des villes du royaume l'avaient reconnu ; en Provence Aix avait donné l'exemple (janvier). Le seul prétexte aux dernières résistances c'est que le roi n'avait pas reçu l'absolution du pape ; or, la réconciliation longuement négociée fut enfin proclamée (septembre 1595). Aussitôt Mayenne et les derniers chefs ligueurs entamèrent des pourparlers qui allaient aboutir à un accord avec le roi (janvier 1596). Mayenne avait écrit aux duumvirs pour les y faire comprendre ; ils avaient rejeté ses propositions.

Ainsi, au début de 1596, Marseille restait la seule ville du royaume, en dehors de la Bretagne où tenait encore Mercœur, qui ne reconnût pas Henri IV. L'obstination de Casaulx semble bien difficile à comprendre. Des historiens de Marseille se sont enthousiasmés pour lui. Selon eux le farouche ligueur était un homme épris des vieilles libertés de sa ville ; il aurait voulu restaurer la république du moyen âge. Singulier anachronisme s'il y songea réellement (1). Les écrivains royalistes du temps ont au contraire accablé Casaulx et n'ont vu en lui qu'un ambitieux sans scrupules, entêté à conserver coûte que coûte une dictature péniblement acquise et qu'il ne pouvait abandonner sans craindre des représailles.

Quoi qu'il en soit, lorsque le duc de Guise, nouveau gouverneur, entra en Provence avec une armée (21 novembre 1595), Casaulx ne trouva d'autre ressource que de se jeter dans les bras de l'Espagne. Les vaisseaux espagnols furent introduits dans le port et des troupes cantonnées dans la ville (28 décembre 1595), tandis qu'une députation conduite par le frère du consul, le notaire François Casaulx, allait signer à Madrid le traité du 20 janvier 1596 qui mettait la ville sous le protectorat de Philippe II.

Le triomphe de la royauté, l'arrivée du duc de Guise, avaient rendu courage aux ennemis de Casaulx ; l'entente avec l'Espagne avait excité bien des mécontentements. Un dernier complot tramé contre le consul allait réussir.

Les principaux artisans furent des membres de la compagnie

(1) Le seul fondement de cette tradition locale qui peut bien n'être qu'une légende est un passage de Gaufridi (*Hist. de Provence*. t. II, p. 826) qui, écrivant en 1694, rapporte que Casaulx se serait ouvert de son projet à son ami Robert de Ruffi « lequel ayant la fleur de lys fort avant dans le cœur », l'aurait supplié de se donner au roi de France. Timon-David, auteur d'une intéressante *Etude généalogique* sur les familles de Casaulx, d'Aix et de Libertat, remarque avec raison qu'il est étrange que l'historien de Marseille, Ruffi, contemporain de Gaufridi, ait passé sous silence un fait qui, aux yeux de ses concitoyens, eût grandement honoré son aïeul. Il faut, de plus, rapprocher le récit de Nostradamus, contemporain, qui recueillit les dires de témoins et d'acteurs des événements. Selon lui Casaulx était tiraillé entre des influences diverses, celle de son fils Fabio « jeune homme de douce et gracieuse nature », qui ne cessait de le supplier de se reconcilier avec le roi, et celle de Nicolas David. Il ne dit rien de ses projets de république, p. 1022 et suiv.

Lenche. Au milieu de l'anarchie elle avait subi de profonds remaniements lors du renouvellement de l'association, en 1591 et en 1594. Elle avait d'abord été réduite à dix-neuf carats et demi par l'exclusion de J.-B. de Forbin, de Louis de Cabre, de Lazarin Mouan, des héritiers de Carlin Didier, compromis dans l'agitation ligueuse. En 1594 le nombre des carats fut relevé à vingt-deux et demi par l'admission de quatre nouveaux participants qui s'étaient distingués comme officiers au service de la compagnie : Philippe Gasparo (1), Paul Porrata, Antoine-Marie Salvety, Orso-Santo Cipriano, tous d'origine corse, même le dernier venu d'Italie (2). Celui-ci devait marier son fils, Jean-Paul de Cipriano, à Honorade de Forbin, fille de Désirée Lenche, cousine germaine des deux fils d'Antoine (3).

Le clan des Corses était donc puissamment renforcé dans la compagnie. Ils n'avaient pas oublié la mort de Lenche, leur ancien chef, et la chute de Casaulx devait être pour eux une vendetta attendue. De plus il y avait rivalité d'intérêts entre la magnifique compagnie et les tout-puissants duumvirs. Ceux-ci n'avaient-ils pas eu l'idée en 1591 de fonder une compagnie rivale qui fît en Tunisie la pêche du corail ? Il y avait donc eu, depuis plusieurs années, concurrence entre l'ancienne et la nouvelle compagnie. On peut penser que Casaulx avait profité de sa toute puissance pour gêner des rivaux dont la plupart étaient ses ennemis politiques. Ceux-ci en étaient réduits à acheter les bonnes grâces de Casaulx et Louis d'Aix (4). En 1591 elle leur

(1) Appelé en 1599 Philippe de Gaspari, chef d'une famille noble qui devait s'éteindre au milieu du XVIIIe siècle.

(2) Lettres de naturalité pour Orso-Santo Cipriano, natif de Corsègue, retiré en France depuis 1572, mai 1578. Cour des comptes de Provence. B, 67, fol. 166. — La compagnie figure d'abord sur les registres comme comptant vingt-cinq carats. En effet, Forbin, ligueur repentant, Louis de Cabre et Cosme Deidier, avaient été mis parmi les participants. Ils déclarèrent ensuite avoir été portés par erreur sur le contrat d'association qu'ils n'avaient pas approuvé, s'abstinrent de participer à aucun des actes de la compagnie et furent en effet considérés comme n'en étant pas membres. Une copie de l'acte d'association, en date du 24 novembre 1594, se trouve dans les papiers de Ferrenc (carton 2) aux archives municipales.

(3) V. aux archives dép. des B.-du-Rh. le reg. 6 des insinuations de la sénéchaussée, fol. 606, la copie du contrat de mariage.

(4) Louis d'Aix était déjà lieutenant du viguier.

fait cadeau de deux superbes chevaux barbes achetés quatre cents écus.

L'âme de la conspiration, ourdie contre eux dès le mois de décembre 1595, fut l'avocat Nicolas Bausset, neveu du gouverneur du Château-d'If. Parmi les membres de la compagnie, les fils de Jean Riqueti, dont la mère avait été emprisonnée par Casaulx, Cosme, Deidier, François de Cabre, prirent une part active à l'exécution. Nicolas Bausset a raconté longuement, dans ses Mémoires (1), ses négociations avec le duc de Guise et les pénibles incertitudes des conjurés. Tout finit par réussir, grâce à l'audace du capitaine Pierre Libertat, commandant de la porte réale, et de son frère Barthélemy qui frappèrent Casaulx à mort et ouvrirent la porte aux troupes de Guise (17 février 1596). Les Libertat étaient Corses (2) et en relations avec ceux de la compagnie du corail. En 1599, Barthélemy y acquérait un carat (3).

Les conjurés avaient fait avec Guise un traité en règle où ils stipulaient les récompenses qui leur seraient réservées. Henri IV tint généreusement les promesses faites. Le gouverneur du Château-d'If reçut pour son fils, en 1597, des lettres patentes de provision de l'office de receveur général du taillon en Provence, office qu'il avait lui-même exercé. D'autres lettres de 1597 l'approuvaient d'avoir perçu pendant la rébellion un droit de 6 o/o sur les navires qui aborderaient à Marseille, pour le remboursement des frais qu'il avait supportés afin de conserver sa forteresse au roi, lorsque les galères de Toscane étaient venues s'établir aux îles. Le neveu, Nicolas Bausset, fut pourvu, en 1599, de l'office de lieutenant général de la sénéchaussée de Marseille (4). Tandis que Barthélemy Libertat était proclamé viguier de Marseille, à la mort de son frère en 1597, Ogier Riqueti, second fils

(1) Voir la note de la page 44. Il s'attribue, peut-être à tort, le mérite de l'initiative. D'après Nostradamus, très renseigné sur ces événements, c'est Libertat, le premier, qui aurait songé à renverser Casaulx. Bausset n'aurait été que son instrument, p. 1026-27.

(2) Leur grand-père Barthélemy Libertat, marinier, avait reçu ses lettres de naturalité en 1541.

(3) Eu, 954, fol. 141.

(4) Voir pour les lettres patentes du 21 fév. 1597 et les lettres de provision du 18 mars 1599, les registres du Parlement, B. 3339, fol. 412 v°, 3340, fol. 334 v°.

de Jean, avait été nommé premier consul en remplacement de Casaulx ; Désiré Moustier, autre membre de la compagnie, avait aussi obtenu le deuxième consulat, tandis que Bausset était lui-même assesseur des consuls. Ainsi la compagnie pouvait se féliciter d'avoir suivi dans les troubles le parti des bigarrats. Elle participait au triomphe de la cause royale. Elle voyait ses membres à la tête de la municipalité marseillaise ou comblés de faveurs par Henri IV. D'un autre côté, le rétablissement de la tranquillité en Provence, les efforts de la diplomatie royale et de Savary de Brèves pour raffermir l'alliance turque semblaient lui prometire une nouvelle ère de prospérité. Malheureusement une brouille inattendue entre les associés allait au contraire amener sa dissolution après un demi-siècle de prospérité.

Depuis la mort d'Antoine Lenche, elle avait été dirigée par le dernier survivant de ses fondateurs, le vieux Jean Riqueti. Les fils de Lenche, Thomas, sieur de Moissac, et Antoine n'avaient pas encore assez d'expérience, ni d'autorité, pour succéder à leur père. En 1589, Thomas qui est au Bastion avec sa mère, Jeanne de Boquin, lui donne procuration pour agir en son nom et le Parlement d'Aix, sur la requête de celle-ci, l'autorise à user de ce pouvoir pour négocier et administrer. La vaillante veuve du consul assassiné soutint donc les intérêts de ses enfants (1).

Jusqu'ici l'entente avait été complète entre les Lenche et les Riqueti. Jeanne de Lenche, fille d'Antoine, avait épousé Honoré (2), le fils aîné de Jean Riqueti. Mais celui-ci mourut en 1597 ou 1598. Honoré, nouveau seigneur de Mirabeau, et son frère cadet, Laurent, seigneur de Négréaulx, prirent, dans la compagnie, la place de leur père (3). La direction leur en fut

(1) 16 mai 1589. Parlement. B. 3336, fol. 162.

(2) Il fit bâtir sur la place de Lenche, habitée par son beau-père, un très bel hôtel où son fils Thomas devait avoir l'honneur de recevoir Louis XIV en 1661.

(3) D'après L'Hermite de Soliers (*La Toscane française*), Jean Riqueti eut cinq fils : Honoré, Ogier, Pierre, Antoine, Thomas, et deux filles : Marguerite et Claire. C'est, sans doute, Ogier qui est appelé Laurent sur les registres de la compagnie du corail.

aussitôt disputée par Thomas de Lenche, devenu noble et possesseur de fief, auquel son récent mariage venait de valoir de forts appuis à la cour. Le 1er novembre 1596, il avait épousé Louise d'Ornano, petite-fille du héros Sampiero et fille d'Alphonse d'Ornano, ancien colonel des compagnies corses au service du roi, lieutenant-général en Dauphiné, en 1587, à la suite d'exploits brillants. De nouveaux services signalés, rendus au roi contre les Ligueurs et les Espagnols, venaient de lui valoir le bâton de maréchal de France. Le frère cadet du sieur de Moissac, marié à Louise de Village, était entré dans une des familles nobles les plus anciennes et les plus puissantes de Marseille. Pour tenir la balance égale entre ces hommes jeunes et ambitieux, la compagnie ne comptait personne parmi ses membres qui fût capable de maintenir les traditions de forte unité et de concorde qui avaient fait sa force et sa prospérité.

En 1597, les Lenche étaient à leur tour récompensés, comme les Bausset et les Libertat, des services rendus par leur père contre la Ligue. Le sieur de Moissac recevait des lettres patentes datées de janvier 1597 portant « provizion du gouvernement et traffic du Bastion de France au Massacarès. » Le préambule rappelait que le lieu de « Massacarès dit le Bastion », qui « servait de retraite aux sujets du roi associés à faire la pêche du corail » avait été « ci-devant baillé en garde au feu sieur de Lenche » et il n'était question que de confier au fils une charge vacante par le trépas du père (1). En réalité, Antoine Lenche n'avait jamais reçu pareille investiture et la charge de « gouverneur pour le roi » était une nouveauté qui donnait à son fils une situation tout à fait en dehors de la compagnie. Le sieur de Moissac avait sans doute sollicité l'intervention royale pour assurer dans sa famille l'hérédité de la direction de la compagnie et du commandement des établissements, considérés comme la véritable propriété des descendants du fondateur. On allait oublier de plus en plus au XVIIe siècle que celui-ci, malgré tout le mérite de l'initiative, n'avait agi que comme mandataire d'une société.

(1) Reg. des insinuations de l'amirauté de Marseille. Enregistrement et texte des lettres patentes (fol. 247-249, deuxième pagination).

Aussi, les associés et à leur tête les Mirabeau, jaloux de voir leur échapper la prééminence qu'avait eue leur père, protestèrent contre ce qu'ils qualifiaient une usurpation. Le roi fut supplié de « maintenir et conserver lesdits associés aux autorités et privilèges à eux concédés par le feu roi Henri second en ses lettres patentes du août 1553 desquels ils avaient bien et duement joui du depuis » et, en conséquence, de révoquer les lettres de 1597 obtenues par surprise.

Cependant le sieur de Moissac avait envoyé en Barbarie son frère Antoine qui se saisit, le 6 mai 1599, du Bastion et de tous les établissements de la compagnie. En même temps il négociait à Constantinople et obtenait, en 1600, un commandement du Grand Seigneur, renouvelant celui de 1572 qui avait accordé à la compagnie marseillaise les pêcheries et les concessions d'Afrique. Mais il y avait entre les deux commandements une différence significative de libellé. En 1572, il avait été accordé à « Anthoine Linchou et à ses participants marchands de Marseille ». Celui de 1600 rappelait seulement le nom d'Antoine Lenche, et substituait « Thomas et Antoine Linchou au lieu et place de leur père pour exercer ladite charge de capitaine des Bastions comme aussi de la pêche. »

Les Lenche étaient ainsi bien armés pour soutenir la lutte engagée contre eux par la compagnie. Les adversaires mirent en jeu toutes les influences dont ils pouvaient disposer et épuisèrent toutes les ressources que pouvait leur fournir la procédure pour trouver une juridiction favorable. Un arrêt du consul du 8 février 1600 avait fait un premier règlement sur le différend. Les Lenche, pensant que la coalition formée contre eux leur rendrait les juges de Marseille et le Parlement de Provence défavorables, obtinrent un arrêt du Grand Conseil du 29 février 1600 qui évoquait le procès au parlement de Grenoble. Leurs adversaires répondirent du tac au tac ; sur leur demande, le conseil privé, tenu à Grenoble le 30 septembre 1600, décida que la cause serait instruite et jugée en première instance par les juridictions subalternes de Provence. Puis, le 26 juin 1601, des lettres du roi adressées au duc de Guise, gouverneur de Provence, et à

Guillaume du Vair, premier président du parlement, leur ordonnèrent d'ouïr les parties et de donner leur avis avant qu'il fût jugé définitivement.

Mais Guise fut retenu quelque temps à la cour; les associés en profitèrent pour remporter un avantage. Il était sans doute connu comme plus porté à favoriser les Lenche. En tout cas, du Vair avait des attaches avec les membres de la compagnie, particulièrement avec les de Bausset. En vertu de lettres royales du 13 août 1601, le premier président, en l'absence du gouverneur, fut chargé de donner seul son avis. C'était au tour des Lenche de mettre en jeu leurs influences; sur leur demande, une décision du conseil privé du 30 janvier 1602 décida que du Vair surseoirait de donner son avis jusqu'à ce que le duc de Guise fût revenu en Provence et que ledit avis serait alors donné par eux « conjointement sans retardation. »

Tout fut réglé, en effet, sans retard. Le 25 mai 1602 Guise donnait mission au sieur de Soubeyran de se transporter au Bastion pour examiner sur place la situation et lui faire un rapport. Soubeyran revint tout gagné à la cause des Lenche et l'avis du duc, envoyé le 13 octobre 1602, fut aussi favorable que ceux-ci pouvaient l'espérer. « Nous, Charles de Lorraine, duc de Guise.... certifions à S. M. que, suivant son commandement, nous avons envoyé exprès le sieur de Soubeyran au Bastion de France..... qu'il nous a rapporté quy était fort nécessaire pour le bien du service de S. M., qu'elle y mît quelqu'un pour y commander et pour ce que le sieur de Moissac s'est acquis une grande créance audit pays, tant à cause de feu son père qu'y a commandé un long temps audit Bastion que pour ce qu'il s'y est lui-même fort bien comporté depuis la mort de son père, nous estimons que S. M. ne peut faire élection de personne pour commander audit Bastion plus propre que ledit sieur de Moissac. »

C'était la première fois que les établissements marseillais étaient visités au nom du roi et l'appui qu'ils pouvaient prêter à la politique royale était aussitôt constaté. Dès lors il ne s'agissait plus d'une simple querelle de marchands; son intérêt étant clairement démontré, Henri IV n'hésita plus et trancha le différend par un coup de théâtre. Les lettres patentes données à Fontainebleau le 26 novembre 1602 disaient très clairement son sentiment : « Savoir faisons que, nous considérant qu'étant un fait... dont la connaissance appartient à notre neveu le duc de Guise, son avis est suffisant pour nous y faire prendre résolution sans attendre celui du sieur du Vair..... *en considération que ledit gouvernement n'a rien de commun avec le négoce et trafication des marchandises et qu'il est question d'une affaire d'état et d'un gouvernement par nous donné pour le bien de notre service, en quoi lesdits associés ne sont aucunement intéressés* et pour certaines autres causes importantes à notre service, nous avons dit et déclaré.... que le sieur de Moissac demeurera pourvu dudit gouvernement du Bastion de France, suivant les lettres de provision de janvier 1597..... » En conséquence ceux qui étaient tentés de le molester s'exposaient à être punis comme coupables de lèse-majesté.

Ainsi l'entreprise purement commerciale et privée des Lenche et de leur compagnie devenait, au début du XVIIe siècle, une « affaire d'état »; le roi possédait sur la côte d'Afrique une forteresse commandée par un capitaine nommé par lui. Il y avait bien dès lors un Bastion de France. Richelieu devait soutenir et faire triompher cette théorie contre le fils même du duc de Guise qui prétendit plus tard être seul propriétaire du Bastion, comme acquéreur des droits des Lenche. Après une lutte vivement conduite de part et d'autre, la victoire restait à ceux-ci mais le résultat fut la dissolution définitive de la Compagnie. La liquidation donna lieu à une série de procès jugés par les parlements de Provence, de Grenoble et de Paris (1). On considéra que l'association avait pris fin le 6 mai 1599, jour où Antoine de Lenche avait occupé le Bastion. Rien n'était encore terminé en 1616 (2).

(1) Voir une requête d'Antoine Riqueti, assignant devant le Parlement de Paris Antoine et Thomas Lenche et autres intéressés dans la compagnie du corail, septembre 1613. — Reg. du Parlement d'Aix, B 3344, fol. 833 v°.

(2) Tous les actes relatifs à cette querelle figurent dans le Registre des Insinuations de l'amirauté de Marseille, fol. 247-262. On trouve aussi les lettres patentes de novembre 1602 en faveur du sieur de Moissac dans le cinquième registre de la sénéchaussée de Marseille, fol. 333.

Donc les premières années du XVIIe siècle avaient vu disparaître au milieu de luttes pénibles la « magnifique » compagnie du corail. Sa dissolution avait été un résultat indirect des troubles religieux qui avaient laissé dans les esprits de mauvais ferments d'agitation. Marseille devait en souffrir pendant toute la première moitié du XVIIe siècle.

Malgré les renouvellements fréquents de l'association, la variation du nombre des carats et l'admission de quelques nouveaux membres, c'était bien une seule et même compagnie qui avait représenté la France en Barbarie pendant cinquante ans. C'était d'ailleurs le sentiment des associés eux-mêmes. Dans leurs registres successifs de comptes on trouve fréquemment cette formule : *notre* compagnie ancienne, *notre* compagnie nouvelle. En 1591 le caissier tient à remarquer formellement que la compagnie, réduite à 19 carats 1/2, est pourtant la même que les précédentes de 24 et de 26 carats. On verra plus loin quelles furent l'importance et la variété de ses opérations, mais, rien que par sa durée et par ses succès ininterrompus, la compagnie du corail mérite une mention à part dans l'histoire des anciennes compagnies françaises. Elle avait heureusement pu se passer de toute ingérence officielle. Les compagnies du Bastion qui lui succédèrent au XVIIe siècle devaient connaître plus de déboires que de succès. Personne ne devait jamais être tenté de les qualifier de magnifiques.

CHAPITRE III

UNE COMPAGNIE MARSEILLAISE AU XVIe SIÈCLE SON ORGANISATION, SON OUTILLAGE.

L'histoire de la compagnie du corail a évoqué le souvenir des mœurs brutales d'un siècle où les esprits étaient pourtant si délicats et si raffinés. Elle a montré le spectacle de la vie agitée de ces négociants marseillais du XVIe siècle, si différents de paisibles bourgeois, ceignant l'épée sans répugnance et revêtant la cuirasse, ne redoutant ni la bataille, ni le tumulte de l'émeute, ni les complots et les coups de main. L'étude de l'organisation et des opérations de la compagnie présente un intérêt tout différent. Elle apprendra bien des détails intéressants sur la vie commerciale au XVIe siècle.

Ce n'est pas un fait banal de pouvoir étudier en détail le fonctionnement d'une grande compagnie ancienne de quatre siècles. Peut-être même est-ce une chance unique. Outre les précieux registres de comptabilité, les actes d'association, celui de 1585 conservé dans les registres du notaire Champorcin (1), celui de 1594, mêlé aux papiers de famille des Ferrenc, aux archives de l'hôtel de ville de Marseille, fournissent des éléments malheureusement incomplets. L'acte de 1585 se réfère à un contrat antérieur passé chez maître Boyer le 30 novembre 1574. Malgré la précision de cette date, sans doute fausse, et des recherches aux époques voisines, il a été impossible de mettre la main sur ce contrat qui eût permis de retrouver les précédents. C'est une mésaventure qui arrive assez fréquemment,

(1) Voir le texte à l'appendice.

paraît-il, à ceux qui font des recherches dans les vieilles archives des notaires.

Nos ancêtres ne connaissaient pas la variété des formes d'associations commerciales ou industrielles qui se sont multipliées au XIXe siècle ; mais, déjà, sous l'ancien régime, on distinguait trois types ordinaires : les sociétés en nom collectif, les sociétés en commandite, les sociétés anonymes et inconnues. « Une société en nom collectif, écrit Guyot dans son *Répertoire de jurisprudence*, est celle qui a lieu entre deux ou plusieurs négociants pour faire en commun un certain commerce au nom de tous les associés. Tous les actes de cette société se passent sous le nom des associés qui l'ont contractée, soit que ces noms soient exprimés chacun en particulier, soit qu'on les exprime collectivement, en signant, par exemple, un tel et compagnie (1) ».

Cette définition conviendrait à peu près aux sociétés du même genre aujourd'hui ; elle s'applique assez exactement à notre compagnie du corail, au moins à ses débuts. Le capital de ces sociétés n'est pas fixé ; il y a association de personnes plutôt que de capitaux : les associés engagent tous leurs biens dans les affaires entreprises en commun. Aussi il n'y a pas émission d'actions. Chacun des membres de la compagnie y possède un *intérêt* qui peut être très variable. Donc les engagements des divers membres sont souvent très inégaux.

A Marseille on appelait carat, quarat ou quirat la part d'intérêt de chaque associé. Cette dernière forme prévalut et le mot s'est maintenu jusqu'à nos jours dans la langue provençale (2). Quel était le sens primitif du mot carat (carato en italien) ? Au XVIIe siècle on l'employait en français dans deux sens. Il désignait un poids minuscule pour peser et évaluer les diamants ; les orfèvres et monnayeurs l'employaient pour exprimer la bonté ou le titre de l'or. « Les monnayeurs ou l'usage ont fixé la perfection de l'or à 24 carats, quoique, cependant, on ne puisse jamais si bien épurer ce précieux métal qu'il n'y manque quelque quart de carat (3) ». Ainsi, de l'or à 22 carats renfermait

(1) V° Société.

(2) Sous aucune de ses formes il ne figure dans le dictionnaire de Mistral.

(3) Savary de Bruslons, *Dict. du commerce*, V° Carat.

deux parts d'alliage. Le sens de carat, appliqué aux parts d'intérêt d'une compagnie, dérivait de la même origine. Une compagnie était constituée par un certain nombre de carats et le chiffre de 24, qui correspondait à l'or fin, représentait en quelque sorte le nombre normal pour une compagnie. C'est pourquoi celle du corail avait compté au début 24 carats. Mais les circonstances pouvaient amener l'abandon du chiffre usuel et préféré et c'est ainsi qu'aux divers renouvellements de la compagnie le nombre des carats fut tantôt porté à 25 ou 26, tantôt abaissé jusqu'à 19 et demi.

Comme la compagnie connut le succès dès le début les sommes engagées rapportaient de beaux bénéfices et les parts ou carats étaient recherchées. Mais les détenteurs ne se souciaient guère de les abandonner sans y être forcés par les circonstances. Elles se transmettaient fidèlement en héritage ; sur vingt-quatre carats trois seulement appartenaient à de nouveaux venus en 1585 et il fallut les troubles de la Ligue pour faire entrer quatre nouveaux participants. Par suite de la rareté de l'offre et de l'importance latente de la demande, les parts atteignirent un prix élevé. Celui-ci représentait d'ailleurs, non seulement des bénéfices éventuels, mais une partie des bâtiments marchands, des barques de corailleurs, et des établissements divers de la compagnie.

On trouve dans les registres du notaire Champorcin, à la date du 12 janvier 1583, l'acte d'achat par la compagnie elle-même de deux carats cédés par Jean-Baptiste Forbin, pour la somme de dix mille écus d'or sol, de soixante sols pièce, à payer dans le délai d'un an (1).

Les sociétaires s'engageaient implicitement à participer à toutes les opérations de la compagnie et à fournir l'argent nécessaire, au prorata de leurs carats, au fur et à mesure des besoins. L'acte de 1585 renferme une clause formelle dirigée contre les

(1) Fol. 35-37. Forbin agissait au nom de sa femme Désirée Lenche. Il reconnaissait à sa femme la propriété des dix mille écus et il constituait en garantie la terre de la Forbine à Saint-Marcel (propriété actuelle du marquis de Forbin) qu'il s'interdisait d'aliéner ou d'hypothéquer. — A la suite (fol.31) est une attestation du caissier de Forbin et de celui de la compagnie, en date du 10 juillet 1585, constatant que la somme de dix mille écus a bien été payée.

défaillants ou négligents. Il parait que, par la faute de ceux-ci, la compagnie avait été obligée d'emprunter de l'argent pour ses opérations courantes, « dont n'en venait que confusion et perte ». Il était donc bien entendu, comme une condition indispensable, sans laquelle « la renovellation de ladite société n'eût été faite, que celui ou ceux desdits associés se trouvant refusants ou défaillants au paiement de leur part et portion desdites fournitures, lorsqu'ils en seront requis par ceux qui auront la charge de recouvrer pour ladite compagnie, à la seule déclaration et attestation desquels ont voulu et consenti être ajoutée pleine et entière foi, dans huit jours après ladite signification... au dit cas seront entièrement privés de leur part et participation de leur dite société. »

Ces appels de fonds étaient appelés des *crues*, *colte* dans les registres écrits en Italien, plus tard des *fournitures*. Très fréquents ils pouvaient être d'importance très inégale. Le 31 mars 1569, la compagnie fait une levée de 2.500 livres au carat, ce qui correspondait, pour 24 carats, à une dépense de 60.000 livres. Le plus souvent il s'agissait de 50 à 200 écus à la fois, parfois de sommes inférieures à 100 et même à 50 livres.

La fréquence de ces demandes de fonds était très variable. Dans le seul mois de mars 1571, il y eut des crues successives de 75, 34, 64, 16 et 1.000 livres par carat. Pendant les six derniers mois de la même année le dernier jour fut régulièrement marqué par une crue variant de 260 livres à 28 livres. En 1572, le caissier enregistre trois crues le même jour, pour des objets différents, de 100, 48 et 17,8 livres. Ce système fut continué pendant toute la durée de chaque association, parce qu'il n'y avait pas de fonds de roulement suffisant constitué par une première mise de fonds ou par les bénéfices des opérations précédentes. Chaque opération commencée avec une nouvelle mise de fonds était aussi liquidée isolément dès qu'elle était terminée.

Si l'on avait tous les registres de la compagnie on y trouverait le tableau complet des levées d'argent et ce tableau pourrait donner une idée de l'intensité variable de ses opérations, sinon de l'importance de celles-ci. En effet la compensation des achats et des ventes jouait un grand rôle en Barbarie comme à Alexandrie ou sur les autres marchés dans lesquels la compagnie faisait des opérations. Bien des transactions étant faites sans débourser d'argent, l'importance de celles-ci dépassait de beaucoup les mouvements de fonds. Nous n'avons sur ceux-ci que des indications partielles. Par exemple dans le cours d'une année (1567-68) il y eut sept appels de fonds successifs de 2.237 livres 10 sols, 122 livres 10 sols, 120 livres 10 sols, 500, 750, 245 et 500 livres, soit, au total, 4.475 livres 10 sols par carat. La compagnie avait donc eu besoin cette année-là de demander aux associés 107.412 livres pour faire face aux dépenses. La compagnie de 26 carats de 1575 demanda quatorze fournitures du 1er janvier 1575 au 24 septembre 1576. Elles s'élevaient au total à 2.053 livres pour l'année 1575 et à plus de 3.300 pour les neuf mois suivants. Dans ces vingt-un mois l'appel de fonds pour les 26 carats avait été de 150.000 livres environ. Les registres conservés nous donnent le tableau complet des levées de quatre années (1588-91) ; il y en eut successivement pour 500, 1487, 1043 et 1832 écus pistolets et de réaux, soit vingt-trois levées valant 4.862 écus de 3 livres 5 à 3 livres 10 sols, c'est-à-dire plus de 16 000 livres par carat. Les caissiers de la compagnie avaient compté régulièrement le nombre des crues depuis le 1er janvier 1575 ; on en était à la 45me à la fin de 1901, à la 70me au milieu de 1595.

Elles furent moins fréquentes et moins élevées dans la dernière période agitée de l'histoire de la compagnie. Du 1er novembre 1594 à la fin de 1598, la compagnie de 25 carats, pendant toute sa durée, sollicita onze levées seulement s'élevant à 1736 écus par carat. Enfin, la dernière compagnie de 22 carats 1/2, qui dut cesser presque aussitôt ses opérations en 1599, en était à son vingt-troisième appel de fonds à la fin de 1604, mais il s'agissait de menues sommes avancées pour les dépenses de ses procès.

L'objet de chacune des levées était signifié dans les registres. Tantôt il s'agit d'expédier un navire en Barbarie ; tantôt il faut payer la solde des corailleurs ou des gens employés dans les établissements de la compagnie, ou ceux qui ont travaillé les coraux à Marseille ; tantôt il faut acheter des blés. Quand il est question de menues sommes, c'est pour envoyer quelqu'un à la cour, à Savone ou à Gênes, ou pour recruter des corailleurs sur la côte.

En même temps que les appels de fonds figurent sur les registres des fournitures en nature, à peu près aussi nombreuses. On les rencontre toujours plusieurs fois par an pour le vin, moins fréquemment pour les huiles. Huile et vin étaient, en effet, les deux grands produits du terroir de Marseille et des environs. Il n'était guère de membre de la *magnifique compagnie* qui ne possédât de belles terres ou quelque grande bastide. De riches propriétaires, comme Jean Riqueti, Pierre Bausset, Pierre Albertas, devaient être heureux d'écouler une bonne partie de leur récolte tout en évitant des avances de fonds en argent. Ceux des membres qui ne récoltaient pas suffisamment trouvaient commodément à se procurer le vin et l'huile nécessaires auprès des autres associés. La compagnie, enfin, avait tout avantage à se servir de ses propres membres comme fournisseurs sans subir l'aléa, ni le tracas, de marchés conclus au dehors, sans supporter le prélèvement de frais par les intermédiaires. On verra plus loin quelle quantité considérable de vin et d'huile était consommée pour la nourriture des équipages des bâtiments de commerce et des bateaux corailleurs, en même temps que pour celle de la population des établissements de Barbarie.

Ainsi chacun des participants était en compte courant avec la compagnie et son compte était régulièrement tenu en partie double. A son débit figuraient les crues d'argent ou les fournitures en nature, les sommes reçues par lui sur ce qui lui revenait du partage du produit de la vente des marchandises vendues par la compagnie : corail, épices, cuirs, etc. Il était crédité des sommes versées par lui ou des denrées fournies, des sommes qui lui revenaient, au prorata de ses carats, sur les ventes opérées. Pour les sommes à verser ou à recevoir il lui était compté au débit ou au crédit, pour tout retard à partir du jour de l'échéance, un intérêt de 10 o/o dont le taux fut maintenu uniforme pendant une grande partie de la durée de la compagnie. Cependant on voit aussi figurer (1591) le taux du denier douze, 8 1/3 o/o. Au 31 mars de chaque année, on réglait le doit et avoir de chacun des participants.

La direction de la compagnie eut tout au moins le grand mérite d'être simple et peu coûteuse. Elle resta naturellement entre les mains des Lenche, fondateurs et principaux participants, sauf pendant les dix années qui suivirent l'assassinat d'Antoine Lenche (1587). Elle passa momentanément à Jean-Riqueti de Mirabeau pour être reprise ensuite par Thomas de Lenche, sieur de Moissac. C'était un honneur qui était loin de rapporter des bénéfices comparables aux magnifiques émoluments des directeurs ou administrateurs-délégués actuels de nos grandes sociétés. Thomas Lenche recevait *300 livres* par an ; son frère Antoine, en lui succédant, fit porter à 500 livres le prix des soins qu'il donnait aux affaires de la compagnie. Jean Riqueti, pour cinq années d'administration, reçoit 500 écus d'or en 1573.

D'ailleurs Lenche, auquel était confié le pouvoir exécutif, devait s'entendre avec un véritable *conseil d'administration*, comme nous l'apprend l'acte d'association de 1585 :

« Sont aussi demeurés d'accord que, pour le régime administration et gouvernement du négoce et affaires de leur dite compagnie.... ont commis et député pour superintendants d'icelles, savoir Antoine Lenche, le seigneur de Roquefort, le seigneur de Mirabeau, de Gemenes, et Pierre de Batista, savoir ledit Lenche pour accorder patrons à faire ladite pêche, pourvoir de bateaux et engins nécessaires, constituer officiers pour ladite pêcherie et aux navires vaisseaux d'icelles et à l'expédition de toutes choses nécessaires à ladite pêcherie, écrire tant au roi d'Argier que autres que sera besoin et répondre à leurs lettres, tant d'ici que de là, en la Barbarie, pour les affaires de la compagnie, communiquant toujours le tout aux autres superintendants ci-dessus nommés, lequel Lenche et autres députés accorderont commandataires, patrons de nefs, vaisseaux, écrivains, tant pour le régime et administration de ladite pêche, audit Bône, Massaquarès, la Calle et autres lieux de la Barbarie, que aussi pour les voyages qui se feront aux parties de Levant ou ailleurs ; accorderont aussi tous ensemble ou la plupart un caissier et exacteurs et autres officiers qu'ils aviseront pour travailler et tenir compte audit Marseille pour leur dite compagnie. »

Le conseil d'administration désigné par l'acte d'association ne resta pas inactif. On voit, en effet, que Riqueti, Albertas, Bausset, furent activement mêlés à la direction des affaires.

Il faut faire ressortir un curieux détail de fonctionnement. L'acte d'association interdisait aux participants de faire du commerce pour leur propre compte, « ou par personnes interposées, auxdites parties de Bonne, Massaquarès, La Calle, Cap de Roze et autres lieux circonvoisins, ni en aucun autre lieu des limites portées par ledit arrêt de Sa Majesté et permission du Grand Seigneur et roi d'Arger, sur la peine volontaire de 2.000 écus d'or sol » applicables un tiers à la ville, un autre aux hôpitaux, l'autre à la compagnie.

Pourtant, du consentement de leurs associés, les participants s'entendaient couramment entre eux, pour une entreprise particulière du ressort des opérations de la compagnie, et même avec des négociants étrangers à celle-ci. On peut citer la compagnie du vaisseau *Saint-Andriou*, qui revient de Barbarie, chargé de cuirs et de laines. Cette association est composée de 21 carats ; neuf des membres de la compagnie du corail y sont intéressés pour quinze parts, et le caissier Borlaquin tient compte de cette opération sur ses registres pour chacun d'eux (1594) (1).

Une autre fois il s'agit d'envoyer des blés et d'autres fournitures au Bastion. La plus grande partie des participants, 17 carats 1/2 sur 19 1/2, s'unissent pour affréter le vaisseau du capitaine Reymondin, le charger de vivres à Marseille, compléter le chargement à Pise par 263 sacs de blé et l'expédier au Bastion. Cette compagnie partielle agit « pour le compte et service de la compagnie générale » (1593). Sur le même registre il est question d'une compagnie de 23 carats qui expédie le vaisseau du même capitaine Reymondin, d'une autre de 21 carats pour le voyage du capitaine Carboneau.

(1) Les neuf participants sont : Heoirs de Lenche 4 carats, sieur de Mirabeau 3 1/2, sieur de Roquefort 3, sieur de Saint-Paul 2 1/2, sieur de Gemenos 2 1/2, Jean d'Ollivier 1/2, François d'Ollivier 1/2, Désiré Moustier 1/4, Pierre Moustier 1/4.

Au même moment (1593-94) fonctionne la « compagnie des cuirs de Ligorne faite entre aucuns des participants de la compagnie de 19 carats 1/2 et d'autres qui y ont été accueillis. » Cette compagnie porte le nom de Livourne parce qu'elle fait une série d'opérations dans ce port et à Pise où elle est en relation avec les seigneurs Berzighelly et Simon de Cipriano ; elle fait des affaires avec le Bastion et se trouve en compte avec la compagnie du corail.

Mais ces exemples multiples sont des années les plus troublées des luttes de la Ligue et de la tyrannie de Casaulx. Peut-être sommes-nous en présence d'expédients temporaires inspirés par les circonstances, qui attestent combien le négoce était troublé par les désordres.

On peut relever une autre particularité relative aux ventes des marchandises de la compagnie. Celle-ci aurait dû, semble-t-il, s'en charger elle-même, calculer la part du produit revenant à chaque associé et la porter à son crédit. Tout autre était le système adopté. D'après l'acte d'association de 1585, la vente des blés, laines, cuirs de Barbarie, devait être faite par ceux que la compagnie commettait et députait pour cet objet ; le produit était destiné à couvrir les frais généraux et dépenses courantes. On verra plus loin comment le corail était surtout réexporté à Alexandrie. Quant aux autres marchandises, spécialement celles achetées en Egypte en retour des coraux, elles étaient partagées entre les participants « tout incontinent » qu'elles arrivaient à Marseille « pour et aux fins que chacun d'eux puisse faire de sa part à son bon plaisir et volonté». Alors les associés redevenaient concurrents les uns des autres. Contrairement au texte de 1585 des blés et des coraux étaient même parfois mis ainsi en partage.

Après l'une de ces opérations on voit même certains des associés former une société pour vendre leur part en commun. Ainsi, en 1593, une compagnie de 15 carats est formée parmi les membres de celle du corail qui en comptait 19 et demi. Elle charge des coraux sur le galion *Sainte-Claire* qui part pour Alexandrie. Le *Sainte-Claire* appartenait à la compagnie « générale », mais

Matheo Florimi for.

VUES DU PORT DE MARSEILLE AU XVIe SIÈCLE.

Collections du Musée d'Archéologie (Château Borely).

VUE DU PORT DE MARSEILLE AU XVI SIÈCLE

Collection Ricard.

le caissier de celle-ci stipule nettement sur ses comptes que la « générale » n'a point d'intérêts dans cette opération de vente des coraux. Une autre fois (1586) on voit certains associés vendre à Antoine Lenche la part des épices variées qu'ils ont reçue d'une cargaison venue d'Alexandrie. Ainsi Lenche et ses coparticipants avaient su combiner heureusement les avantages de l'association et de l'initiative individuelle. Ils s'unissaient en Barbarie et en Egypte, là où l'action isolée eût présenté bien des risques et des dangers. A Marseille, ils reprenaient leur liberté.

En poursuivant l'examen plus avant dans le détail on trouverait que la compagnie du corail différait par bien des points de son fonctionnement de nos sociétés actuelles à nom collectif. Au début elle a une véritable raison sociale. Les actes disent : la compagnie de Thomas Lenche, Jean Riqueti, Pierre Bausset, et autres associés ; ils désignent plus ou moins de noms, toujours au moins deux ou trois. Plus tard les noms disparaissent. Il n'est plus question que de la compagnie du corail, qui ressemble par là à une société anonyme. Il est admis aujourd'hui que les associés ne peuvent pas céder leurs parts d'intérêt, que la société finit de plein droit par la mort d'un des associés et se trouve dissoute entre les survivants. Ces deux règles n'étaient pas observées par la compagnie du corail du XVIe siècle.

L'importance des grandes sociétés ou compagnies d'aujourd'hui frappe souvent les yeux par la somptuosité ou la vaste étendue des immeubles qu'elles occupent, de leurs bureaux et de leurs magasins. Rien d'extérieur n'aurait pu révéler au visiteur de Marseille l'importance de la « magnifique compagnie ». L'entassement de la population et l'exiguïté des locaux dans la ville ne lui avaient pas permis de concentrer ses opérations dans une seule des hautes maisons pressées sur la rive du port ou dans son voisinage ; aucune place libre n'existait pour en construire une qui lui eût convenu. Il lui avait fallu louer, sur divers points, plusieurs magasins dont chacun servait à l'entrepôt et à la manipulation d'une marchandise particulière. On sait que les traditions du moyen âge, et particulièrement les habitudes corporatives, avaient fait grouper dans un seul quartier ou dans une seule rue les marchands et les artisans qui s'occupaient d'un même produit. Des groupements de ce genre existaient à Marseille, comme le rappellent certains noms de rue, mais pour les simples artisans et boutiquiers. Les négociants armateurs n'avaient à se préoccuper dans le choix de leurs magasins que de leur commodité ; la proximité du port était naturellement l'avantage le plus recherché.

La compagnie utilisa d'abord le magasin de Thomas Lenche. Après sa mort, on voit sa femme Ugona Lencio le lui louer 3 livres par mois. La même année, 1570, un autre magasin était loué pour trois ans, à 26 livres 8 sols par an, et le monastère de Saint-Victor demandait 61 livres 4 sols pour une maison avec magasin.

Il y eut alors un magasin spécial pour les blés, un autre et même deux, en 1575, pour l'épicerie, payés 60 livres par an, un autre pour les cuirs. Celui-ci fut loué pendant toute la durée de la compagnie à la famille Napollon, d'origine corse, à laquelle dut sans doute appartenir plus tard le fameux Sanson Napollon. Les longues relations de ses parents avec la compagnie expliqueraient tout naturellement le rôle qu'il devait jouer en Barbarie. Enfin il est souvent question dans les documents de la maison du corail. On peut conjecturer que celle-ci n'était autre que l'immeuble loué aux moines de Saint-Victor dans le quartier Saint-Jean, le plus important de ceux qu'occupait la compagnie.

Le cabiscol de l'abbaye, messire Vincens Virgini, toucha pour sa location en 1595 la somme de 36 écus, c'est-à-dire environ 110 livres. Ce n'était évidemment pas le même que la Compagnie payait près de moitié moins en 1570, car il semble que le prix des loyers n'avait pas sensiblement changé. Le magasin de Napollon, payé 72 livres en 1576, en coûtait 75 en 1589 et 25 écus, c'est-à-dire une somme nominalement égale, en 1595. Les pestes de 1580, 1581 et 1586 et les troubles de la Ligue, qui avaient aussi dépeuplé la ville, sont peut-être la cause de la stabilité des loyers à une époque de renchérissement général de la vie.

Un personnel assez nombreux de manœuvres étaient employé pour transporter les marchandises du quai aux magasins, pour la manipulation, le mesurage ou pesage des blés, des épices, des cuirs, pour la confection des balles et la réexpédition au dehors et surtout pour le travail du corail dont il sera question plus loin. Mais, si la direction de la Compagnie était peu coûteuse, ses bureaux n'étaient pas encombrés d'employés.

En dehors du directeur et des associés composant le conseil d'administration, le seul emploi dont on retrouve la trace est celui du caissier. Au temps où la Compagnie était qualifiée de magnifique et peut-être même dès le début, cette importante fonction était donnée à un négociant inspirant toute confiance, ayant même un intérêt dans la société. C'est ainsi qu'on trouve les noms de Honorat Armand (1), Alphonse de Baptiste, Jean-Augustin Catacholi, Orso Santo Cipriano. Ils avaient la responsabilité de la caisse sans toujours la tenir effectivement. Ils confiaient ce soin à des sous-ordres (2), mais, dans les registres, il n'est pas question de commis.

Le commerce de la Compagnie nécessitait l'emploi permanent d'un certain nombre de navires. Il en fallait d'autant plus que les Marseillais aimaient à employer dans leur navigation méditerranéenne des bâtiments d'un faible tonnage. A leurs débuts, les associés n'eurent peut-être pas de bâtiments à eux. Mais bientôt leurs succès les encouragèrent à se départir de leur prudence ; ils acquirent toute une flottille composée d'unités de plus en plus considérables. Ils formaient donc une compagnie d'armement en même temps que de commerce.

En 1566, ils possèdent la nef *Sainte-Claire* qu'ils arment de compte à demi avec une « Compagnie de la moitié du voyage de la *Sainte-Claire* ». Le même nom figure pendant toute l'histoire de la Compagnie sur les registres, mais évidemment porté par des bâtiments différents. En 1575, la *Sainte-Claire* appelée galionnet, déjà quelque peu hors d'usage sans doute, est estimée 2400 livres seulement par la nouvelle Compagnie qui la reçoit

(1) En 1566, Honorat Armand achète un quart de carat à Jean Vernet. (Reg. du notaire Jean d'Ollières).

(2) On peut citer les noms de Giraud Soseda, Claude Arman, Jean Mazury, Paulin Borlaquin, Jacques Thomassin.

des mains de l'ancienne. En 1591, le vaisseau ou galion du même nom est évalué à 6000 écus d'or par autorité du lieutenant de l'amirauté, c'est-à-dire 18 à 20.000 livres (1). C'était un des gros bâtiments du port de Marseille, exclusivement employé aux voyages d'Alexandrie. La Compagnie tenait beaucoup à éviter toute interruption dans ces voyages si fructueux pour elle. En janvier 1592, on la voit donner 100 écus en présent au consul Casaulx pour empêcher que la *Sainte-Claire* ne fût envoyée dans l'Archipel charger des blés. Cet incident tout menu ne laisse pas d'être instructif. Il rappelle que la municipalité de Marseille, en vue de prévenir la disette, réquisitionnait parfois des navires, que les îles et les pays riverains de l'Archipel fournissaient déjà, comme plus tard, au XVIIe siècle, des blés à la Provence et, enfin, il montre que le terrible Casaulx, ennemi de la Compagnie, n'était pas insensible à l'argent.

Dès 1566, la Compagnie était propriétaire d'autres bâtiments, les deux nefs *Saint-Michel* et *Saint-Nicolas*, la barque *Sainte-Catherine* remplacée, en 1570, par un bâtiment neuf du même nom. Le patron Raphaël Franquin, qui la commandait, en possédait le sixième.

Entre 1585 et 1590, la compagnie avait à son service, outre le gros vaisseau *Sainte-Claire*, deux autres vaisseaux ou galions, le *Saint-Jean* et la *Sainte-Marguerite*. Les Lenche, armateurs à leurs débuts, n'avaient jamais cessé de s'occuper d'armement pour leur propre compte. On voit, en 1598, les héritiers d'Antoine vendre à leurs coassociés le vieux vaisseau *La Rose* pour 1100 écus (2). Les autres associés étaient dans le même cas, particulièrement Jean Riqueti. Parmi les officiers de ces bâtiments, capitaines, patrons ou écrivains, on relève une série de noms d'hommes qui devaient se distinguer plus tard, eux ou leurs fils en Barbarie, tels les Porrata, les Salvety, Pierre Napollon, Pierre Reimon dit Merigon, Jean Gallifet, Orso Santo-Cipriano, François Estelle, et d'autres encore.

(1) Il est question, en 1587, d'une barque, la *Sainte-Claire*, achetée au patron Gaimar de la Ciotat, dont le *corps* seul coûte 1396 livres 16 sols.

(2) Acte reçu par le notaire Michel Rebotaud (aujourd'hui Étude Lamotte).

En dehors de ces gros navires employés au commerce, une tartane était toujours affectée aux voyages rapides qu'il était nécessaire d'effectuer en Barbarie pour le transport de messages ou d'envoyés en cas d'urgence. Enfin, une ou plusieurs frégates, petits bâtiments de construction spéciale, faisaient la police des pêcheries et le service des établissements sur la côte de Barbarie.

Les comptes de la compagnie fourniraient en abondance, à ceux qui voudraient prendre la peine de les en extraire, des renseignements sur le coût des agrès, des réparations, du ravitaillement d'un navire au XVIe siècle. Ainsi la voilure de la *Sainte-Claire* coûta 235 écus d'or lorsqu'à la même époque, vers 1575, la cotonine pour faire les voiles était vendue 10 sols la canne. Pour le même galion, il faut payer les ancres 333 écus d'or 24 sols 6 deniers à Stéphane Pollero, de Savone, fournisseur ordinaire de la compagnie pour les agrès de toutes sortes. En 1585, une ancre qui pèse 12 C^a^ (1) 30 livres ne coûte pourtant que 19 écus 40 sols. Les comptes de maîtres de hache sont nombreux ; on trouve moins fréquemment de curieuses mentions comme celle-ci : 1 écu 12 sols au peintre Teyssère pour avoir rebytat (repeint) l'image de saint Jean qui ornait la proue du galion du même nom.

L'insécurité des mers obligeait de munir les navires de pièces d'artillerie qui leur permettaient de résister tout au moins à des corsaires faiblement armés. Mais, pendant longtemps, soit que l'insécurité fût moins grande que plus tard, soit par esprit d'économie, la compagnie n'eut pas d'artillerie à elle.

C'était alors une industrie spéciale, exercée par des particuliers, de louer des pièces d'artillerie. Jusque vers la fin du XVIIe siècle les souverains eux-mêmes devaient avoir recours à leurs services dans les guerres. Des membres de la compagnie pratiquaient cette industrie ; aussi trouvait-elle à se pourvoir en partie auprès d'eux. Elle eut particulièrement recours à Pierre Albertas, sieur de Saint-Chamas. De 1567 à 1570 trois *versi* de bronze et cinq *mascoli*, placés sur le *Saint-Michel*, coûtent

(1) Cette mesure n'a pu être identifiée. Elle était supérieure à un quintal de Marseille.

56 livres 8 sols 6 deniers de location pour chaque voyage de Bône. Le même Albertas loue, en 1568, moyennant 105 livres, cinq versi et sept mascoli de bronze à la barque *Sainte-Claire* pour aller à Massacarès. En 1570, deux petits versi et quatre mascoli pesant 467 livres, mis sur la frégate de la compagnie, lui rapportent 154 livres. La même année, un autre associé, Jean Daysac, seigneur de Venelles, fournissait cinq versi pour un voyage de la barque *La Madeleine* au prix de 55 livres.

Qu'était-ce que des mascoli ? Ce nom, sans doute peu usité, ne se trouve pas dans les ouvrages techniques. Le nom de verse ou vers, variante de barce, était, au contraire, employé couramment au XVIe siècle pour désigner une petite pièce d'artillerie dont on se servait sur les navires. Dans un édit de mars 1584, Henri III stipule que les navires de 30 à 40 tonneaux devront être armés de deux doubles barces, que ceux de 50 à 60 en auront quatre et l'armement devait s'élever jusqu'à douze pour les bâtiments de 110 à 120 tonneaux.

La compagnie avait alors trouvé plus avantageux d'avoir son artillerie à elle. Peut-être qu'à cause de l'audace croissante et du grand nombre des corsaires les loueurs d'artillerie pour navires avaient été obligés de trop hausser leurs prix ou bien s'étaient découragés d'exercer une industrie trop aléatoire. En 1587, huit *moyannes*, deux fauconneaux, vingt-un verses, vingt-deux mascles coûtent aux associés 4.748 livres. Il s'agit ici de pièces d'artillerie plus fortes. La moyanne, ou couleuvrine moyenne, différait de la couleuvrine ordinaire par sa moindre longueur et sa moindre puissance. Un écrivain du début du XVIIe siècle dit : « les moyannes portent 4 livres de boulets et ont 7 pieds 1/2 ou 8 de longueur. » Leur dimension et leur force très variable pouvait être, en réalité, supérieure ou inférieure à ces chiffres.

L'importance des armes de défense avait augmenté avec celle des navires de la compagnie, avec l'insolence des corsaires et aussi avec la prospérité des « magnifiques seigneurs ». En 1589, ils font encore achat de deux moyannes de bronze pesant 30 quintaux pour le prix de 300 écus, à 10 écus le quintal. Les munitions, tout au moins les projectiles, étaient beaucoup moins dispendieuses : en 1586, deux douzaines de boulets de pierre pour l'artillerie de la *Sainte-Claire* ne coûtent que 42 sols.

Veut-on savoir dans quelle proportion l'équipage d'un navire entrait alors dans les dépenses de l'armement ? Les registres de la compagnie sont remplis de comptes relatifs à la *gent* des bâtiments de la compagnie ou de ceux qu'elle affrétait. Malheureusement il est difficile d'établir des comparaisons entre les chiffres : les équipages étaient payés au retour des voyages effectués et nous ne connaissons exactement ni la durée du service accompli ni le nombre des matelots payés. Il est néanmoins instructif de savoir ce que coûtait, de ce chef, un voyage au Levant ou en Barbarie.

En 1568, la gent de la nef *Saint-Nicolas*, au retour d'Alexandrie, touche 2.431 liv. 7 s. 4 d. non compris la solde du patron et de l'écrivain. C'était là un long et coûteux voyage. Ceux de Barbarie duraient, d'ailleurs, proportionnellement autant. On voit la gent des galions *Saint-Jean* et *Sainte-Marguerite* recevoir, au retour, en 1585 et en 1590, des sommes variant entre 210 et 245 écus d'or, y compris la paie des officiers. L'équipage moins nombreux de la barque *Sainte-Catherine* ne touchait, au même moment, que 324 livres. Quatre voyages successifs, accomplis en Barbarie par la *Sainte-Marguerite*, entre avril 1587 et novembre 1588, rapportent au patron Antoine Marie Salvety et à ses gens la somme uniforme de 730 livres. Quelques exemples de paiements au mois fixent les idées d'une manière plus précise. En 1568, la gent de la nef *Saint-Michel*, retour de Bône, reçoit 151 liv. 6 s. pour 1 mois et 4 jours. En 1585, l'équipage d'un vaisseau aussi considérable touche 44 écus 44 sols pour un mois. Les prix n'avaient donc pas sensiblement varié.

Ces salaires étaient répartis fort inégalement entre les officiers et l'équipage très faiblement rétribué. Ainsi, en 1585, un paiement de la gent d'un galion, au retour d'un court voyage, sans doute, est ainsi réparti : mariniers, 11 écus 41 s. 3 d. ; *fadarni*, 7 écus 47 sols 6 deniers ; dépensier, 11 écus 41 sols 3 d. ; écrivain, 11 écus 45 sols 10 d. ; patron, 17 écus 4 sols.

L'écrivain, chargé autrefois sur les navires de commerce de

tenir les registres du bord, d'inscrire toutes les dépenses pour l'armement et le voyage, les marchandises embarquées et débarquées, etc., jouait le rôle actuel des commissaires. Quant aux fadarni, appelés ailleurs fadarins, c'étaient les novices ou mousses ; cette expression provençale était dérivée, paraît-il, d'un terme catalan (1).

Pour la nourriture, le bon marché des denrées et peut-être le ménagement un peu serré, ordinaire aux armateurs, permettaient à la compagnie de s'acquitter de cette charge à des prix qui nous paraissent d'un bon marché invraisemblable. Autour de 1580 l'ordinaire de la gent était compté uniformément pour la *Sainte-Claire*, aussi bien que pour le *Saint-Jean* et d'autres vaisseaux, à quatre sols par jour, seul subside versé au dépensier.

Malgré tout les armements de la compagnie étaient loin de correspondre à l'importance de ses opérations commerciales. Pendant toute la durée de son existence, il lui fallut noliser de nombreux bâtiments. Les Lenche furent d'une façon permanente au nombre de leurs fréteurs. Les registres du notaire Champorcin renferment un acte intéressant de 1562 : *achept de partie de nef pour Sieur Thomas Lenche et aultres après nommés* (2). On y voit que le patron Michel Teisseyre de Marseille vend les trois quarts de la propriété du navire le « Sainct Victor Bonnadventure », du port de trois mille quintaux, pour le prix de 600 écus d'or d'Italie de 48 sols. Les acheteurs sont Thomas Lenche et Pierre de Baptiste, chacun pour six carats, Pierre et André Gonfaron et Louis Gay pour six autres carats, les six derniers restant la possession du patron Teisseyre. Or ce bâtiment, nommé couramment le *Saint-Victor* dans les documents postérieurs, fut ensuite régulièrement affrété par la compagnie

(1) D'après Jal (*Glossaire nautique*) la forme catalane serait fadri, au pluriel fadrins. Jal cite ce passage du P. Fournier dans son *Hydrographie* (1643) : « Les pages, garçons du navire que les Marseillais nommaient fadarins » et il ajoute : « Nous avons vu quelquefois le mot fadrin, mais fadarin, jamais ailleurs que dans la phrase du P. Fournier ; aussi pensons-nous que fadarins est une de ces fautes d'impression qui abondent dans l'*Hydrographie* ». Les registres de la compagnie du corail prouvent que le mot fadarin était bien employé couramment à Marseille.

(2) Voir le texte à l'appendice.

du corail. Il en fut de même pour le vaisseau *la Rose*, propriété d'Antoine Lenche que la compagnie finit par acheter en 1598 ; dès 1575 il faisait indifféremment les voyages de Barbarie ou d'Alexandrie. C'était d'ailleurs une habitude adoptée par les associés de noliser les mêmes bateaux quand ils s'adressaient aux armateurs de Marseille ou à ceux de La Ciotat souvent mis par eux à contribution.

Les conditions d'affrétement à cette époque semblent avoir été variées si l'on en juge par la diversité des paiements qui figurent sur les livres de la compagnie. Tels navires étaient loués au mois. Ainsi, en 1567, les armateurs du *Saint-Victor* reçoivent la location de six mois et cinq jours pour un voyage d'Alger, à 80 écus de 48 sols le mois, c'est-à-dire 192 livres.

En 1592 les propriétaires du vaisseau *la Cabrette* touchent 200 écus pour deux mois d'un voyage à Livourne, mais la somme réduite en forte monnaie ne valait que 138 écus ; le prix d'un mois s'élevait donc environ à 210 livres. En 1595 une polacre exécute plusieurs voyages à raison de 60 écus par mois. La nourriture et les salaires des équipages restaient à la charge des armateurs. En tenant compte de l'usure de leurs bâtiments et de l'amortissement à prévoir, des frais courants de réparations, des primes d'assurance, il devait leur rester de beaux bénéfices. Sur les 80 écus donnés au *Saint-Victor* par mois il n'y en avait pas 50 à prélever pour les salaires et la nourriture de l'équipage. Tous autres frais déduits il n'est sans doute pas exagéré d'évaluer à 20 écus par mois ce qui constituait le bénéfice net des armateurs, soit plus de 200 écus par an pour un navire de 800 écus, plus de 25 o/o d'intérêts du capital engagé.

Plus souvent les nolis sont payés pour la durée d'un voyage. Entre 1585 et 1592 le même patron Jaumet Ingoiran reçoit pour son vaisseau 1.521 écus pour un voyage à Valence, 400 écus pour aller charger du vin à Barcelone et le porter à Massacarès, 263 écus pour un voyage de Massacarès à Savone. Peut-être, même en ce cas les prix avaient-ils été stipulés au mois. Pourtant on voit le même Ingoiran recevoir la somme uniforme de 720 livres pour trois voyages consécutifs de Massacarès à

Marseille et à Savone accomplis en 1587. Ce même chiffre est payé à un patron de La Ciotat en 1567 pour le même voyage (1).

Enfin les capitaines étaient payés aussi d'après le poids des marchandises transportées. Divers exemples montrent que le transport d'un caffi (420 kilogs) de blé, du Bastion à Marseille ou à Savone, coûtait entre deux écus et deux écus et demi autour de 1580. Ce prix qui ferait ressortir la tonne métrique à plus de 15 livres en monnaie d'alors, montre combien les transports maritimes étaient plus coûteux qu'aujourd'hui. A la même date une somme de 2.100 écus de réaux, apportée de Valence sur un galion, paie 7 écus 21 sols de nolis. De Savone à Marseille 10.350 livres de fils et cordages pour les corailleurs paient 20 livres 14 sols.

Quelles étaient les catégories de bâtiments achetés ou employés de préférence par la compagnie? Elle n'avait pas à se préoccuper dans ses choix de répondre à des besoins spéciaux. Ses navires étaient donc ceux des types courants à Marseille et ses registres pourraient fournir des indications, assez vagues d'ailleurs, à ceux qui étudient les transformations des navires de commerce à travers les âges. Jusqu'au XVIe siècle s'étaient perpétués les formes et les noms du moyen âge. Alors apparurent de nouveaux types, en usage à Marseille pendant toute la durée du XVIIe siècle et même au-delà. On peut se rendre compte de cette transformation dans les livres de la compagnie. Dans la première période de son existence on trouve les noms anciens : *nefs, galions* pour les gros navires ; *galionnets, saettya* ou *saittia, londres, caravelles* pour les plus petits. En 1585 la *stagiera* du patron Claude Deterba porte des caisses de corail à Alexandrie.

Plus tard, ce sont déjà les noms courants à Marseille au XVIIe siècle : *vaisseaux, polacres* (2), *barques*. Les noms anciens et les nouveaux furent d'ailleurs appliqués un moment indifféremment aux mêmes navires, comme il arrive aux époques de transition.

(1) Il y aurait ici un point à éclaircir. La même somme (730 livres) est payée pour le même voyage au patron Salvety qui commande un navire de la compagnie.

(2) Je relève ce nom pour la première fois en 1594. — V. Jal. *Glossaire nautique* ; mais quelques-uns de ces noms ne s'y trouvent pas.

Ainsi, vers 1585, on disait aussi bien le galion ou le vaisseau *Sainte-Claire*, puis le mot de galion disparaît définitivement des livres de la compagnie avant la fin du siècle.

Quant aux dimensions et au tonnage de tous ces bâtiments les archives de la compagnie ne fournissent aucun renseignement à cet égard ; mais on retrouverait les chiffres dans les actes des notaires. On a vu que le vaisseau le *Saint-Victor* était du port de 3.000 quintaux. On ne parlait alors que de la portée en lourd des navires ; il n'était pas question de leur jauge. Les gros bâtiments de l'époque des croisades destinés à transporter jusqu'à 1.500 passagers avaient disparu depuis longtemps parce qu'ils n'auraient plus répondu à aucun besoin. Ainsi un bâtiment capable de porter 3.000 quintaux, équivalant à 270 tonnes métriques, était déjà un spécimen assez important de la flotte marseillaise, bien qu'on y vît des gros vaisseaux de 10.000 quintaux. L'emploi courant de vaisseaux pour le commerce de Barbarie, pour lequel on n'employait guère au XVIIe siècle que de médiocres bâtiments, polacres ou barques, serait une indication de la prospérité de ce commerce au XVIe siècle et de sa décadence ultérieure s'il ne fallait tenir compte d'une autre considération. En 1603 les consuls de Marseille obtiennent des lettres-patentes, confirmant un arrêt du Conseil d'État, qui portent inhibitions et défenses « d'envoyer trafiquer aux costes de l'obéissance du Grand Seigneur des vaisseaux d'un port inférieur à 7.000 quintaux et non munis de l'équipage nécessaire pour se défendre des corsaires (1). » On pouvait espérer à la fin du XVIe siècle échapper à ceux-ci avec de gros bâtiments bien armés. Au XVIIe siècle aucun navire de commerce ne fut de taille à braver les gros corsaires algériens ; les navires légers avaient plus de chances d'éviter d'être pris en les gagnant de vitesse.

A cette époque beaucoup de navires opéraient aux Iles leur chargement ou leur déchargement sans entrer dans le port de Marseille. Ils évitaient ainsi les longs retards causés par les

(1) Arch. du Parlement (Aix). B, 3341, fol. 793.

sévères règlements relatifs aux quarantaines ou par le caprice des vents. Avant l'invention de la navigation à vapeur et l'usage des remorqueurs pour les voiliers, les périodes de mistral, où le vent s'engouffrait avec violence dans l'étroit goulet du port, interdisaient souvent pendant des semaines l'entrée et surtout la sortie. De plus, en restant aux Iles, les bâtiments évitaient le paiement d'un certain nombre de droits. Le fermier du droit du roi des drogueries et épiceries percevait une taxe à la fois sur les épices venues du Levant et sur les coraux de Barbarie. La gabelle du port était perçue au nom de la ville sur les marchandises d'entrée sur le pied de 2 o/o de leur valeur.

Voilà qui explique pourquoi, même aux périodes où le commerce eut le plus d'activité, on n'eut pas trop à souffrir alors de l'encombrement et de l'insuffisance du Vieux-Port. Bien plus, les estampes du XVIe et du XVIIe siècle qui représentent des vues de Marseille, montrent toujours son bassin presque vide de bâtiments. Mais c'était là, peut-être, plutôt une convention adoptée et maintenue par les dessinateurs, que l'expression, même exagérée, de la réalité.

Entre le port et les Iles c'était donc un va et vient incessant de barques occupées au transport des marchandises et des passagers. La concurrence de nombreux patrons maintenait les prix assez peu élevés pour une traversée souvent pénible de plusieurs kilomètres. Aussi la compagnie du corail se contentait-elle d'avoir recours à leurs services sans acquérir un matériel spécial qu'elle n'eût pu occuper de façon régulière. Cependant, il semble bien qu'en 1583 elle possédait un bateau particulier affecté à ce service. Trente sols par voyage c'était le prix donné vers 1580 au patron d'un bateau pour porter aux Iles des patrons corailleurs, des victuailles, ou les officiers de l'amirauté chargés de la visite de tout navire avant son départ. Celle-ci coûtait alors d'ordinaire trois écus d'or (1), parfois quatre, plus un

(1) Le Parlement d'Aix était alors à chaque instant saisi de plaintes par les consuls des divers ports de Provence contre la cupidité des officiers de l'amirauté. C'est seulement en 1599 qu'il tarifa uniformément leurs visites en les fixant à « un écu pour les gros vaisseaux, un demi-écu pour les médiocres et un quart d'écu pour les petits ». Arch. de la Chambre de Commerce.

teston d'usage au clerc du greffier. Mais, pour aller aux Iles, les officiers demandaient jusqu'à six écus. S'il s'agissait de porter des marchandises, on employait des bateaux plus gros dont chaque voyage pouvait coûter jusqu'à trois livres et même davantage. Les tartanes, qui servaient aussi au même usage, étaient payées à peu près au même tarif. Ainsi, en 1586, le patron Oget Giollet, qui effectua une série de voyages pour le déchargement des épiceries apportées par le galion *Sainte-Claire*, reçut 1 écu 6 sols par traversée.

Telle était l'organisation de la compagnie, l'importance de ses installations et de son outillage à Marseille. Mais c'est la Barbarie surtout qui était le théâtre de ses opérations. C'est là que le tableau de son activité offre le plus d'intérêt. Il permettra tout d'abord d'étudier les premiers établissements français et les humbles débuts de notre colonisation en Algérie.

CHAPITRE IV

LES ÉTABLISSEMENTS MARSEILLAIS EN ALGÉRIE AU XVIe SIÈCLE

Les registres de la compagnie du corail jettent plus de lumière sur l'origine des établissements français de la côte barbaresque, restée jusqu'ici bien mal connue. Cependant ils sont loin de dissiper toutes les obscurités.

Le commandement du Grand Seigneur, délivré en 1582 en faveur de la compagnie (1), est jusqu'ici le seul document du XVIe siècle qui limite d'une façon précise l'étendue des côtes de Barbarie sur lesquelles les Marseillais jouissaient du monopole de la pêche du corail. Elle allait « depuis Montefousque jusques au cap Nègre ». Si l'on identifie le premier point avec le cap Mafetouch, promontoire médian du massif montagneux qui s'avance entre le golfe de Philippeville et celui de Bône et projette à ses deux extrémités les pointes du cap de Fer et du cap de Garde, on peut en conclure que les documents du XVIIe ou du XVIIIe siècle qui fixaient parfois Bougie comme le terminus occidental des concessions d'Afrique, en étendaient singulièrement le domaine primitif. Entre le cap Mafetouch et le cap Nègre, aujourd'hui en Tunisie, la longueur des côtes, sans tenir compte de toutes leurs sinuosités, était de 200 kilomètres environ. C'était donc un domaine important abandonné par les Algériens et par le sultan aux entreprises marseillaises.

Sur ce domaine les établissements furent-ils aussi anciens que la compagnie elle-même ? Quels furent les premiers créés ? Quand et pourquoi les Marseillais se décidèrent-ils à fonder les autres ? Quelle était la nature de ces établissements ? Toutes

(1) Voir, à l'appendice, pièce n° IV.

questions auxquelles il n'est pas encore permis de répondre avec une entière précision.

Pendant la période des débuts la compagnie, semble-t-il, n'eut d'installation fixe qu'à Bône. Elle s'intitule « la nostra compania della pesca de coralli di Buona ». On trouve dans les registres du notaire Champorcin une quittance de 1561 (1) par laquelle les héritiers de Pierre Barrilan reconnaissent avoir reçu de Thomas Lenche le dernier paiement des gages qui lui étaient dus pour avoir servi la compagnie comme soldat à Bonne de Barbarie. La frégate de la compagnie stationnait alors à Bône et Antoine Lenche, qui dirigeait ses affaires en Afrique, y résidait en 1568.

En fixant d'abord à Bône le centre de ses opérations, la compagnie ne faisait que suivre les traditions du moyen âge. Les Marseillais n'avaient cessé de trafiquer dans cette ville, cité la plus commerçante de notre Algérie avec Bougie. Ils y avaient possédé un *fondouc* et entretenu un consul. La population était donc habituée à voir des Européens, à les laisser vivre dans la ville ; ailleurs il y avait à redouter le fanatisme musulman. De plus, le port était le meilleur de toute la côte. La prudence avait donc inspiré le choix de la compagnie.

Pourtant Bône était quelque peu éloignée des pêcheries de corail. D'autre part, la compagnie y était trop directement sous la main du caïd, personnage puissant, le second après le bey de Constantine dans la partie orientale de la Régence. Elle excitait de trop près sa cupidité et celle des chefs d'une nombreuse milice. C'est pour cette double raison de commodité et de sécurité que fut choisi l'emplacement définitif du centre des opérations de la compagnie, loin de tout grand groupe de population, plus près de La Calle que de Bône. Même son isolement le mettait à l'abri des incursions des tribus voisines.

Ainsi fut fondé le Bastion de France, postérieurement à 1565. Sur les registres apparait en novembre 1567 la dénomination suivante : la nostra compania della pesca de coralli di Massa-

(1) Fol. 1524-25.

carès et Bona. On est tenté au premier abord de penser qu'il s'agit de La Calle. Les Arabes avaient, en effet, baptisé cette ville du nom de Merça'l Kharez, « port de graines à collier » ou « port aux breloques. » La richesse des parages de La Calle en corail leur était connue depuis longtemps. Tous leurs géographes ou voyageurs en parlent dans leurs *Descriptions de l'Afrique.*

Suivant Ibn Haoukal, il y avait là une ville prospère au milieu du dixième siècle : « A une journée de distance de Badja se trouve El Kharez port où, à mon avis, on pêche le meilleur corail ; on ne le trouve que là, à Ténès et à Ceuta, en face d'Algésiras en Espagne ; mais celui qu'on pêche à Ceuta est bien inférieur pour la qualité à celui de Merça'l Kharez. El Mensour y avait établi un commissaire-inspecteur pour présider à la prière, recevoir les impôts et examiner les produits de cette pêche. Dans la ville il y a des marchands très riches et des courtiers pour la vente du corail. On fait cette pêche avec environ quarante bateaux construits dans le port et montés chacun d'environ vingt hommes. »

Un siècle après, au dire d'El Bekri, la ville restait très active. Mais ce voyageur ajoute : « On construit à Merça'l Kharez des vaisseaux et des bâtiments de guerre qui servent à porter le ravage dans le pays de Roum. Cette ville est le rendez-vous des corsaires (1). » Le développpement de la piraterie fut cause de la ruine de Merça'l Kharez ; elle fut prise par le Génois Roger de Loria en 1282 et ne se releva pas de ce désastre.

Les Italiens qui fréquentaient cette côte, peut-être les pêcheurs, avaient pris l'habitude de désigner la ville sous le nom de La Calla, le port. C'était, en effet, le seul abri que rencontraient les navires à l'est de Bône, dans les parages où l'on pêchait le corail.

Les Marseillais, recherchant l'isolement et transférant en dehors du port traditionnel le centre des pêcheries de corail, lui empruntèrent même son vieux nom. Ils appliquèrent la vieille

(1) Journal Asiatique, 3e série, t. XII, p. 180-181 ; 5e série, t. XIII, p. 73. Traductions de Slane.

dénomination arabe de « port aux breloques » au point de la côte mal abritée sur lequel ils s'établissaient et confondirent Massacarès avec le Bastion. L'usage en fut bientôt tellement consacré qu'il passa des registres et de la correspondance de la compagnie aux actes officiels. On lit dans des lettres patentes du 22 janvier 1597 : « Massacarès, dit le Bastion de France, assis au royaume de Tunis. » La géographie de la chancellerie royale manquait de précision. Plus vagues encore étaient les connaissances des secrétaires du duc de Guise, gouverneur de Provence, qui écrivaient dans un brevet de commission rédigé en 1602 : « Le Bastion de France situé en Massacaretz. »

Très souvent, sur les registres de la compagnie, les deux noms sont accolés ; il est question du Bastion de Massacarès. Malgré leur imprécision, les documents font au contraire nettement la distinction entre La Calle et Massacarès. Les bâtiments portent des marchandises « à Bône, La Calle ou au Bastion à Massacharès. » Il en résultait donc que le nom arabe avait été détourné tout à fait de son sens primitif et n'était plus jamais appliqué à la ville qu'il désignait antérieurement au XVIe siècle. C'est une source de confusions que la confrontation des divers registres de la compagnie finit par faire découvrir.

Pourquoi les Marseillais avaient-ils appelé Bastion leur nouvel établissement ? (1) Donnaient-ils déjà à ce vieux vocable provençal et italien la signification de construction fortifiée que les Français du XVIe siècle attribuaient au mot bastillon supplanté plus tard par la forme provençale ?

Sur la foi d'un des compagnons de Savary de Brèves, dans son ambassade de 1605, on pourrait penser que le Bastion de France du XVIe siècle ne méritait en rien la qualification de forteresse. « Ce Bastion, est-il dit dans la relation des voyages de M. de Brèves, n'était point château ni forteresse, comme aucuns abusés du vocable pourraient le croire, mais seulement une maison plate édifiée par permission du Grand Seigneur pour retraite des

(1) Voir, sur l'emplacement, mon *Histoire des établissements et du commerce français dans l'Afrique barbaresque*, page 11-12.

Français pêchant le corail en Barbarie; sous couleur de laquelle pêche ils enlevaient toutes sortes de marchandises. » Même un mémoire de 1630 affirme que Lenche obtint la permission d'élever le Bastion « à condition toutefois de n'y faire aucune fortification, mais seulement une maison et un magasin simplement, pour servir à ceux qui pêcheraient le corail et qui feraient négoce et trafic des marchandises dudit pays (1) ».

Le narrateur des voyages de de Brèves avait mal vu ou bien manquait de précision. Peut-être sa qualification de maison plate s'appliquait-elle à la simple maison que la Compagnie possédait, en effet, à Bône. Quant à l'auteur du mémoire de 1630, il n'était pas très bien informé. En effet, les registres de la Compagnie prouvent que le Bastion eut, dès le début, une petite garnison, un approvisionnement de poudre, des arquebuses, même de l'artillerie. En 1583, Jean Berault et autres poudriers de Carpentras, fournissent 1145 livres de poudre de canon et d'arquebuse. La défense était assurée par une enceinte et tout au moins par des terrassements. Henri IV, écrivant au sultan en 1609 en faveur de la Compagnie qui se proposait de restaurer le Bastion, sollicitait pour elle les privilèges accordés auparavant à celle de Lenche, avec plein pouvoir de faire reconstruire le Bastion « en la même forme qu'il était » et d'élever « des remparts de terre, cabanes, magasins, fours et moulins esdits lieux pour loger et conserver les coraillers, matelots et autres ». Bien auparavant, les lettres patentes du 23 juin 1568 avaient permis aux associés marseillais de sortir du royaume des pièces d'artillerie pour la garde et défense de leur *fort*. D'ailleurs, Sanson Napollon, le négociateur du relèvement du Bastion, se borna plus tard à demander l'exécution des accords conclus entre les Algériens et la première Compagnie du corail et c'est bien ce que stipulait le contrat fameux du 29 septembre 1628 : « Et d'autant que ladite place du Bastion et ses dépendances ont esté démolies permettons de les pouvoir redresser et fabriquer *comme elles estoient anciennement* pour pouvoir se garantir contre les Maures, vaisseaux et brigantins de Majorque et Minorque ensemble. »

(1) Biblioth. nat. Mss. fr. 16.164.

De l'ensemble des textes il ressort bien qu'entre le Bastion du XVIe siècle et celui du XVIIe il n'y avait pas de différence essentielle. Sanson Napollon put seulement donner plus d'ampleur et de solidité aux constructions et aux fortifications autorisées et exécutées dès le début.

Au reste, les bâtiments même ne pouvaient guère être beaucoup moins considérables puisque la pêche et le commerce étaient au moins autant, sinon plus actifs qu'à aucune époque du XVIIe siècle, puisqu'il fallait loger un personnel déjà nombreux. Un inventaire fait le 6 mai 1599 évaluait « plusieurs meubles, artillerie, bateaux et autres choses » qui se trouvaient au Massacarès, à 2611 écus. La désignation est bien vague, et l'inventaire souleva des protestations par ses estimations trop défectueuses. Peu auparavant, lors de la transformation de la Compagnie de 22 carats et demi en Compagnie de 19 carats et demi, « les meubles, bateaux, engins, artillerie, bâtiments et toutes autres choses » appartenant à la première, furent évalués à 7.000 écus d'or après déduction de 1744 livres. Il ne semble pas, malgré la désignation des bâtiments, qu'il faille penser que la valeur des constructions de toutes sortes des établissements était comprise dans cette somme. En effet, dans l'inventaire dressé en 1590 ou 1591, lors de la dissolution de la Compagnie de 24 carats, les « attirails et meubles servant à la pêche et au Bastion et encore l'artillerie, *sans y comprendre la place et bâtiments* » avaient été comptés 6.658 écus d'or. La valeur élevée des meubles et de ce que renfermaient les établissements peut faire présumer quelque peu leur importance. Mais il est regrettable que les livres de la Compagnie ne nous fournissent pas d'estimations plus précises.

Il faut remarquer que le terme de Bastion fut souvent employé pour désigner les autres établissements. Les teneurs de livres de la Compagnie disaient : notre bastion de la Calle, du cap de Rose ; termes beaucoup moins employés pourtant que celui de Bastion de Massacarès. Le commandement du Grand Seigneur, de 1572, parlait de la concession des trois bastions « Marce carés, la Cale et Boume ». Enfin, le nom de Bastion de France ne devint commun qu'au XVIIe siècle. Les documents du XVIe siècle disent le Bastion, Massacarès ou le Bastion de Massacarès. C'est seulement dans les lettres patentes de 1597 déjà citées que figure la mention : Massacarès, dit le Bastion de France.

C'est là que résidait le chef des Etablissements marseillais, directeur général de toutes leurs opérations en Algérie, le « gouverneur de l'emprèse » comme l'appellent longtemps les documents. C'est vers la fin du XVIe siècle seulement que l'appellation de capitaine du Bastion prévalut.

Les Lenche tinrent naturellement à se réserver dans la compagnie ces fonctions qui les mettaient seuls en relations avec les Barbaresques. Antoine Lenche résidait à la Calle, puis à Massacarès, aux appointements de 500 livres par an, quand il fut appelé à la direction de la compagnie à la mort de son frère, en 1568. Ce contretemps lui fit momentanément laisser la place à un capitaine corse mais il put bientôt la faire donner à son jeune frère Visconte Lenche. Celui-ci, après un apprentissage comme écrivain à Bône, repartit en 1575 comme gouverneur de l'emprèse au service de la nouvelle compagnie de 26 carats (1). Mais il mourut quelques années après, laissant de nouveau dans l'embarras le chef de la famille.

Le commandement du Bastion fut du moins confié encore aux mains d'un Corse, tout dévoué aux Lenche et peut-être leur parent (2). Le magnifique capitaine Jean Porrata, qui devait rester une quinzaine d'années au Bastion, était le frère aîné de ce Paul Porrata, commandant du galion *Sainte-Claire* qui finit par acquérir deux carats dans la compagnie en 1594. Leur famille originaire de Gênes y comptait parmi les nobles depuis la fin du XIVe siècle. Leur grand-père avait vécu longtemps en Corse comme commandant de la forteresse de Bonifacio et y était mort. Les deux Porrata avaient sans doute embrassé la cause française sous Henri II, du temps de Sampiero et avaient été

(1) Lettres de naturalité pour Bisconte Lenchou, originaire de Corségue. Arch. de la Cour des Comptes. Reg. Cometa, mars 1579, fol. 344 verso. Les registres l'appellent toujours Bisconte ou Besconte Lenche.

(2) Les Lenche avaient pour mère Gentileta de Porato.

obligés ensuite de se retirer à Marseille. Des lettres-patentes d'Henri III en date du 20 novembre 1582 investirent Porrata du gouvernement du Bastion. Il serait intéressant de savoir si c'était là une nouveauté et si l'intervention royale, comme il est probable, avait été sollicitée par la compagnie.

Jean Porrata, après son long séjour en Barbarie, rentra à Marseille en 1597 et y obtint à son retour des lettres de citadinage moyennant 50 écus d'or. On y fait valoir qu'il habite depuis trente ans la ville « en laquelle il a apporté tous ses moyens et facultés et négocié mercantilement sans discontinuation (1). » Le séjour en Barbarie n'était donc pas considéré comme une absence mais assimilé à la résidence à Marseille. Jean Porrata mourut sans avoir été marié mais son frère Paul, enrichi au service de la compagnie, fit souche d'une descendance qui contracta des alliances avec les meilleures familles de Provence au XVIIe siècle. Un troisième frère était retourné en Corse.

En se retirant Jean Porrata avait cédé la place aux fils d'Antoine Lenche. On a vu comment Thomas, sieur de Moissac, s'était fait attribuer par le roi le titre de gouverneur du Bastion et comment les prétentions des deux Lenche avaient amené la dissolution de la compagnie. On a vu qu'Antoine Lenche recevait, en 1568, 500 livres d'appointements seulement. Les registres ne fournissent aucune indication sur les émoluments de ses successeurs. A la fin du XVIIIe siècle le gouverneur de la Calle ne touchait pas moins de 4000 livres par an.

Le capitaine du Bastion avait pour lieutenant l'écrivain, dont le nom dans les actes est sans cesse accolé au sien. Quelquefois on les désigne ensemble sous le nom d'administrateurs du Massacarès. Sur les navires d'alors le second officier, chargé spécialement des écritures et des fonctions administratives, portait ce nom d'écrivain. Il était naturel qu'une compagnie d'armateurs, dont plusieurs avaient navigué, et qui employait dans ses établissements beaucoup d'anciens capitaines ou patrons de bâtiments eût adopté cette dénomination. On vit se

(1) Lettres vérifiées par la Cour des Comptes le 5 juillet 1599. B, 78, fol. 514.

succéder dans ces fonctions Jean et Roland Borgarel, second de Visconte Lenche, qui recevait 250 livres par an ; Baptiste Salvety, corse, ancien capitaine marin, qui servit sous les ordres de Porrata et remplit une mission importante à Constantinople en 1580 (1). Carlo de Lorenzo et Gabriel Calaman lui succédèrent.

L'écrivain, qui entrait plus que le gouverneur dans le détail des affaires, avait sous ses ordres le caissier, teneur de livres, et le dépensier chargé de régler l'ordinaire, ce que les registres appellent les dépenses menues de la place. Un scribe, qualifié parfois de sous-écrivain, lui épargnait la besogne matérielle. Celui-ci recevait 16 livres par mois en 1570.

Ni le gouverneur de l'emprèse, chargé surtout du maintien de l'ordre et de la sécurité dans la petite colonie, des relations avec les chefs barbaresques, ni l'écrivain lui-même ne s'occupait du détail des opérations commerciales. Tous les achats et ventes étaient effectués, sous leur autorité, par deux autres officiers, les facteurs, que nous appellerions les agents commerciaux de la compagnie. On voyait de même, à la fin du XVIe siècle, des facteurs de la nation française, pourvus d'une commission royale comme les consuls, dans diverses échelles, à Tripoli de Syrie, à Alexandrie, par exemple, et au Maroc. L'office devait disparaître dès les premières années du XVIIe siècle. C'est au nom des facteurs du Massacarès qu'étaient établis tous les comptes, en doit et avoir, des marchandises achetées ou vendues en Barbarie. Le caissier, gardien des fonds, leur délivrait, au fur et à mesure des besoins, les sommes d'argent nécessaires. Chose curieuse il est sans cesse question d'eux et leur nom n'est jamais prononcé, si bien que nous ne connaissons aucun de ceux qui dirigèrent le commerce de la compagnie en Barbarie.

Il était nettement stipulé dans l'acte d'association de 1585 (2) que les facteurs, appelés ici commandataires, ne pouvaient commercer pour leur propre compte. Cependant la compagnie, pour s'assurer de la fidélité de ces agents commerciaux, admettait une tolérance. Dans toute opération faite pour son compte, ils pou-

(1) V. ci-dessus p. 26.
(2) Voir à l'appendice, pièce n° II.

vaient acheter ou vendre personnellement une certaine quantité de marchandises. C'était ce qu'on appelait leurs *portées*, c'est-à-dire ce qui était transporté pour eux dans chaque cargaison. Mais, pour que leur intérêt ne fût pas distinct de celui de leurs commettants, il était bien entendu que ces *portées* étaient « incorporées avec les marchandises chargées et envoyées sur les vaisseaux de la compagnie » et c'est seulement par l'entremise des directeurs de celle-ci qu'ils pouvaient toucher le produit de leurs opérations personnelles.

Tel était, au XVIe siècle, l'état major du Bastion qu'il est intéressant de comparer à celui de la place de la Calle au XVIIIe siècle (1). Celui-ci, sensiblement différent et plus nombreux, ne comptait pas moins de treize officiers. Pourtant la population de la colonie marseillaise n'était peut-être pas très inférieure au XVIe siècle. En tout cas, elle comprenait les mêmes éléments.

Au premier rang, les mieux recrutés et les mieux payés, l'ensemble des ouvriers qui composaient ce qu'on appela plus tard la maistrance. A leur tête, les quatre ou cinq maîtres d'aisse (de hache) et autant de calfats, employés à la réparation des bateaux corailleurs. Ils recevaient 12 à 13 livres par mois ; le maître charpentier 30 livres ; le maître calfat 35 livres. Après ceux-ci, la plus haute paye, 22 livres par mois, est donnée au remolar (remouleur) préposé au soin des couteaux qui servaient à nettoyer le corail. Deux maitres maçons ne reçoivent que 3 écus 48 sols ; un maître ferraro (maréchal ferrant), 3 écus seulement ; un maître botaro et barilaro, pour la confection des tonneaux et barils qui servaient au transport du corail, 2 écus ; un peyrollier (chaudronnier), 8 livres. En 1583, la compagnie engage en même temps pour l'emprèze trois fabres (forgerons) avec un apprenti (fabrillou), deux serraires ou serallyers (serruriers), un barrallyer ou barrillet, un rodellier (faiseur de roues, charron ?) un monuyer (?), un mallonayre. La présence de celui-ci prouve que déjà les Provençaux du XVIe siècle remplaçaient les planchers dans leurs maisons par un carrelage en *malons* et qu'ils

(1) Voir *Histoire des établissements et du commerce français dans l'Afrique barbaresque*, p. 424 et suiv.

avaient transporté cet usage en Barbarie. L'origine de l'industrie provençale, si développée aujourd'hui, spécialement dans la banlieue de Marseille, des carreaux, tuiles, briques et de la poterie grossière, remonte très loin. L'emploi de ses produits était assez invétéré pour que les Marseillais n'eussent pas eu l'idée de transformer en parquets les bois qui entouraient le Bastion. D'autre part, il est fait souvent mention de transport de tuiles en Barbarie. L'emploi de ces deux matériaux permet de croire que les constructions du Bastion ne méritaient pas ce nom de cabanes employé dans une lettre de Henri IV au sultan, sans doute avec intention. Un peintre et un cordier étaient aussi attachés au service du Bastion.

Puis il y avait les gens de bouche : meuniers, boulangers, cuisiniers. Au mollin à sang, nom par lequel les Provençaux distinguaient les moulins mus par des animaux des moulins à vent ou à chute d'eau, servaient deux moliniers et un compagnon du mollin. A la boulangerie travaillaient le maître du four, plusieurs forniers ou compagnons de forniers, payés 6 à 10 livres par mois, et un apprenti, le forneyron, qui devait se contenter de 4 livres. Les talents des maîtres-queux n'étaient pas particulièrement appréciés, ou la compagnie ne recrutait que des praticiens de peu de valeur, car la plus haute paye qui leur est attribuée n'est que de 13 livres; d'autres, des compagnons sans doute, n'en recevaient que 8. Il est aussi question de cozinottiers, de petits aides, mousty (mousses) de cuzinier, payés 4 livres.

Enfin, les simples manœuvres, portefaix, charretiers, garçon du moulin, recevaient un salaire inférieur aux plus humbles hommes de métiers, de 3 à 6 livres par mois. L'homme préposé au service de l'eau était un peu mieux traité; il gagnait ses 8 livres *per tirar laiguo* du puits.

Le groupe des gens de métiers et manœuvres, qui coûtait de beaucoup le plus à la caisse de la compagnie, n'était pas le plus considérable parmi les habitants de la petite colonie. Les corailleurs, dont il sera question au chapitre suivant, les plus nombreux de tous, ne faisaient apparition au Bastion que quand ils ne tenaient pas la mer. C'était le service de la défense qui y retenait le plus grand nombre d'hommes. Les soldats veillaient à la sécurité du côté des pillards des tribus voisines; les frégataires devaient protéger à la fois les barques des corailleurs et le port contre les attaques de petits corsaires du voisinage. Les soldats touchaient le plus ordinairement 8 livres par mois ou deux écus d'or; les frégataires, traités à peu près également, recevaient 9 et 8 livres. En 1575, on voit la compagnie engager d'un seul coup trente-six soldats et dix-sept frégataires, trente et quatorze en 1583. Les deux troupes devaient compter plus d'une soixantaine d'hommes. Celle des soldats, commandée par un chef nommé caporal, avait ses fifres pour les conduire à la manœuvre et à la parade. Le caporal recevait un salaire double de celui des soldats. Le nommé Orsetto de Bertagne, qui fut soldat puis caporal de 1565 à 1570, fut payé successivement 2 et 4 écus d'or par mois.

La petite garnison, armée d'arquebuses et d'arbalètes, suffit toujours à écarter les pillards et les agressions locales, mais la place n'était nullement armée pour résister à une attaque sérieuse d'une troupe de quelque importance; ses canons ne tirèrent jamais contre les milices turques envoyées de Bône ou d'Alger. De même, la frégate n'était qu'un bâtiment modeste, comme l'indique le petit nombre des frégataires, que le moindre des raïs algériens aurait tenu à discrétion. En 1577, la compagnie déclare armer sa frégate « pour défendre la Calle des Génois et l'échelle de Bône de caïd Ossaïn Catalano ». Mais il ne s'agissait que d'écarter de La Calle les barques des Génois de Tabarca. Quant au renégat catalan, hostile aux Provençaux, il ne disposait à Bône d'aucun bâtiment corsaire de quelque importance. Le patron de la frégate recevait 7 écus par mois vers 1570. Tandis qu'il avait la charge de la police des côtes des Concessions, de petits bâtiments, londres, brigantins, mentionnés dans les registres, servaient sans doute de courriers entre les divers établissements.

Au total, la population fixe de la colonie du XVIe siècle devait atteindre, sans les corailleurs et sans les employés maures, au moins une centaine d'hommes, environ la moitié de celle de

La Calle au XVIIIe siècle. La monotonie d'une vie de réclusion sur ce coin perdu d'Afrique et presque toujours entre les murs d'une mauvaise bicoque de crainte d'une alerte, les maladies rendues fréquentes par le climat et surtout par le voisinage de marais malsains, la mortalité très grande, remplissaient de compassion les voyageurs qui visitaient La Calle au XVIIIe siècle. Déjà au XVIe siècle, les habitants se dégoûtaient vite de ce séjour ennuyeux et dangereux. Si quelques employés y séjournaient des années, les registres attestent que le personnel était fréquemment renouvelé. La compagnie prenait souvent la précaution de faire avec eux un contrat d'un an. Rapidement, la mauvaise réputation du Bastion s'était répandue et le recrutement des gens de métier ou soldats n'allait pas sans difficultés. Les maîtres de hache venaient plus souvent des petits ports de la côte, Cassis, La Ciotat, Saint-Tropez, que de Marseille. Quant aux manœuvres ou soldats, il fallait solliciter les miséreux de tous les coins de la Provence et jusque du Dauphiné. On en voit de Montélimar, d'Embrun, de Grenoble.

Tous les gens de solde étaient nourris aux frais de la compagnie mais celle-ci les laissait se vêtir à leur guise et à leurs frais. Elle leur fournissait elle-même les draps du Languedoc au prix élevé, pour l'époque, de 10 sols le pan, c'est-à-dire de plus de quarante sous le mètre,et tout ce qui leur était nécessaire en déduisant ces fournitures sur leurs salaires.

En dehors des officiers et des gens de solde vivaient les barbiers, en même temps chirurgiens et apothicaires de la colonie et le capellan ou aumônier. Le chirurgien-barbier recevait de la compagnie 4 écus par mois; en outre, chaque homme lui devait deux sols par mois et la retenue en était faite d'office sur son salaire. Il semble qu'il y eut la plupart du temps deux barbiers aidés d'apprentis les barbeirots; ils se partageaient sans doute la clientèle et aussi les deux sols mensuels. Messire Pierre Dalmas ou Daumas, prêtre de Cannes, qui conserva, de longues années, les fonctions d'aumônier, n'était pourtant pas aussi bien traité que le chirurgien-barbier; un sol, seulement, était prélevé chaque mois sur les salaires de chaque homme, pour sa subsistance, et il n'est pas question de salaires payés par la compagnie.

En dehors des portefaix ou hommes de peine que celle-ci faisait venir de France en petit nombre, elle trouvait avantage à recruter sur place des Maures du pays qui se contentaient d'un léger salaire. C'étaient eux, notamment, qui accomplissaient les corvées du dehors, réputées dangereuses, telles que la coupe et le transport du bois, la garde des troupeaux. En cas de peste, ils consentaient, à des prix encore très bas, à manipuler les marchandises suspectes. Deux écus par mois leur suffisaient. Enfin, on les employait fréquemment comme courriers pour porter des messages aux autres établissements, à Bône, à La Calle, au cap de Rose, ou auprès des chefs des tribus de la Mazoule. Le prix de 16 deniers était courant pour un de ces voyages ; parfois les courriers en acceptaient douze. Des voyages de Tunis étaient payés 4 écus ; pour trois écus seulement le gouverneur de l'emprèse pouvait cependant faire porter un message à Bizerte.

Nous sommes beaucoup moins renseignés sur les deux autres établissements du cap de Rose et de La Calle. Bien qu'on leur donnât aussi le nom de Bastions, leurs moyens de défense étaient à peu près nuls. Le personnel était très peu nombreux et les constructions consistaient surtout en magasins. Ceux de la Calle étaient particulièrement importants pour les blés. Le Corse Battista d'Antonio, qui commanda de 1568 à 1573, prend le titre pompeux de capitaine du Bastion du cap Rose, et son compatriote Jacomo de Godiano, qui servit longtemps à la Calle, reçoit aussi ce titre. Mais on emploie de préférence pour ces officiers le titre plus modeste de caporal ou corporal, qui correspondait mieux à l'effectif plutôt réduit de leur garnison. Battista d'Antonio ne recevait que 4 écus par mois, comme le caporal du Bastion, guère plus qu'un simple maître de hache. Comme les tribus voisines de La Calle, particulièrement celle des Nadis, étaient connues par leur turbulence, la petite garnison de La Calle était loin de vivre en sécurité ; il fallait parfois recourir à la protection des milices turques pour mettre à la raison ces incommodes voisins. C'est ainsi qu'en 1598 le comptable enregistre la dépense suivante : « 200 écus promis au caïd de Bône pour avoir son camp pour aller contre ceux de Net (les Nadis) qui ont tué les soldats de la Calle. »

A Bône, la vieille cité commerçante, et sous la protection d'une importante milice turque, les Marseillais n'avaient pas eu à prendre de précautions de défenses. Mais « la maison de Bonne », malgré sa désignation modeste, était l'établissement le plus important de la compagnie après le Bastion. Les opérations commerciales y étaient chaque année fort actives, et l'écrivain qui les dirigeait recevait un salaire élevé. La place d'écrivain de Bône était particulièrement appréciée et on y restait. Visconte Lenche ne la quitta que pour commander au Bastion ; son sous-écrivain, le Corse Monnet de Libertat, servit huit ans et demi, à 16 livres seulement le mois. Victorio Marchione, un insulaire encore, qui les remplaça, y demeura plus de quinze ans à 100 écus par an. Enfin, Raimond Gallueil, son successeur, touchait 200 écus de salaire en 1598. Cette progression est d'autant plus remarquable que les salaires des gens de solde restèrent à peu près identiques à travers les fluctuations des prix pendant toute la fin du XVIe siècle.

On trouve dans le plus grand détail, sur les registres de la compagnie, tous les frais qu'entraînaient l'entretien et le ravitaillement des établissements. Il n'était guère de bâtiments partant de Marseille pour cette destination qui ne leur portât des matériaux divers : tuiles, malons, bois, ferronnerie, etc., des munitions, poudre à canon et poudre d'arquebuse, et surtout des vins, huiles et victuailles de toutes sortes. Tout ce qui servait à la nourriture venait, en effet, de France, sauf le pain, la viande et les fèves.

A lire le détail de tout ce qui était expédié, il paraît bien que la compagnie ne traitait pas trop mal son personnel et s'efforçait de lui adoucir les ennuis d'un séjour dépourvu par ailleurs d'agréments. On a vu que les associés étaient appelés fréquemment à fournir en nature les vins de leurs propriétés et les huiles (1) nécessaires à toute cuisine provençale. Les vins du

(1) Quelquefois la compagnie achetait des huiles du pays pour la « provision de l'emprèse ». Le caïd Ramadan, de Bône, en vend en 1578 et sa femme Asnisia en fournit en 1591 (EII, 956, fol. 200). Ce dernier compte, au nom de la femme d'un caïd, est particulièrement curieux. Mais il faut remarquer que ce Ramadan était un renégat de Nice.

terroir de Marseille et des environs n'étaient pas les seuls consommés au Bastion ; on en faisait venir d'Espagne, de Valence. En 1592, pour ne citer qu'un exemple, 1009 écus d'or sont employés d'un seul coup en Catalogne en achat de vins transportés directement à Massacarès. Quant aux huiles, la consommation s'éleva, pour l'année 1586, à 128 écus, à 159 écus pour 1591.

La dépense la plus considérable, après ces deux principales, était celle des poissons salés. Leur consommation était rendue nécessaire par la rigueur de l'observance des lois de l'Église qui imposait alors l'usage des aliments maigres de nombreux jours de l'année. C'était par centaines qu'étaient expédiés chaque année les barils d'anchois et surtout de sardines de Provence ou d'Espagne, de morue ou de thon. Les pommes, les châtaignes, les noix, les figues et les olives fournissaient à l'ordinaire journalier un abondant contingent de fruits complété par les dattes venues des oasis sahariennes. Les confitures, en moindre quantité, étaient réservées sans doute à la table des officiers. Peut-être avaient-elles des vertus spéciales comme ces cent boites de dragées et ces vingt-cinq de cotignato restregnativo et lassativo que le même apothicaire fournissait un jour à la compagnie. Le Bastion recevait aussi du sucre et diverses épices. Enfin les fromages d'Auvergne, de Majorque, ceux des chèvres de Sardaigne surtout, faciles à conserver et très appréciés des méridionaux, figuraient journellement sur les menus, si l'on en juge par les énormes quantités consommées. Du 17 juin 1582 au 23 janvier 1591, la gent de solde du Bastion n'absorba pas moins de 43.622 livres un quart de fromage sarde et majorquin, environ 14 livres en moyenne par jour.

Quant au pain et à la viande, le blé et le bétail étant achetés à fort bon marché, la consommation, laissée sans doute à discrétion, était relativement bien plus considérable. Certain compte nous apprend qu'en neuf ans et quatre mois 4.683 caffis de blé, c'est-à-dire près de 20.000 quintaux, furent convertis en pain et mangés à Massacarès. C'était environ 580 kilogrammes de blé, qui pouvaient donner à peu près autant de pain à manger par jour. Or, avec les corailleurs et les serviteurs indigènes, les hommes à nourrir ne devaient pas dépasser 250. Il faut admettre qu'une partie fut consommée par les équipages des bâtiments de la compagnie qui séjournèrent au Bastion. Les fèves achetées sur place étaient aussi, à raison de leur bas prix, le légume le plus abondamment servi. Dans le même espace de temps, plus de 246 caffis, c'est-à-dire plus de 1.000 quintaux, avaient été dépensés, soit une moyenne de plus de 30 kilogrammes par jour.

Si l'on ajoute que, entre les mêmes dates, les gens du Bastion avaient mangé 920 moutons et 5.512 bœufs, plus d'un et demi par jour et qu'en d'autres années le nombre des animaux abattus pour eux paraît avoir été plus considérable, on aura sans doute l'impression que les miséreux engagés par la compagnie trouvaient en Barbarie une nourriture que leur auraient enviée les paysans les plus aisés du royaume. C'était uniquement pour la consommation de la place que la compagnie faisait garder aux alentours un important troupeau qui dépassait parfois 1.000 têtes, sur lequel les lions et les maraudeurs prélevaient leur tribut, renouvelé par d'incessants achats.

Le dépouillement de ce que les registres appellent les dépenses menues montre, en outre, avec quel soin la compagnie ravitaillait les établissements en tout ce qui était nécessaire à leur bon entretien et à la vie des habitants. Les Provençaux du Bastion étaient mieux approvisionnés en tout que leurs voisins les Génois de Tarbarca si l'on en juge par ce fait que ceux-ci avaient recours à eux pour divers achats. En 1582 ils empruntent 10 quintaux de poix pour réparer leur frégate ; d'autres fois du biscuit. On voit même le gouverneur génois, le seigneur Spinola, faire acquisition, tantôt d'une pièce de drap du Languedoc, tantôt d'une horloge marseillaise qu'il paie 8 écus.

On ne sait pas au juste quelles furent les relations des établissements marseillais avec les indigènes et surtout avec les Puissances d'Alger dans la première période de leur existence. D'après un mémoire très postérieur, inséré dans l'Encyclopédie méthodique de la fin du XVIIIe siècle, les Algériens auraient assailli les pêcheurs du Bastion et se seraient emparés de la place dès 1568. Mais il ne reste aucune trace de cette prétendue catastrophe dans les livres de la compagnie. A cette date le Bastion venait à peine d'être construit avec l'agrément des Algériens. D'après un manuscrit de la Bibliothèque nationale, un récent historien (1) a parlé d'une attaque des Arabes en 1578, mais il n'est pas sûr que le passage visé concerne réellement le Bastion.

En l'absence de preuves contraires, il est permis de penser que les relations, au moins avec le Divan d'Alger, furent bonnes autant qu'elles pouvaient l'être avec un pareil gouvernement, bien meilleures certainement qu'au XVIIe siècle. D'abord, le gouvernement de l'Odjack était moins tumultueux et moins désordonné au XVIe siècle; la taïffe des raïs, moins puissante, ne le poussait pas sans cesse à des mesures de violence et à la violation des traités. L'alliance franco-algérienne, cordiale avec François Ier et Henri II, vite dégénérée ensuite en défiance réciproque, n'en exerça pas moins son influence heureuse jusques au temps de Henri IV. Enfin, le Divan et les principaux chefs de la Régence n'avaient pas à se repentir du privilège accordé à la compagnie du Corse Lenche; ils appréciaient le tribut annuel payé au trésor, les bénéfices du commerce qu'ils faisaient eux-mêmes avec la compagnie, les cadeaux nombreux qu'ils en recevaient.

Le tribut, désigné sous le nom arabe de lisme (lezma), resta fixé invariablement à 1500 écus d'or pour l'année telle que la comptaient les Turcs, c'est-à-dire pour douze mois lunaires. C'était un surcroît de charge de 125 écus par an. Les paiements étaient faits à Bône au nom du roi d'Alger, à des dates très irrégulières, tantôt pour quelques mois, tantôt pour plus de deux années à la fois, comme le montre la comptabilité tenue par l'écrivain de Bône, Victorio Marchione, de 1575 à 1585. Ce tribut était bien inférieur à celui de 16.000 livres que Sanson Napollon dut consentir en 1628.

Les bénéfices commerciaux retirés personnellement par le

(1) P. HEINRICH. *L'alliance franco-algérienne*. D'après le mss. fr. 7101.

pacha d'Alger et les principaux chefs de son entourage, par le caïd de Bône et les différents cheiks du voisinage du Bastion, étaient pour eux une source de bénéfices plus importants. C'était, en effet, avec les chefs beaucoup plus qu'avec de simples particuliers que la compagnie faisait ses opérations commerciales. C'est à eux surtout qu'elle achetait les grains de toutes sortes dont l'exportation était théoriquement interdite ; c'est souvent à eux qu'elle achetait encore les marchandises permises comme les cuirs. Toute sa comptabilité est là pour le prouver (1). Or, il était d'usage que la compagnie accompagnât les opérations de quelque cadeaux ; si elle vendait par exemple 183 cannes de draps de Marseille elle en donnait sept en présent. Ces bénéfices étaient parfois accrus par la violence. Cadder pacha vend du blé au Bastion à 7 écus le caffi ; il exige ensuite qu'on le lui paye 12 écus. C'était là heureusement des bénéfices que le roi d'Alger se réservait pour lui seul, principal client de la compagnie. Il faut ajouter qu'on trouve très rarement trace dans les livres de celles-ci d'extorsions de ce genre connues sous le nom d'avanies.

Il était plus sage de les éviter par des cadeaux volontaires et, en effet, les bonnes grâces des chefs, à tous les degrés, étaient achetées par des dons fréquents en argent ou en marchandises.

Lorsque la compagnie fut mise en péril par les prétentions de la société concurrente de J.-B. de Nicolle, elle n'épargna pas l'argent pour se maintenir : 1.039 écus sont donnés d'un coup à Assan pacha, 164 et 117 écus à deux caïds de son entourage. En dehors de toute circonstance exceptionnelle, 271 écus sont distribués au Bastion en 1592, 211 en 1593, 83 en 1594.

Les livres de comptes de la compagnie renferment de nombreuses listes de cadeaux en marchandises dont le relevé serait curieux pour montrer à la fois quels étaient les goûts des Algériens et quels produits nos industries d'alors pouvaient offrir pour les satisfaire. En voici une qui figure à l'année 1591, telle qu'elle est inscrite avec son pittoresque mélange :

(1) Voir spécialement le registre EII, 956, particulièrement intéressant par les nombreux comptes de chefs indigènes qu'il renferme. Cf. EII, 949. Comptes d'Ali Pichinin, caïd de Bône, avec la compagnie, de 1576 à 1588.

Lit à l'impériale (1) donné à Sidi Abd el Kader, garni de taffetas, 51 écus 8 sols 6 deniers.

Trente livres de fil d'or données à Aly Pichinin, 644 écus.

Dix fromages plezentins (parmesan?) départis en présents à plusieurs.

Quatre cadières (chaises) garnies de velours et deux étuis garnis de velours présentés à Manat Bassa, à l'aga des janissaires et à d'autres.

Un caban d'écarlate polus doublé de peluche noire présenté à Caïd Mamet ben (Fierat?) et à la mère d'icelui deux caisses de noyer, une paire de peignes à lin et cinquante paires de lunettes.

Une chaudière de cuivre russy et une autre.

Une chaudière à Ali Pichinin.

Six chaises garnies de velours et franges d'or venues de Naples, le prix desquelles est inclus en la somme de 361 écus 8 sols.

Douze écritoires.

Le tout représentait une dépense pour le moins supérieure à 6.000 livres. Il est extraordinaire qu'on n'y relève ni horloges ni chaînes et anneaux d'or, présents très fréquents, sans doute particulièrement appréciés, puisque la compagnie en vendait aussi en Barbarie, parce qu'ils représentaient une valeur souvent importante. Nicolas Féau, fournisseur ordinaire de la compagnie, lui vend une horloge à sonnerie de 248 livres pour le roi d'Alger, une autre de 150 livres et trois autres valant en tout 194 livres pour un certain caïd. Une autre fois la fourniture de maître Féau s'élève à 1.080 livres, savoir : 600 livres pour une grande horloge faite à fanal et 312 livres pour trois autres horloges faites d'autre sorte avec la campana (sonnerie) pour toucher l'heure, et 144 livres pour quatre montres, deux sans la sonnerie et deux avec elle et 24 livres pour une montre donnée à Agi Morat. En 1570 la compagnie se surpasse. La

(1) Pour la garniture d'un lit à l'impériale fourni à Ali Pichinin, caïd de Bône, 125 palmes de taffetas cramesin et 38 de soie de couleur coûtant 105 livres. Maître Antoine Castagnier, peintre chargé de vernir le lit, demande 5 livres 8 sols seulement.

grande horloge faite par Nicolas Féau pour le roi d'Alger coûte 840 livres.

En 1568 la compagnie dépense d'autre part 2.562 livres pour cinq chaînes d'or ; en 1589, deux chaines et trois anneaux d'or lui coûtent 1.141 livres sans compter une autre chaîne de 350 écus faite pour Hassan pacha, roi d'Alger. Les belles branches de corail n'étaient pas moins bien accueillies. D'autres fois la distribution consistait uniquement en étoffes. La liste suivante donne une idée des variétés offertes ou demandées :

Trente-trois cannes de draps sezains.

Dix cannes de draps arquinis.

Trois cent quarante-neuf cannes écarlates draps de Paris de plusieurs sortes.

Deux cannes draps de Saint-Pons et Cabardès.

Quatre cent quatre-vingt-six cannes de satins et damas.

Onze cannes de draps de Londres.

Quatre cannes draps contray de Valence.

Vingt-trois cannes draps de Mallorque.

Trois cannes contray du Languedoc.

Cent deux cannes velours.

Une pièce draps carizee.

Sept cannes draps de Marseille façon de Paris.

Cent quatre vingt-trois palmes de satin.

Deux pièces coffoly de Valence.

Six cent dix-neuf cannes de damas.

Ecarlate rouge pour faire douze paires di basse (de bas ? provençal) pour faire présent à Bône, à 31 livres la palme.

Un relevé d'ensemble fait en 1594 pour un certain nombre d'années précédentes dépasse la somme de 10.000 écus d'or. L'avènement des rois d'Alger était l'occasion de dépenses extraordinaires et leur changement fréquent la renouvelait trop souvent. En 1598 Hassan pacha reçut à son arrivée pour 1.174 écus de velours, satins, draps écarlates et autres marchandises. En 1595 Simon de Cipriano, agent spécial de la compagnie, dépense à Lucques 1.881 livres en étoffes de soie et en eaux de senteur et à Gènes 2.496 livres en autres étoffes et quelques fromages *plezentins* (de Plaisance, parmesan ?) pour le présent de Cadder pacha.

Dans les dernières années du XVIe siècle la compagnie sent le besoin de se concilier particulièrement la bienveillance des raïs. En 1898 elle leur fait une distribution de 840 pains blancs de 1 sol pièce.

Il est piquant de constater que ces chefs de la milice turque avec lesquels la compagnie avait sans cesse à compter n'étaient autres souvent que des renégats que leur zèle, leur habileté et leur manque de scrupules faisaient arriver aux premiers rangs. C'étaient des Espagnols, des Italiens, et tout particulièrement des Corses. A plusieurs reprises même le caïd de Bône, de qui dépendaient directement les établissements marseillais, fut un renégat corse. En 1594 c'était Ramadan bey, originaire de Nice, et cette même année trois renégats corses sont en comptes avec la compagnie. Les officiers de celle-ci, Corses pour la plupart, ne pouvaient manquer de profiter de la présence de leurs compatriotes parmi les Algériens. Par un penchant bien naturel les renégats, sauf exception, étaient assez disposés à favoriser les gens de leur pays et cet état d'esprit devait être particulièrement marqué chez les Corses, très attachés à leur petite patrie.

De temps en temps, dans des cas pressants, un des principaux officiers de la compagnie était dépêché à Alger avec un bâtiment pour négocier auprès du vice-roi et du divan. Le meilleur moyen de réussir était de venir les mains pleines. Plusieurs fois l'objet du voyage fut de contrecarrer les efforts des étrangers pour supplanter la compagnie ou pour commercer sur les côtes de sa concession dont elle prétendait garder le monopole. Visconte Lenche, pendant son commandement, dut se rendre à Alger pour faire interdire aux Génois le port de La Calle et celui de Bône ; la même démarche dut être renouvelée car les Génois de l'île de Tabarca devaient trouver bien gênant de ne pouvoir fréquenter les ports voisins de l'Algérie. En 1591, le seigneur Porrata, gouverneur de l'emprèse, fit de nouveau le voyage sur la frégate de la compagnie, donna 454 écus à Cadder pacha pour empêcher les Anglais de venir à Bône et pour faire chasser leur consul d'Alger (1). D'ailleurs, pour éviter toute surprise, la compagnie entretenait en permanence un agent qui la renseignait, la représentait auprès du divan et défendait ses intérêts (2).

De plus, à Marseille, elle ne négligeait aucune occasion de faire valoir ses services auprès des Algériens ou auprès de la Porte, quand l'occasion s'en présentait. En 1567 Morat raïs, ambassadeur du Grand Seigneur auprès de Sa Majesté très chrétienne, est l'objet de ses attentions. Thomas Lenche lui fait cadeau de trente palmes de velours violet et lui prête 1.200 livres pour son séjour en France. En 1576-77 c'est Ali Pichinin, le renégat italien, qui vient à Marseille comme ambassadeur du roi d'Alger. La compagnie lui prête 3.000 livres et règle à son départ, à charge de remboursement, pour 1.409 écus de notes diverses, parmi lesquelles voisinent des drogues, des bijoux et des mémoires de violons. D'autres fois ce sont les galiotes d'Alger ou des raïs isolés qui paraissent dans le port ; c'est encore la compagnie qui leur procure les cotonines pour leurs voiles et les agrès dont ils ont besoin. Un raïs de Bizerte se trouvant à Marseille, en 1583, elle donne 130 écus au Grand Prieur d'Angoulême, gouverneur de Provence, pour le « régaler », puis le ramène en Barbarie sur un de ses galions.

La compagnie satisfaisait les Algériens et rendait en même temps service aux familles des malheureux esclaves en Barbarie en se chargeant de les racheter et de les ramener à Marseille. On trouve dans les registres des notaires de curieux contrats où sont fixées avec soin les sommes versées à la compagnie par la famille pour l'opération et les limites de sa responsabilité au

(1) En outre, la compagnie participait largement aux frais des ambassades que la ville de Marseille envoyait à Alger pour entretenir les bonnes relations. En 1591 elle prête ainsi 100 écus aux consuls pour aider la ville à « l'expédition de M. de Vilen, mandé en ambassade en Argiers ».

(2) Cette agence fut longtemps exercée par le Marseillais Deidier, puis par un Corse de la famille Marchione. Un des registres conservés aux Archives de l'Isère (non coté) porte en tête : In Algier adi 28 ottobre 1585. Conto di denari contanti quale si dispendano qua in Algier per il servizio de la compagnia del coralo di Marsiglia per mane di me Cervone Merchione. Les comptes vont jusqu'en 1589.

cas où le malheureux esclave délivré serait repris par les corsaires pendant le voyage de retour. D'autre part, la compagnie se charge, pour le compte des Algériens, de racheter des Barbaresques sur les galères de France ou d'Italie. Un maure d'Alger, ainsi racheté en Sardaigne, coûte 120 écus payés à Nicolo Salvago, gouverneur de Tabarca, qui avait sans doute servi d'intermédiaire.

Enfin les associés ne perdaient pas de vue Constantinople et y cherchaient des appuis. Parfois leurs officiers y furent envoyés en missions spéciales, Baptiste Salvety pour lutter contre J.-B. de Nicolle, Antoine Lovico vers 1590. Plus souvent des présents, pièces de draps écarlates ou de velours, furent envoyés aux capitans pachas dont la bienveillance était particulièrement nécessaire. D'ailleurs la compagnie ne négligeait aucune occasion de s'attirer la bienveillance de ceux qui auraient pu lui nuire. Antoine Lenche va porter des cadeaux au pacha de Tripoli dont les corsaires auraient pu arrêter ses bâtiments sur la route d'Alexandrie. En 1586 le gouverneur de Majorque, dont les corsaires étaient redoutables aussi, reçoit deux jarretières de soie noire qui ont coûté 4 livres 10 sols.

Malgré toutes les précautions et malgré leurs dispositions plutôt favorables, il n'était pas possible avec les Turcs d'éviter les violences et la compagnie n'y échappa pas. La situation des établissements était particulièrement délicate quand la récolte manquait en Barbarie. On se souvenait alors que l'exportation des grains était sévèrement interdite et les Français étaient accusés d'affamer le pays. D'autres occasions de les molester naissaient facilement.

Du temps que Hassan pacha commandait à Alger en 1585, huit esclaves chrétiens s'étant enfuis sur une frégate et sauvés dans les bois, il fit investir le bastion du Cap de Rose où il prétendait qu'ils s'étaient réfugiés. Les fugitifs restant introuvables, Jean Porrata, gouverneur des établissements, fut conduit à Alger et menacé d'être mis aux fers. Il dut dépenser 1.000 écus pour accommoder l'affaire bien que l'accusation ait été reconnue fausse. Le même Hassan pacha avait été cause d'une autre avanie faite par le vice-roi de Tunis Cadder pacha. Il n'était pas rare que les Turcs missent en sûreté des objets précieux au Bastion en prévision des disgrâces qui pouvaient leur survenir. Le pacha de Tunis avait confié à la garde d'Antoine Lenche, alors qu'il était gouverneur, plusieurs Maures, ses débiteurs. Hassan les fit mettre en liberté, sans doute parce qu'ils étaient Algériens. Cadder se vengea et se paya en même temps de créances irrecouvrables en saisissant pour 638 écus de marchandises qu'Antoine Lenche possédait à Tunis ; la compagnie dut rembourser celui-ci.

Ce Cadder pacha, appelé plus tard au gouvernement d'Alger, fit subir à la compagnie la plus grosse avanie qu'elle eût sans doute supportée avant même d'avoir débarqué dans sa nouvelle capitale. C'était au mois d'août 1595. Le jeune Thomas Lenche, sieur de Moissac, était venu au Bastion, avait réussi à acheter un certain nombre de chevaux, dont la sortie était particulièrement défendue, et les avait embarqués sur une polacre. Le bâtiment fut pris par la galiote d'un corsaire algérien, Mamy raïs, qui fut lui-même rencontré et arrêté avec sa prise par la galère de Cadder en route de Constantinople vers Alger. Le pacha affecta une violente colère, manda sur sa galère Lenche et les deux principaux officiers du Bastion, Porrata et Salvety, en les menaçant de les faire pendre. Il les tint quittes moyennant 4.000 écus d'or qui lui furent comptés à Bône par Victorio Marchione. Ce fut l'occasion, entre Lenche et les associés qui prétendaient le rendre seul responsable de cette somme, d'une contestation portée devant le Parlement d'Aix. Peut-être donne-t-elle l'explication de la brouille qui survint alors entre les héritiers d'Antoine Lenche et qui amena la dissolution de la compagnie (1).

Ces discordes intestines avaient éclaté précisément au moment où l'union de tous les membres de la compagnie aurait été plus nécessaire que jamais. L'alliance franco-algérienne n'existait

(1) Voir ci-dessus, chapitre premier. Le 22 janvier 1592 la compagnie voulant sauver un chef qui lui est favorable, Ali bey, et auquel le pacha menaçait de faire trancher la tête, distribue 200 écus aux janissaires.

plus, en effet, que de nom et les dix dernières années du XVIe siècle sont remplies des plaintes des Provençaux contre les violations des traités par les corsaires d'Alger.

Donc les Lenche ne jouirent pas longtemps de la capitainerie du Bastion qui leur avait été assurée définitivement par les lettres-patentes du 26 novembre 1602. Cependant le gouvernement royal avait dès lors son attention portée sur les Concessions d'Afrique. En 1604 Savary de Brèves faisait insérer pour la première fois dans les *Capitulations*, qu'il renouvelait, un article relatif à la pêche du corail. Il n'y était pas question expressément du Bastion mais de la confirmation des privilèges accordés à la compagnie marseillaise par une série de commandements où les noms des bastions de Massacarès, la Calle et Bonne, étaient écrits. Or, par une singulière ironie du sort, au moment même où le Sultan affirmait solennellement sa protection, le Bastion était détruit, en juin 1604, par la milice de Bône sur l'ordre du divan d'Alger.

Les souffrances d'une famine extrême avaient, paraît-il, soulevé la colère de la population contre une compagnie accusée d'affamer le pays par ses exportations. D'autre part, après la dissolution de la compagnie, Lenche n'avait pas continué régulièrement le paiement des lismes accoutumées et c'est pour cela, sans doute, que des mémoires postérieurs l'accusèrent de « mauvais ménage » et d'avarice. Quoiqu'il en soit la catastrophe fut considérée comme un accident passager. Il ne fut pas un seul instant question d'abandonner les établissements ; au contraire, Lenche et le gouvernement s'occupèrent activement de les rétablir (1). De Brèves, chargé d'exiger de la Porte des réparations pour l'insulte faite et le dommage causé, obtint tout ce qu'il voulut: le pacha d'Alger fut destitué et étranglé. Lui-même vint apporter à

(1) Thomas Lenche ayant pu sauver les bateaux de pêche, dut recourir à la protection du roi pour échapper à la saisie obtenue sans doute à Marseille par ses anciens associés. V. archiv. du Parlement d'Aix B. 3312, fol. 135 verso) : Lettres-patentes accordant à Thomas de Lenche... mainlevée des bateaux et attirails servant à la pêche du corail qu'il a sauvés de la démolition du Bastion de France par les janissaires d'Alger (Paris, 30 juillet 1604. Les lettres suspendent pendant six mois toutes procédures à son encontre).

Alger en 1605 des commandements formels du Grand Seigneur. Il est vrai que les Algériens lui refusèrent le rétablissement du Bastion, mais, peu après, Lenche lui-même eut plus de succès. Les Puissances n'avaient pas voulu obéir aux ordres venus de Constantinople ni paraître céder à la contrainte de l'ambassadeur français, mais il regrettait la disparition d'établissements qui leur « apportaient beaucoup d'utilité ». Le sieur de Moissac « se transporta sur les lieux au péril de sa vie, disait un arrêt du conseil de 1609, pour faire le rétablissement dudit Bastion et continuation du négoce. » Il fut bien accueilli et obtint même en 1607 du divan d'Alger une lettre adressée à la milice et garnison de Bône destinée à assurer sa sécurité. Il « a été trouvée bon, d'un commun consentement, disait la lettre, que ledit Thomas, ensemble six de ses compagnons, iraient demeurer à Bône et autres de leurs chrétiens avec leurs bateaux iraient pêcher du corail et, où ce que leur prendrait nuict, là demeureraient (1) et pour leurs aliments de vivres les prendront dudit Bône, pouvant venir ici aller et tourner asseurement en France sans leur être fait aucun trouble ni à leurs personnes ni bateaux, ni en toutes autres choses leur appartenant. »

Lenche songea-t-il alors à former une nouvelle compagnie à Marseille ou fut-il rebuté par l'hostilité de ses anciens associés ? Au même moment la renommée des établissements de Barbarie et des gros bénéfices qu'y avaient réalisés les Marseillais dans la pêche du corail et le commerce suscitait des convoitises et des initiatives parmi les négociants des autres villes. Laurent et Claude Sénès, bourgeois de Lyon, obtinrent du roi, le 24 août 1608, la permission de réédifier le Bastion à la réserve des droits des Lenche. Ils constituèrent alors une compagnie dans laquelle entrèrent « Jean Doria, gentilhomme servant de la feue reine douairière, demeurant à Paris, rue Saint-Boin, noble homme Etienne Audouin de Montherbu secrétaire de la Chambre du roi, noble homme maître Isaac Martin, sieur de Maunoir, François Coustignon, secrétaire de la Chambre du roi, noble Nicolas Bionneau du présent à Paris » et maître Jean Perrot.

(1) Là où la nuit les surprendrait ils pourraient rester.

Il serait intéressant de pouvoir expliquer la formation de cette nouvelle compagnie, par quel concours de circonstances, de relations de famille ou d'affaires, les divers membres s'y trouvèrent réunis. La chose est tout au moins facile pour le principal associé Jean Doria. Il était petit-fils de François Doria venu de Gênes en France à la fin du xve siècle et établi à Avignon, petit-neveu de Lazare, frère de François, fondateur de la branche marseillaise de cette illustre famille. Son père, Sixte, avait quitté Avignon pour Carpentras où Jean était né en 1537. Attiré de bonne heure à Paris, il était devenu gentilhomme servant de la reine Louise de Lorraine, femme de Henri III, et avait acquis de l'influence à la cour. Ses relations avec ses cousins de Marseille, très liés avec les principaux membres de la compagnie du corail, particulièrement avec les Riqueti et les de Cabre (1), rendent toute naturelle son initiative.

La nouvelle compagnie entra en négociations avec les Lenche et signa avec M. de Moissac un contrat passé par devant Me Jean Roux, notaire royal à Bordeaux, le 22 novembre 1608, et ratifié à Paris devant les notaires du Châtelet le 21 juillet 1609.

On ne s'explique pas très bien pourquoi pareil contrat avait été conclu à Bordeaux. On ne voit pas non plus quel but poursuivait Antoine Lenche quand il chargeait sur la barque du patron Rebolat, dans le cours de l'année 1608, « l'artillerie, meubles et autre attirail de l'entreprise. » Il ne s'attendait sans doute pas à la saisie pratiquée à leur arrivée à Marseille, à la requête de Cosme Deidier, un des participants exclus de la compagnie en 1591 et resté depuis en procès avec elle. Moyennes et verses de bronze furent vendues à l'encan. Trois moyennes pesant 3713 livres, à 31 livres le quintal, donnèrent 1156 livres 12 sols; trois verses pesant 528 livres, à 30 livres le quintal, furent payées 179 livres 9 sols.

Ainsi, les associés de l'ancienne compagnie ne trouvaient rien de mieux que de se disputer en 1688 ce qui restait du Bastion après le pillage de 1604.

(1) Voir le chapitre I, p 28; sur Jean Doria, voir Labande, *Les Doria de France* (Paris, Picard. 1899), p. 179-184 et passim.

Cependant, le rétablissement de la petite forteresse semblait assuré par l'accord de la compagnie Sénès et des Lenche. Toutes contestations furent définitivement réglées par l'arrêt du conseil et les lettres patentes du 29 octobre 1609. Il était stipulé que, malgré l'abandon du Bastion par le sieur de Moissac qui avait été contraint de céder à la force, les droits qui lui étaient dus en tant que capitaine lui seraient payés par tous ceux à qui le roi avait accordé permission depuis 1604 d'aller faire du négoce « au dit lieu de Massacarès et autres dépendances » et spécialement par Claude Sénès et ses associés.

D'autre part, le roi, tout en maintenant les droits des Lenche, accordait à la nouvelle compagnie toute sa protection. Par lettres patentes de 1609, il lui avait donné formellement pouvoir d'aller réédifier le Bastion « en la même place où il était. » Il écrivait à ce sujet au sultan une longue lettre, le 15 septembre 1609. Après lui avoir rappelé combien le négoce avait été profitable aux sujets de la Porte du temps des Lenche, il l'avertissait de son dessein « de faire rétablir la pêche du corail et négoce de toutes autres sortes de marchandises au Bastion de France, La Calle, Cap de Roze, Bonne et autres lieux ». Il lui demandait, en conséquence, de renouveler à Laurent et Claude Sénès et leurs associés les privilèges accordés au sieur de Moissac, avec pleins pouvoirs de faire reconstruire le Bastion « en la même forme qu'il était » et d'élever « des remparts de terre, cabanes, magasins, fours et moulins esdits lieux pour loger et conserver les coraillers, matelots et autres. » La nouvelle compagnie reçut, en effet, les commandements qu'elle sollicitait.

Les voies étaient donc bien préparées; il ne restait plus qu'à agir en Barbarie. En 1610, Claude Sénès et le sieur de la Piotide, écuyer de la grande écurie, se rendirent à Alger, y furent bien accueillis et revinrent à la cour rendre compte de la négociation. On semblait toucher enfin au succès final. Des lettres patentes du 30 décembre 1610 accordaient aux associés, avec tout le luxe de précision nécessaire pour éviter toute contestation, la permission traditionnelle de sortir du royaume par le port de Marseille « toutes les provisions et munitions nécessaires, gardes, mariniers, soldats, coraillers et pareillement de se fournir d'arbres, antennes, antenolles pour les bateaux, tables et ais de toutes sortes de bois pour bâtir et réédifier ledit Bastion comme pour leurs maisons, cabanes, habitations, magasins et moulins, construction des bateaux avec les courbeaux et timons, clavezons de toute sorte et telle quantité de poix, étoupes et suifs qu'il sera requis, cotonines pour faire voiles et toutes fil et sartie de toute sorte tant pour corailler que pour les fourniments et équipages de leurs barques, vaisseaux et bateaux, ensemble plomb pour les engins à corailler et tous les atraits et équipages, munitions et provisions qu'il conviendrait... » Le 11 juillet 1611, passeport était accordé au sieur de la Piotide, choisi par les associés pour commander au Bastion, qui se disposait à partir (1).

Malheureusement les relations avec Alger, précaires déjà depuis longtemps, plus mauvaises depuis 1604, s'étaient tout à fait gâtées en 1609 depuis la fâcheuse affaire des canons de Simon Dansa. On était tout à fait en guerre, le rétablissement de la paix devait se faire attendre près de vingt ans et, avec lui, le relèvement du Bastion.

(1) Voir tous ces documents dans Reg. des Insinuations de l'Amirauté. fol. 262-266, 282-285. 323-327.

CHAPITRE V

LA PÊCHE DU CORAIL ET LE COMMERCE DES ÉPICES

La pêche du corail avait été le prétexte de la concession sollicitée auprès des Algériens et de la Porte par Thomas Lenche et ses associés. Pourtant, au XVIIe et au XVIIIe siècle, elle ne devait pas être toujours la préoccupation principale des compagnies qui se succédèrent en Algérie. Elles cherchèrent, en effet, à donner une extension de plus en plus grande au commerce des produits du sol africain, interdit en principe, toléré dès le début, officiellement permis après plus d'un siècle et demi d'efforts. Mais, au XVIe siècle, c'est bien la pêche qui est au premier plan des opérations des occupants du Bastion. Leur association méritait bien le nom de compagnie de la pêche du corail. Au XVIIe siècle c'est justement aussi qu'elle adopta le nom plus vague de compagnie du Bastion.

Donc jamais le nombre des bateaux employés à la pêche ne fut aussi grand ni aussi constant. En 1576 et 1577 on trouve 52 et 54 patrons corailleurs au service de la compagnie, 46 en 1571, 43 en 1589. Leur nombre semble avoir oscillé surtout entre 35 et 45 ; il n'a dû jamais tomber au-dessous de 30. Ce dernier chiffre devint au contraire exceptionnel plus tard. Un mémoire du temps mentionne 21 bateaux employés au temps de Sanson Napollon. Au milieu du XVIIIe siècle, pendant les douze premières années de la compagnie royale d'Afrique, période pendant laquelle la pêche semble avoir particulièrement langui, elle occupa toujours moins de 20 bateaux, 14 seulement en 1753. Après 1755 la compagnie royale lui donna une nouvelle impulsion; elle eut souvent à son service plus de 30 patrons, 38 en 1780, mais elle s'efforça, sans succès, de dépasser ce chiffre et d'atteindre ceux du XVIe siècle. Les bateaux corailleurs, tous du même type, étaient montés par sept hommes. C'est donc 200 à 350 pêcheurs environ qui travaillèrent en personne au service de la compagnie du corail.

L'entretien de la petite flottille donnait suffisamment de travail aux maîtres de hache, calfats et autres artisans de la maistrance du Bastion. Il est sans cesse question des fournitures de toutes sortes que les bâtiments de la compagnie portent pour les réparations : clous, clavaisons (chiavagione), étoupes, poix, rames, antennes, etc. Giachet Napollon et ses héritiers, qui tenaient magasin sur la rive du port, furent les fournisseurs attitrés de ces articles.

Quant aux engins spéciaux de la pêche, on ne les trouvait pas à Marseille. Savone les fournissait ainsi que les fils pour les réparer, les cordages (sartie) pour les traîner, et même le plus souvent les cotonines pour faire les voiles. En 1583, on voit la compagnie faire l'achat de cinq balles de coton filé d'Alep pour les envoyer à Savone (1) où elle les vend 657 livres. Elle fournissait sans doute la matière première pour des filets ou des voiles que les fabriques italiennes devaient lui procurer. C'est que la pêche était activement pratiquée sur les rives du golfe de Gênes; celle du corail, en particulier, y était plus ancienne qu'en Provence. Le roi René n'était-il pas réduit à acheter les belles branches de corail, que ses sujets ne lui fournissaient pas en assez grande quantité, à Barcelone ou à des galéasses vénitiennes de passage à Marseille.

La nécessité de s'approvisionner à Savone avait déterminé tout un courant régulier et intéressant d'échanges. Les noms de Jean et Stéphane Pollero, négociants de cette ville, reviennent

(1) Dépenses faites pour cinq balles de coton filé d'Alep pour envoyer à Savone : pour port de magasin, 6 sols 6 d.; pour lou pezadour de la ville, 2 sols 9 d.; pour la petite gabelle de la ville à 8 sols par balle, 40 sols; pour la gabelle du roi, 40 sols; pour dix cannes de toile scapollony (toile d'emballage), 1 écu 40 sols; pour six livres de corde à 2 sols 6 d. la livre, 15 sols; pour fil de pollomar (?), 3 sols; pour emballage, 16 sols; pour scufary (?), 1 écu 8 sols; pour la provision à 2 o/o, 4 écus 32 sols. Total des frais, 9 écus 23 sols 3 d.

sans cesse sur les registres des compagnies. En 1591, au moment de sa dissolution, celle de 24 carats leur redoit 8.445 écus d'or. C'est que les achats faits à Savone étaient très variés; outre le fil à corailler et les sarties, la compagnie trouvait meilleur compte à faire venir d'Italie des agrès que pouvait lui vendre Napollon, son fournisseur de Marseille, tels que rames, esquiroles, etc., ou d'autres approvisionnements tels que poix de Calabre, poudre, même des chaudières, chaudrons, ballons de fer.

Le grand avantage c'est que la compagnie n'avait pas à débourser d'argent. Les Pollero lui prenaient, souvent au delà de leurs créances, de grandes quantités de marchandises exportées d'Afrique, cuirs, blés, fèves, en même temps que des épices. Souvent de gros bâtiments de la compagnie apportaient directement des chargements entiers de Massacarès à Savone et le fret était le même que pour Marseille. Chaque année, de petits bâtiments faisaient le va et vient entre le port ligure et le port provençal. Les fils et sarties payaient de nolis, par exemple, 4 sols par quintal de Savone (environ 110 liv. de Marseille?). Mais le transport était, en outre, grevé par le paiement du fameux droit de Villefranche, péage maritime exigé par le duc de Savoie de tous les bâtiments qui passaient en vue des côtes du comté de Nice. Le prince de Monaco, avec qui les Marseillais devaient avoir tant de démêlés au XVIIe siècle au sujet d'un droit analogue, ne manifestait sans doute pas encore ses prétentions car on ne trouve aucune mention de paiement de droit de Monaco au XVIe siècle (1). Celui de Villefranche coûtait presque aussi cher que le fret lui-même. Ainsi, 10.350 livres de fils et sarties paient 20 liv. 14 sols de nolis de Savone à Marseille et 18 liv. 10 sols de droit de Villefranche.

Le plus grand obstacle au développement de la pêche au XVIIIe siècle c'était la difficulté de recruter des corailleurs. Peu à peu les marins provençaux avaient été rebutés par un labeur pénible, par les dangers d'une côte inhospitalière, par les attaques des corsaires et les risques de l'esclavage, peut-être aussi

(1) Au sujet des deux droits, voir mon *Histoire du commerce du Levant*.

par les difficultés plus grandes de la pêche et la diminution des profits, car on se plaignait dès lors vivement de la dévastation des fonds corallifères. Aussi, les compagnies d'Afrique en étaient-elles réduites à former les équipages de leurs bateaux de terriens qui devaient faire l'apprentissage de la mer en même temps que celui de la pêche.

Au xvie siècle, les ports provençaux qui la pratiquaient traditionnellement depuis des siècles fournissaient des patrons expérimentés. Les plus nombreux venaient de Cannes, de Saint-Tropez, de La Ciotat, c'est-à-dire des ports voisins des parages où la pêche provençale avait toujours été la plus active et la plus fructueuse. Il en venait aussi de Cassis, d'Antibes, de Bormes, d'Hyères, de Cagnes, de Roquebrune. On en voyait qui restaient longtemps au service de la compagnie ; le patron cannois Monnet de la Ribbe qui commandait un bateau en 1583, était encore en Barbarie en 1592 (1).

Chaque année, suivant les besoins, la compagnie envoyait des recruteurs dans les ports de la côte. L'un d'eux touche 1 écu 18 sols en 1583 pour un voyage de Saint-Tropez ; le même prix est payé pour un voyage de Cannes. Les ports provençaux ne satisfaisaient cependant pas toujours aux besoins et les recruteurs poussaient parfois une pointe jusques sur les côtes de la rivière du Ponent, dans le golfe de Gênes. Il est question plusieurs fois des patrons d'Alassio. En 1583, Jean-Paul Gautier de Saint-Tropez est chargé par Antoine Lenche d'aller faire une tournée sur cette côte et dépense 1708 écus d'or. Il en donne plus de 1350 à vingt-un patrons d'Oneglia qui signent un contrat d'engagement, le reste à deux patrons d'Alassio, à un autre de Diano. On lui compte 35 écus d'or 34 sols « en raison du voyage en rivière de Gênes, tant aller que venir, loaage de chevaux, nolis de tartanes et frégates et dépense de bonne main » et 25 écus d'or 49 sols « pour sa peine et travail qu'il a fait audit voyage. » Ce compte est significatif : le recrutement n'était pas toujours des plus aisés.

Les conditions des accords, à peu près immuables, conclus

(1) Voir à l'appendice une liste de patrons corailleurs.

entre les patrons corailleurs et la compagnie nous sont bien connues. Les contrats peuvent être retrouvés, en effet, dans les archives des notaires marseillais. On peut voir ceux de 1570, de 1575 (3 mars), de 1576, sur les registres du notaire Boyer. Ils étaient d'ailleurs souvent conclus et rédigés d'abord au pays d'origine des patrons; les archives des notaires de Cannes seraient particulièrement intéressantes à consulter. L'un d'eux, pour avoir *obligé* dix patrons, c'est-à-dire rédigé leur contrat d'obligation, reçoit 39 sols en 1586. Les patrons italiens engagés en 1583 avaient signé un premier accord par devant les tabellions locaux et l'avaient renouvelé à Marseille dans la maison de la compagnie en présence du notaire Champorcin (1).

L'engagement était conclu pour une année qui commençait en avril ou mai. Les corailleurs se rendaient à Marseille aux frais de la compagnie qui les défrayait de tout jusqu'à leur embarquement et les transportait sur ses bâtiments en Barbarie. Le capellan Pierre Daumas, qui vient de Cannes en 1586 avec sept patrons corailleurs et leur gent, reçoit pour le voyage 15 écus d'or. A leur arrivée, pour l'ordinaire d'un dimanche, la compagnie les régale de poisson frit qui lui coûte 24 sols.

Avant de partir, les corailleurs recevaient deux sommes d'argent, l'une en prêt, l'autre en don. La somme avancée variait et suivit peut-être une progression : 60 livres en 1570, 72 en 1575, 40 écus de 48 sols en 1576, soit 96 livres, 50 écus d'or en 1586 et en 1588. Le don s'élevait ces deux années à 10 écus d'or.

La somme avancée devait être remboursée dans l'année par une certaine quantité de corail, payé à un prix déterminé par la compagnie, 34 sols la livre. Ce corail devait être rendu à Marseille au risque des patrons. De plus, ceux-ci devaient fournir dans leur année une quantité minimum de corail, six quintaux par exemple, sans quoi la somme donnée par la compagnie devait aussi lui être remboursée en corail.

Le produit de la pêche appartenait pour les deux tiers à la compagnie, pour l'autre tiers aux patrons. Leur corail était

(1) Voir le texte de cet accord à l'appendice, pièce n° VI.

acheté par celle-ci au même tarif de 34 sols. Au XVIIIe siècle, les prix que la compagnie royale d'Afrique payait aux corailleurs avaient singulièrement haussé. Celui de 3 livres 10 sols en 1745 était un minimum qui ne put être maintenu. Pour recruter des équipages et relever la pêche complètement tombée, elle dut donner 15 livres en 1751, 23 en 1785, 24 en 1787. De plus, elle ne se réservait qu'un huitième du produit de la pêche au lieu des deux tiers. En revanche, au temps de Sanson Napollon, vers 1630, les pêcheurs ne recevaient que 20 sols par livre de corail, mais les autres conditions n'étaient sans doute pas les mêmes. Leur contrat mentionnait, par exemple, toutes les fournitures de vivres qu'ils devaient recevoir gratuitement. Ceux du XVIe siècle ne payaient sans doute pas non plus les nombreux approvisionnements que la compagnie expédiait au Bastion à leur intention. C'étaient les mêmes d'ailleurs que pour la colonie des employés, ouvriers et soldats, viandes et poissons salés, fromages, etc. On y voit figurer en plus le biscuit qui remplaçait en partie le pain dans l'ordinaire des équipages en mer. Il est compté 9 florins le quintal en 1576. En revanche, les corailleurs devaient recevoir gratuitement les filets et agrès de toutes sortes. Au XVIIIe siècle, ils devaient acheter aux compagnies tout ce qu'ils consommaient, engins, provisions diverses, nourriture. En somme, les corailleurs du XVIe siècle, obligés de céder les deux tiers de leur pêche et beaucoup moins payés pour la vente de l'autre tiers, étaient beaucoup moins bien traités que ceux du XVIIIe. Si donc ils montraient plus d'empressement à se rendre en Barbarie, c'est que, même en tenant compte d'autres influences, la pêche devait être plus fructueuse.

Le recrutement des corailleurs étant bien supérieur à ce qu'il devait devenir plus tard, les compagnies du XVIe siècle n'eurent pas avec eux tous les désagréments dont on se plaignait au XVIIIe siècle. Pourtant les contrats n'étaient pas toujours scrupuleusement respectés. En 1586, par exemple, les associés font emprisonner à Marseille trois patrons qui avaient dérobé des coraux et s'étaient enfuis de l'emprèse et décident de leur faire faire leur procès. Les pêcheurs pouvaient être aussi tentés de vendre leur corail à haut prix aux capitaines de bâtiments ou plutôt aux patrons de petites barques qui venaient au Bastion. Pour éviter cette contrebande, des soldats étaient placés en sentinelle sur la plage. La compagnie retenait chaque année aux patrons sur le prix de leurs coraux une petite somme, autour de 10 livres, pour ces frais de garde. Il est à remarquer que, dans les accords conclus par la compagnie, il n'est question que des patrons corailleurs. Ceux-ci fournissaient sans doute leurs équipages et s'accommodaient avec eux suivant des usages traditionnels. C'étaient aussi les mêmes engins et les mêmes procédés dont l'emploi se transmettait depuis le moyen âge et devait se perpétuer jusqu'au siècle dernier (1). Le littoral algérien ne devait plus, jusqu'au XIXe siècle, fournir des quantités de corail analogues à celles que reçurent les magasins du Bastion au XVIe siècle. Voici les chiffres des entrées relevées sur les registres de la compagnie :

1578-79..	44.973 liv.	1/4 (2)	1583.....	20.752 liv.	1/2
1579-80 .	44.051	1/4	1584.....	18.391	1/2
1580-81..	21.601	3/4	1585.....	20.038	1/2
1581-82..	3.133 (année de peste)		1586.....	19.765	»
1582-83..	23.829	1/4	1587-91..	128.619	1/2 (moyenne 25.724)

C'est autour de 1575 que le maximum de la production avait dû être obtenu puisque c'est alors que furent engagés les bateaux en plus grand nombre. Il n'y avait donc aucune exagération de la part de l'auteur de ce mémoire de 1730 qui disait : « Il y avait autrefois 40 bateaux qui pêchaient jusqu'à 180 caisses pesant 150 livres poids de table », soit 27.000 livres. Mais cela n'était plus vrai depuis bien longtemps. Un autre mémoire de 1707, faisant le compte théorique de ce que pouvait donner la pêche en année normale, l'évaluait à 24.000 livres. Mais de là à la réalité il y avait loin. Taxil, agent de la compagnie d'Afrique, écrivait en 1726 : « Depuis plus de 30 ans, n'y ayant qu'environ 30 bateaux armés, faute d'avoir de bons patrons, cette pêche n'est allée qu'a 150 quintaux au plus ». Même ce chiffre de

(1) Voir mon *Histoire des établissements*, etc., p. 511.

(2) La livre de Marseille (poids de table) valait 388 grammes.

15.000 livres dut être exceptionnel dans la première moitié du XVIIIe siècle. Pour ses années de début (1741-1750), la pêche de la compagnie royale d'Afrique fut en moyenne de 8.527 livres ; elle s'éleva à 11.000 de 1752 à 1760, à plus de 15.000 de 1760 à 1765, parvint à dépasser 20.000, puis déclina de nouveau à partir de 1785.

Ainsi, au temps de la domination turque, c'est au début de l'exploitation par les compagnies françaises et vers la fin que les rendements furent les plus élevés. Mais les chiffres les plus hauts du XVIe siècle n'en sont pas moins bien inférieurs à ceux qui furent atteints au XIXe siècle lorsque la cessation de la piraterie et la disparition de tout privilège attira les pêcheurs, italiens surtout, en foule vers les parages de la Calle. En 1836, 245 bateaux fréquentaient les côtes algériennes. En 1877, 263 patrons retirèrent 33.287 kilos de corail vendus 2.311.000 francs.

Il pourrait être permis de se rendre compte de la valeur des plaintes sur l'épuisement des fonds, répétées dès le début du XVIIIe siècle, en comparant les quantités pêchées au nombre des bateaux, puisque ceux-ci, les engins et les procédés employés étaient restés les mêmes. Mais les rendements étaient très inégaux suivant les années : la fréquence des tempêtes, les menaces des corsaires, pouvaient troubler la pêche ; en 1581 la peste l'avait presque entièrement empêchée. Toutefois il est certain que la pêche annuelle d'un bateau au XVIIIe siècle était en moyenne très sensiblement au-dessous des chiffres du XVIe. Elle dépassait souvent, et parfois de beaucoup, 600 livres au XVIe siècle ; c'était un beau résultat quand elle en atteignait 500 au XVIIIe. Il est vrai qu'il fallait attribuer en grande partie la diminution à l'infériorité avérée des patrons et des équipages.

Les registres de la compagnie du XVIe siècle montrent, en effet, que les rendements variaient énormément par bateau suivant l'activité, l'habileté et la chance des patrons. S'ils dépassaient souvent les six quintaux stipulés dans le contrat de 1583 pour que la prime de 10 écus d'or qu'ils avaient reçue au départ restât leur propriété, certains d'entre eux n'apportaient au magasin que des quantités bien inférieures. En septembre 1570, dans le cours d'une année, un patron a remis 705 livres de corail ; un autre 567 ; un troisième, 304 livres du 10 décembre 1569 au 18 juin 1570. Sur un compte du 15 décembre 1571 un patron figure pour 747 livres, la plupart pour des poids variant entre 350 et 400 livres ; d'autres pour moins de 200. Du 16 décembre 1576 au 8 avril 1577, dans la mauvaise saison, 52 patrons apportent au magasin 6.938 livres ; la plus grosse part atteint 299 livres, les plus nombreuses dépassent 100 livres ; quelques patrons figurent pour moins de 10 livres.

Dans le corail livré au Bastion en *boutles* on distinguait les *brancame* et les *rame*. Les belles branches (brancame) étaient cotées à des prix très élevés. Ainsi on estime 80 écus de 48 sols, soit 192 livres, cinq branches du poids de 9 livres.

Le corail en *rame* comprenait diverses qualités. Il est difficile de dire quelle était la correspondance entre les noms italiens employés par la compagnie au XVIe siècle et les désignations usitées plus tard au XVIIe et au XVIIIe. La qualité supérieure portait le nom de *toro fino*. Les quantités existant en magasin étaient évaluées en réduisant les qualités inférieures en toro. En 1591 la compagnie détient 18.951 livres de coraux divers, elle les estime à 4.318 livres de bon toro. Souvent le déchet est compté exactement pour moitié : 480 livres de coraux en rame en font 240 de toro.

Voici, pour montrer les diverses désignations employées, un décompte de 1.878 liv. 3/4 de corail ;

1185 liv. 1/2	coral	toro	=	1185 liv. 1/2 toro
187.5 3/4	»	toretto	=	62.4
172	»	bastard	=	19.1
43.13	»	toro de navigar	=	4.9 1/2
291	»	escaigles	=	8.1
1878.3 liv. 3/4				1279 liv. 1/2

On trouve répétées souvent ces diverses catégories.

Avant d'entrer en magasin le corail était nettoyé, sans doute par les patrons eux-mêmes. En 1591 et les années suivantes il est livré à un certain Jean de Combettes qui est chargé de le faire tenailler sur place. Etait-ce une nouveauté? La compagnie avait-elle trouvé avantage à faire subir à son corail, au Bastion même, une préparation moins sommaire? On pourrait être tenté de croire qu'à cause des troubles de la Ligue, ou pour d'autres raisons, elle avait transporté en partie en Barbarie l'industrie du corail, mais ce n'est qu'une simple hypothèse. Ce qu'il y a de certain c'est qu'il n'y était jamais resté absolument brut. Les chefs du voisinage et les Puissances d'Alger ne l'auraient pas accepté ainsi dans les assortiments de cadeaux qui leur étaient présentés et les indigènes ne l'auraient pas acheté. En effet, des quantités importantes du produit de la pêche restaient en Barbarie. En 1598 l'écrivain de Bône en reçoit du Bastion la valeur de plusieurs milliers de livres pour le caïd et divers indigènes. A lui seul, le Maure Mansour Ossif en achète 500 livres pour 700 écus. En 1599 le même marchand, le caïd et d'autres clients en prennent 1.490 livres pour 2.071 écus. Des expéditions étaient faites en outre directement en Italie, à Savone ou dans d'autres ports.

Il s'en fallait donc de beaucoup que la totalité de la pêche prît le chemin de la Provence. De 1575 à 1591 les entrées à Marseille avaient atteint 242.600 livres, mais les pêcheurs en avaient apporté au Bastion dans le même intervalle plus de 400.000 livres. L'entrée dans le port franc de Marseille était grevée d'un droit de douane qui n'était pas une lourde charge. Il était perçu par la ville au nom du roi et la franchise du port semblait sauvegardée par l'absence de collecteurs royaux ou de fermiers agissant au nom du roi. Du 28 juin 1565 au 7 octobre 1567 M. Nicolas Seghier, perçut 296 livres de droits. Il y avait, en outre, un droit de gabelle sur les coraux du dehors qui coûtait 25 livres par an en 1567.

C'est à Marseille que le corail était vraiment travaillé suivant les goûts variés des clients européens ou exotiques qui l'achetaient. Il serait intéressant de savoir l'origine de cette industrie marseillaise du corail qui traversa depuis le XVIe siècle une série de vicissitudes et qui passait aux yeux des étrangers pour une des grandes curiosités du Marseille d'autrefois. En concurrence avec les ateliers de Gênes, de Livourne, de Naples, elle sembla tomber à plusieurs reprises, se releva, était en pleine activité au moment de la Révolution et subsista jusqu'au milieu du XIXe siècle.

Elle existait au temps du roi René qui eut des corailleurs à son service ; l'un d'eux travailla pour lui en 1476 à raison de six florins par mois (1) ; mais peut-être avait-elle été introduite par le bon roi amateur de curiosités. Quoiqu'il en soit c'est au XVIe siècle sans doute qu'elle fut à son apogée.

Cependant rien d'analogue à la grande manufacture créée à la fin du XVIIIe siècle, à moins qu'on ne veuille accorder ce titre un peu pompeux à la maison du corail de la compagnie. Là des femmes travaillaient en permanence à racler et nettoyer le corail.

L'un des registres de la compagnie (2) contient la comptabilité spéciale qui les concernait pour les années 1581-1585. On y trouve cette mention : *Journades de las fremos que an rasqlat saquejat et ariat.* Plus souvent il n'est question que de deux opérations : *Las fremos que rasclon courail et aussy saquegon.* La seconde est encore plus souvent omise. La plupart des ouvrières n'étaient en effet employées qu'au travail du raclage. Les couteaux qui leur servaient étaient payés par la compagnie 8 sols pièce. En 1575 elle paie en une seule fois 4 livres 7 sols 6 deniers pour l'*amolature* de 522 couteaux à racler. C'était alors le moment de la plus grande activité de la pêche et il est possible que plusieurs centaines de femmes aient été employées en même temps. Entre 1581 et 1585 le nombre des ouvrières ne dépassa jamais 132. D'ailleurs elles n'étaient pas employées régulièrement ; la compagnie les engageait suivant les besoins. Chaque année il y avait des périodes de pleine activité, sans doute lors des arrivages et, même à ces moments, le chiffre des ouvrières, qui dépassait parfois cent, tombait aussi jusqu'à soixante. Certains mois où le travail ne pressait pas la compagnie ne gardait que ses ouvrières les plus

(1) Comptes du roi René. Archiv. des Bouches-du-Rhône. B, 2489, fol. 45 verso.

(2) EII, 950.

anciennes dont on retrouve toujours les noms en tête des listes. Il y en avait quatorze en 1582 et, bien qu'elles fussent attachées en permanence à la maison du corail, elles avaient aussi parfois des semaines de chômage. Il ne restait alors en service que deux chefs d'atelier, dont l'une portait le nom pittoresque de donna Catin Mangofigo, dame Catherine Mangefigue.

Les paiements faits régulièrement chaque semaine révèlent, en outre, que les ouvrières, même aux moments de pleine activité, ne trouvaient pas à remplir leurs six journées de travail. Les plus anciennes, les plus favorisées, recevaient souvent le paiement d'une semaine entière ; d'autres devaient se contenter du salaire de quelques jours. Ainsi, au paiement du 13 janvier 1582, la moitié des 108 ouvrières reçoit le salaire de cinq ou six journées ; les autres, celui de deux à quatre ; quelques-unes n'ont travaillé qu'un jour. Au paiement suivant du 20 janvier aucune des femmes n'a travaillé plus de quatre journées ; beaucoup deux seulement. Cette irrégularité pouvait provenir aussi bien de l'organisation du travail que des ouvrières elles-mêmes. Il est, d'ailleurs, à penser que celles-ci pouvaient compter sur un autre gagne-pain.

C'était, en effet, une main-d'œuvre qui n'exigeait pas un long apprentissage et c'est pourquoi le salaire était médiocre, proportionné cependant à l'habileté des ouvrières et à l'ancienneté de leurs services. Les plus novices recevaient exceptionnellement 1 sol par jour ; la majorité, 2 sols et demi ; les femmes employées en permanence, uniformément 3 sols. Seules les doyennes, contremaîtresses, Catin Mangofigo et Catin Saxonne, touchaient la haute-paie de 3 sols et demi (1).

Du 21 septembre 1581 au 7 avril 1852 les femmes avaient *rasqlat saquegat* (secoué) et *arial* (?) 170 quintaux 26 livres 1/2 de corail et reçu 322 écus 21 sols 6 deniers. Jusqu'au 4 août suivant, la dépense pour 178 quintaux ne fut que de 212 écus 43 sols ; la

(1) Il est possible que la peste de 1581 ait jeté une perturbation dans le travail ressentie pendant toute l'année 1582. Les années qui suivent, le nombre des ouvrières n'atteint jamais 100, mais semble se maintenir plus régulier entre 60 et 90. De plus, beaucoup d'entre elles touchent 3 sols par jour.

main-d'œuvre avait été payée beaucoup moins (1). En quoi consistaient les trois opérations des femmes de la maison du corail ? Il nous est impossible de donner à ce sujet des indications précises.

C'est à des spécialistes, les maîtres coraillers, qu'il appartenait de travailler le corail bien nettoyé et prêt à être ouvré. Leur principale besogne consistait à tenailler, c'est-à-dire à couper en menus fragments et à tourner (toreggiare) les morceaux de corail pour en faire des grains qui servaient à la fabrication de colliers, de bracelets, mais surtout de patenôtres, nom sous lequel on désignait les chapelets.

Ces maîtres recevaient naturellement des salaires beaucoup plus élevés que les simples ouvrières de la maison du corail ; 10 et 12 sols par jour en 1568, 15 pour quelques-uns ; leurs apprentis reçoivent 6, 3 et 2 sols. Jean et Constant Cornillon, Pierre et Félix Bruson, Antoine Isnart, Henrigho Codoneo, Jean Jordan, Vincens Colomp, Arnaud Brunet, Pierre Chenault, Jean Crozet, Claude Perret, figurent sur les comptes en 1567 ou 1568. Les frères Bruson reçoivent successivement plus de 200 livres pour journées de travail, du 8 décembre 1566 au 6 septembre 1567.

Les prix s'élevèrent un peu dans la suite. En 1584, sur les six maîtres employés, quatre sont payés 16 sols et deux 14. On règle leur compte chaque semaine pour un travail intermittent : du 11 août au 10 octobre, le travail cesse mais les semaines sont plus remplies que celles des ouvrières. Au total, du 27 avril à la fin de l'année, la compagnie leur paie 239 écus. Ainsi, à dater de ce jour, la manufacture du corail coûta en salaires à la compagnie 598 écus. Le métier était assez avantageux pour attirer les étrangers nouvellement établis à Marseille. Tel était le cas de ce Claude Perret au service de la compagnie dès 1568. Dans les registres de la Chambre des Comptes de Provence, on trouve des lettres de naturalité pour Claude Perret, maître corailler, et pour

(1) Du 11 août 1582 au 5 février 1583, les paies s'élèvent à 379 écus 13 s. 6 d. — Du 28 avril au 1er décembre 1584, 358 écus 59 s. 6 d. — En 1585, 452 écus 18 s. 6 d.

MANUFACTURE DE CORAIL A MARSEILLE (XVIIIe SIÈCLE)

Collection Ricard.

son frère, « originaires » du lieu de Domiru (?), terre et seigneurie de l'abbé de Saint-Claude en la Franche-Comté.

Le travail de polissage des « paternostri » ou grains de chapelets était long et délicat. Ainsi le même maître, payé 15 sols à la journée et employé aussi aux pièces, reçoit 21 livres 12 sols pour avoir poli 4 livres et demi de paternostri à 2 écus la livre. Aussi les grains de chapelets atteignaient-ils une haute valeur : 23 livres et demi de corail travaillé en patenôtres grands, moyens et petits, estimés 48 livres la livre, sont comptés 1.128 livres en 1575, moment de grande abondance de la pêche. Le corail non poli en grains était vendu à des prix bien inférieurs. Les assortiments des caisses étaient estimés ainsi qu'il suit en 1567 et 1568 : *torofino* 7 et 8 livres la livre, *toro* 3 livres et 58 sols, *toretto fino* 53 sols, têtes de corail 36 sols. Les prix avaient beaucoup monté au XVIIIe siècle. On estimait, par exemple, en 1736, qu'une caisse de 150 livres, poids de table, devait produire 1.500 livres. Il est vrai qu'en tenant compte de la dépréciation de l'argent la différence n'apparaît guère sensible.

Les patenôtres s'écoulaient en France et dans les pays voisins. Des caisses assorties étaient vendues aussi chaque année à des marchands catalans qui venaient à Marseille. Pierre Cayscia, Michel Durai de Barcelone sont de gros acheteurs en 1568 et les années suivantes. Benet Andréa, leur concitoyen, en prend pour plus de 6.000 livres en 1570.

La même année, le Génois Antoine-Marie Spinola achète 100 quintaux à la fois. Savone offrait aussi un débouché, mais les pêcheurs italiens fournissaient en grande partie à la consommation de leur pays.

En définitive, malgré les achats de la Barbarie et de l'Europe méridionale, la plus grande partie du corail du Bastion prenait le chemin d'Alexandrie. On l'y transportait même par grosses quantités de Massacarès sans passer par Marseille : le galion *Sainte-Claire* en transporte plus de 15.000 livres en 1591. La compagnie trouvait un gros avantage à écouler la plus grosse partie de ses stocks en Egypte, car c'est là qu'elle vendait son corail le plus cher. En 1591, les 151 quintaux 61 livres du galion

Sainte-Claire, évalués à 9 livres 10 sols en bon argent, sont comptés pour 45.609 écus. La comparaison avec les chiffres de 1567-68 cités plus haut montre que les prix avaient beaucoup monté depuis. On ne dit pas quel était l'assortiment de ces caisses. Ailleurs, dans une expédition pour Alexandrie, on distingue les catégories suivantes : toro novo, morier, brancame, saquegiato.

Du marché du Caire les coraux s'écoulaient ensuite dans les pays de l'Océan Indien, et dans l'Inde surtout, par l'intermédiaire des Arabes. L'argent provenant des ventes était employé à acheter des marchandises de retour ou même l'échange de ces produits d'Orient contre le corail était fait directement. Ainsi la pêche du corail avait amené la compagnie à prendre une part active au commerce du Levant, dans cette échelle d'Alexandrie que les Marseillais n'avaient jamais abandonnée depuis les croisades. Les capitulations de 1535 leur avaient ouvert tout grand le vieux port égyptien. Sous la protection de leur consul, ils y formaient une importante *nation* et, peut-être, avaient déjà supplanté les Vénitiens dans le dernier tiers du XVIe siècle.

La compagnie entretenait un agent en permanence à Alexandrie. Ce facteur est désigné ordinairement sous le nom de commandataire. En 1570, c'est Pierre Hostagier, plus tard membre d'une compagnie de Tunis, rivale de celle qu'il servit d'abord. Plus tard, Antoine Arnaud, Benoît Arman lui succèdent. En 1588 celui-ci reçoit 841 livres de salaires pour le temps qu'il a servi la compagnie en Alexandrie. Entre temps, en 1585, un navire de la compagnie est consigné à Ange Vento, vice-consul de la nation française.

Ce trafic du Levant, particulièrement fructueux, puisque les associés vendaient à la fois leur corail à bon compte et faisaient de nouveaux bénéfices sur les marchandises de retour, avait pris un gros développement. La valeur même du corail ne suffisait pas aux achats pour lesquels ils expédiaient à Alexandrie de grosses sommes d'argent. En 1587 le galion *Sainte-Claire* emportait, outre son chargement, 32.790 livres ou réaulx d'Espagne. La cargaison même n'était pas seulement composée de

coraux. Les draps et d'autres tissus y figuraient ; on y trouve même des fromages de Sardaigne et d'Auvergne. C'est dès les premiers temps de son existence que la compagnie avait eu l'heureuse initiative d'étendre ainsi ses opérations. Déjà, en 1565, ses galions revenaient d'Alexandrie chargés d'épices.

Ce sont, en effet, les précieuses denrées, objet traditionnel du trafic sur les marchés du Levant, qui attiraient surtout les Marseillais à Alexandrie. Les cuirs (1), les aluns et autres marchandises mentionnées ne prenaient qu'une petite place dans les cargaisons. La route du Cap n'avait pas détourné tout le vieux courant des échanges aussi complètement qu'on le répète souvent.

Il eût fallu pour cela que les Portugais pussent se rendre absolument maîtres d'un commerce que les Hollandais eurent plus tard beaucoup de mal à accaparer. Même alors, au XVIIe siècle, les marchés d'Egypte restaient pourvus d'épices ; au XVIe, on les y trouvait en abondance. Aussi les pays méditerranéens n'eurent-ils pas besoin d'aller se pourvoir à Lisbonne.

En 1586, un compte de vente d'épices, venues à Marseille sur un seul navire, s'élève à 13.962 liv. 8 sols 3 d. ou 4.654 écus 2 sols 9 d. pour la part d'un des associés, possesseur de deux carats sur vingt-quatre. La valeur de ce chargement s'élevait donc à près de 170.000 livres ; il en venait de bien plus considérables. Il se décomposait ainsi :

Poivre agi	8.610 liv.	3/6	en poids, vendus	9.902 liv.	7 s.	5 d.
Beledin (gingembre)	3 117	1/2	—	1.324	4	6
Muscade	997	1/2	—	947	12	6
Garofani (girofles) en sortes	561		—	561		
— triés	65		—	105		
Fusti di garofani (bûches, débris)	38	2/3	—	17	8	
Cannelle	126	3/4	—	348	14	
Indigo	273		—	546		
Gomme laque	382		—	210	2	
	14.168	11/12	pour deux carats	13.962 liv.	8 s.	3 d.

L'assortiment était bien, à peu de chose près, celui de toutes les cargaisons d'épices rapportées d'Alexandrie. C'était le poivre

(1) En 1588, achat de 11.048 cuirs alexandrins.

et le gingembre qu'on trouvait en plus grande abondance sur les marchés d'Egypte; ou bien ces deux épices étaient les plus demandées par les consommateurs du royaume. Le poivre est généralement qualifié poivre agi : pour le gingembre, on distingue le belledin, le plus employé, le sorretin.

Cependant la prépondérance des achats de poivre n'était pas aussi marquée que l'indiquerait ce compte de 1586. D'autres exemples peuvent donner une idée plus nette des assortiments.

Voici la facture des épices et autres marchandises venues d'Alexandrie sur le galion *Sainte-Marguerite*, le 10 mai 1585 : 69 capi (?) de poivre agy, 21 de gingembre belledin, 13 de cannelle, 20 de muscades, 6 de girofles, 47 d'indigo, 13 de gomme laque. En 1589, le galion *Sainte-Claire* apporte 10.826 pouds (1) de gingembre belledin, 16.596 de muscades, 5.628 de cannelle, 8.429 de girofles, 1.700 d'indigo bagatel. D'autres fois il est question d'encens, 11.272 livres pesant en 1587, de macis, 10.600 livres en 1582.

La compagnie louait un magasin spécial pour contenir ces chargements qu'elle appelait magasin de l'épice (espessi). Des femmes y étaient employées au travail du triage ou garbellage. Les précieuses denrées étaient vendues en partie sur place. On voit des membres de la compagnie, Thomas Lenche et son frère Antoine, Jacques Moustier, se rendre acquéreurs de grosses quantités, sans doute pour les revendre ensuite. La plus grande partie pénétrait dans le royaume ; Lyon et Toulouse offraient les deux principaux débouchés. Chaque année, des négociants de ces deux villes achetaient de grosses quantités. Pour 1567 et 1568, on relève les noms des Toulousains Pierre Garandella, Louis Pausi, Ramond Fons, Guillaume de Fos, Jean Assier, Bernard Chabut, Philippe Odonet, Nicolas Bosquet, Antoine Denoault, acquéreurs surtout de poivre, de gingembre et de girofles. De 1579 à 1582, 238.450 livres de gingembre, poids de Lyon, sont vendues dans cette ville pour 43.485 écus ; en 1582, 50.076 livres de muscades pour 13.598 écus ; en 1586, il est question de

(1) Poids un peu supérieur à la livre marseillaise.

36.562 livres de cannelle d'une valeur de 20.800 écus ; en 1584, un portefaix confectionne 100 balles de poivres pour la même destination. Toulouse et Lyon servaient évidemment de centres de distribution dans leur région. Pourtant des marchands de petites villes s'approvisionnaient directement à Marseille. En 1568, on peut citer Henri Delapalme, Jean Suchet, de Pézenas, et un autre acheteur, de Sorèze. Henri Delapalme est encore acheteur en 1587, et Jean Fouquet, de Pézenas, en 1583.

Il est déjà intéressant de constater que les épices venues d'Egypte pouvaient encore faire concurrence, à Toulouse, à celles de Lisbonne qui devaient affluer à Bordeaux. Mais elles pénétraient bien au delà de Lyon jusqu'à Paris. Ainsi Florent Dargouges, Jean Sagniez, Mme Salvansy, de Paris, sont en compte avec la compagnie, en 1576-78. Bien plus, Rouen, marché d'où celle-ci faisait venir des draps, lui prenait en retour des épices. Adam Vaultier et Benet Muscial, de cette ville, qui achetaient, en 1568, des poivres, girofles et autres épices du galion *Saint-Nicolas*, étaient en relations régulières avec elle. Cette année-là, ces deux marchands lui vendent, en retour, du sucre. Dès le milieu du XVIe siècle, le Levant n'en fournissait donc plus assez pour la consommation du littoral méditerranéen.

Enfin les épices, comme le corail, prenaient aussi en grande quantité le chemin de l'étranger. La compagnie en expédiait à ses correspondants de Barcelone et de Valence en Espagne, de Savone en Italie. En 1583, elle vend du poivre au Milanais J.-B. Ripa. On est un peu plus étonné de voir un marchand anglais, Guillaume Geffort, faire des achats, de 1581 à 1583. Il n'était pas le seul : en 1583, deux sols sont payés pour garbeller 120 quintaux de poivre, vendus à deux Anglais. Décidément le commerce des épices venues par les anciennes voies du moyen âge était encore bien vivant dans la Méditerranée, vers la fin du XVIe siècle. Car la compagnie du corail ne faisait pas exception ; les nombreux navires marseillais, qui faisaient chaque année le voyage d'Alexandrie, revenaient chargés aussi d'épices. Cependant leurs chargements étaient certainement plus composites que celui du galion envoyé annuellement par les Lenche et leurs associés.

La pêche du corail devait causer plus tard de fréquents déboires au XVIIe et au XVIIIe siècles. Seule la compagnie royale d'Afrique put lui rendre une période de véritable éclat à la veille de la Révolution. Entre 1780 et 1785, elle en tira ordinairement 150.000 livres de profit par an. Au XVIe siècle, la pêche, beaucoup plus active, donna surtout de plus gros bénéfices. Les prix de revient étaient beaucoup plus bas; ceux de vente, quoique moins élevés aussi, laissaient une marge très large de gain. Mais, surtout, la compagnie du XVIe avait su donner l'organisation la plus profitable à la pêche en la combinant avec le commerce des épices. Il n'est pas téméraire de penser que cet heureux maintien des traditions du moyen âge fut une des causes essentielles de sa brillante prospérité. Aucune des compagnies qui la suivirent ne put ou ne sut imiter son exemple. La décadence, puis la cessation complète, du commerce des épices en Egypte, à la fin du XVIIe siècle, l'abandon des relations entre ce pays et les Indes avaient changé, peu à peu, complètement la situation. Dès lors, la pêche du corail ne devait plus être en relation intime avec le commerce du Levant.

CHAPITRE VI

LE COMMERCE DE L'ALGÉRIE ET LES INDUSTRIES FRANÇAISES

La magnifique compagnie du corail n'était pas une simple entreprise de pêche. Son trafic des épices à Alexandrie suffirait à lui valoir le titre de grande compagnie de commerce ; elle le méritait bien davantage encore par l'ensemble de ses opérations en Barbarie. Celles-ci résumaient à peu près tout le commerce entre la France et l'Algérie au XVIe siècle. Seuls quelques marchands marseillais lui faisaient, à Alger même, une concurrence peu active.

L'établissement des Turcs en Barbarie modifia gravement les conditions de ce commerce qui avait déjà traversé bien des vicissitudes durant le moyen âge (1). Tout bien considéré, la connaissance, encore bien incomplète, de celles-ci ne permet guère de dire s'ils les améliorèrent ou s'ils les rendirent pires. On serait tenté de pencher vers cette dernière opinion en songeant aux tribulations de toutes sortes que subirent les marchands chrétiens en Algérie ou en Tunisie au XVIIe siècle. Mais la situation fut bien meilleure au XVIe et au XVIIIe siècles, surtout pour les Français. Quoiqu'il en soit, il est quelque chose qui resta à peu près immuable à travers les siècles, ce furent les objets d'échanges. Qu'on lise les documents du XIIIe ou ceux du XVIIIe siècle, on y voit un pays dont la vie et les besoins économiques sont restés les mêmes. A travers les bouleversements politiques, les indigènes tirèrent les mêmes produits de leur sol et demandèrent aux marchands d'Europe les mêmes assortiments de marchandises.

(1) Voir de Mas Latrie. *Relations et commerce de l'Afrique septentrionale avec les nations chrétiennes au moyen âge*. Paris, 1886, in-8°.

Malgré la décadence de l'agriculture, produite par l'arrivée des Arabes, malgré l'oppression turque, souvent lourde pour le paysan arabe ou kabyle, le Tell algérien avait continué d'être un pays de céréales. Bien plus, l'Afrique du Nord, appauvrie et redevenue peu à peu à moitié barbare, n'avait pas cessé, aux époques les plus troublées de son histoire, de continuer à nourrir les pays méditerranéens de l'Europe civilisée. De plus, les Arabes avaient amené avec eux des troupeaux et surtout apporté en Algérie leurs goûts de nomades. L'élevage avait donc pris un grand développement dans un pays où d'immenses étendues ne se prêtaient pas à la culture et offraient aux bergers de vastes parcours. Aussi les cuirs et les peaux ont-ils été, pendant des siècles, le principal article de trafic avec les céréales.

L'exportation des blés était gênée par de sévères interdictions, mais elle ne fut jamais empêchée. C'était, pour les chefs de tout rang, prétexte à vexations, à cadeaux et aussi à accaparements; de tous les commerces, celui des céréales était le plus monopolisé entre leurs mains.

En fait, dès les débuts de son existence, la compagnie du corail fit un trafic de blé important pour l'époque. Ses navires ne reviennent guère de Barbarie sans en rapporter de plus ou moins grosses quantités. Les achats sont, d'ailleurs, très variables suivant l'abondance des récoltes. De juillet 1575 au mois d'avril 1577, ils s'élèvent à 1653 caffis (1); en 1577-78, à 1637 caffis; du 8 septembre 1578 au 9 mars 1579, à 18.663 éminées, soit en six mois plus de 2.300 caffis. Un relevé de comptes donne, pour les dix années 1582-91, un total de 14.592 caffis; de 863 caffis pour les trois années 1592-1594. Pour ces treize années, le trafic

(1) Le caffi valait trois charges et demie de Marseille; la charge 154 litres 79 ou environ 120 kilogrammes. Les caffis, sur les comptes de la compagnie, sont souvent évalués en mines, dont il y avait 8 par caffi. Pour la vente à Marseille, le blé est compté par émines qu'il ne faut pas confondre avec les mines. L'éminée, comme on appelait plus tard cette mesure, valait, à Marseille 38 litres 70. Il y en avait donc exactement 14 par caffi. Mais les Barbaresques faisaient toujours bonne mesure et, suivant l'expression des registres de la compagnie, il *sortait* toujours du caffi plus de 14 émines, souvent même plus de 16. Ainsi, d'après trois comptes divers, la compagnie put faire *sortir* d'une même quantité de 140 caffis, 2.175, 2275 et 2.332 émines.

aurait donc atteint seulement 6.491 tonnes métriques. Pourtant la compagnie avait encore enlevé 1.732 caffis en 1585, 2.536 en 1586 et, dix ans après, en 1596-97, elle allait jusqu'à 6.339 caffis, c'est-à-dire plus de 2.660 tonnes.

On serait tenté d'expliquer ce dernier chiffre par une recrudescence de la traite quand les troubles de la Ligue rendirent fréquente la pénurie des blés en Provence, si, précisément, les trois années 1592-1594 n'avaient été marquées par une diminution frappante de la traite. Il est probable, au contraire, que le commerce de la compagnie fut désorganisé, pendant la période 1582-94, d'abord par la grande peste de 1581, puis par les luttes politico-religieuses auxquelles elle fut mêlée. C'est ainsi que la traite des blés, très faible les deux années qui suivent la cessation de la peste, remonte à des chiffres élevés en 1585 et 1586 pour retomber, en 1587, l'année de l'assassinat d'Antoine Lenche, jusqu'au moment où la mort de Casaulx et la soumission de la ville à Henri IV ramènent le calme. Alors les achats de blé atteignent le chiffre maximum de 1596-97. Mais il se peut que l'explication ne soit pas valable et que la situation de la Barbarie ait eu plus d'influence sur la traite que les événements de Provence.

En septembre 1593, les Berzighelly, négociants de Pise, en relations avec la compagnie, envoient au Bastion un vaisseau avec un chargement de 2.000 écus où 263 sacs de blé comptent pour 748 ducatons et 300 sacs de seigle du Ponant pour 535, le reste consistant en toile, sucre commun, sucre candy, confitures, fromage et autres choses. Etait-ce que la famine sévit cette année-là en Barbarie et que le Bastion lui-même eut besoin d'être secouru ou de secourir les populations voisines? Quoi qu'on puisse penser de tout cela, il est fâcheux que les statistiques les plus complètes des livres de la compagnie soient celles d'une période anormale.

D'ailleurs, il ne faut pas oublier que 1.000 à 2.000 tonnes de grains c'étaient de grosses quantités pour une époque où la circulation des grains en dehors du pays de production était chose exceptionnelle. Plus tard, à l'époque la plus active de la traite des blés d'Algérie, à la fin du xviiie siècle, la compagnie royale d'Afrique exportera souvent plus de 10.000 caffis par an. Mais cette compagnie devait donner une activité inconnue jusqu'alors à un commerce qui était tombé souvent à rien dans le cours du xviie siècle.

Bien que la compagnie du corail eût déjà à traiter surtout avec les chefs et particulièrement avec le vice-roi d'Alger, qui lui imposait parfois des achats à des prix exorbitants, elle était obligée de multiplier les achats pour remplir ses magasins et parfaire ses chargements. Cette multiplicité des opérations, preuve de la pauvreté des gens du pays, qui ne disposaient que de faibles quantités de grains, donnait beaucoup de peine aux agents du Bastion. C'est ainsi qu'un chargement de 3.836 mines, en 1583, était le produit de 96 achats qui n'avaient pas dû être conclus sans difficultés et dont beaucoup n'atteignaient pas 50 mines.

Bône, entourée de campagnes fertiles et peuplées, était naturellement le principal marché des céréales. Pourtant les indigènes en apportaient aussi directement aux magasins du Bastion, de la Calle et du cap de Roze. Du mois d'août 1583 au mois d'avril 1585, le capitaine de la Calle, Baptiste d'Antoine, achète 1.466 caffis, plus de 600 tonnes de blés.

Par suite du grand nombre des vendeurs et de l'existence de quatre marchés, les prix d'achats variaient autant dans le cours de la même année que d'une année à l'autre. A titre d'exemple, voici les prix moyens de quelques années.

	Caffi		Eminée			Caffi		Eminée	
1576.....	4 écus	00	0 écus	50	1587... .	4 écus	20	0 écus	525
1577.....	4	88	0	61	1588.....	4	00	0	50
1583.....	5	36	0	67	1589.....	4	38	0	548
1584.....	3	84	0	48	1590.....	4	36	0	545
1585.....	3	28	0	41	1591.....	5	76	0	72
1586.....	4	00	0	50	1596.....	5	44	0	68

Les prix étaient haussés et faussés par les exigences des chefs. Avec eux, il est souvent question de six et plus souvent de sept écus par caffi.

Le vice-roi d'Alger, Cader pacha, après avoir convenu de ce

dernier prix exige une fois douze écus par caffi du blé qu'il a fait conduire au Bastion. La compagnie, pour éviter que l'acceptation de ce chiffre admis une première fois ne crée un fâcheux précédent, fait désister le pacha de sa prétention moyennant un cadeau extraordinaire de plus de 1.100 écus. Le prix très ordinaire de quatre écus le caffi mettait le blé de Barbarie à près de un écu le quintal métrique. On verra plus loin qu'il était toujours revendu plus du double en Provence, jusqu'à quinze écus en 1588 et bien davantage dans les années qui suivirent.

Une partie des blés en magasin servait à l'alimentation du personnel des établissements. Parfois des ventes étaient faites sur place, à quelque tribu voisine menacée de la disette ou à des capitaines de navires. Mais la plus grande partie était transportée à Marseille. Les multiples distributions en nature qui y étaient faites attestent l'importance des arrivages de blés pour la subsistance de la ville. Le 4 mars 1586 la compagnie donne trente-six émines à divers établissements charitables ou religieux; huit à l'hôpital du Saint-Esprit, quatre à l'hôpital de Saint-Martin, autant à celui de Saint-Jacques et la même quantité aux couvents de Sainte-Claire, de l'Observance, des Minimes, aux frères de Notre-Dame de Lorette, à la « luminaria della misericordia ». C'était des libéralités ordinaires qui procuraient à la compagnie prestige et bon renom.

Mais les distributions non gratuites étaient infiniment plus nombreuses. Les associés eux-mêmes, tous leurs fournisseurs, tous ceux qu'elle employait à Marseille, commis ou ouvriers, femmes qui travaillaient à la maison du corail, demandaient chaque année au magasin de la compagnie le nombre d'émines qui leur était nécessaire. Enfin, sur les registres de comptes on trouve de longues listes de femmes de ceux qui étaient en Barbarie au service de la compagnie. En leur absence, celle-ci fournissait au moins à leur famille le pain nécessaire ; les blés distribués en petites quantités à la fois venaient en déduction du paiement de leurs salaires. On voit le notaire de la compagnie lui-même, Aimar Champorcin, recevoir un paiement d'actes en nature, quatre émines pour une somme de douze livres.

Ce n'était pas un mince avantage pour les familles des employés de la compagnie d'être mises à l'abri de la disette qui sévit souvent à Marseille aux époques troublées de la fin du XVIe siècle. Lors de la grande peste de 1581 la famine sévit dans toute la Provence et les gens d'Aix ayant retenu au passage les graines que les Marseillais avaient coutume de recevoir de l'intérieur, « la mévente, dit l'historien Bouche, les affligea jusques à ce point que la plupart des pauvres gens étaient contraints de brouter l'herbe et se servaient de viandes si fort inusitées qu'ils semblaient plutôt des fantômes vivants que des hommes. » Ruffi, qui, comme Bouche, put entendre les récits des contemporains, écrit à propos du siège de Marseille par d'Épernon en 1593 : « La ville se trouva dans une grande disette de vivres n'y étant pas entré un grain de blé, ni par terre, ni par mer, depuis le mois de février, de sorte que le menu peuple fut contraint de se sustenter du ris, legumes, chatagnes seiches, carrouges et autres fruits qu'ils trouvèrent dans les magasins ; plusieurs firent du pain du grain de millet et de canarie, de vesses, orobes, ers et autres, et le pain de froment était si rare qu'à peine pouvait-on empêcher que les pauvres gens ne le saisissent des mains de ceux qui le portaient en sortant du four. »

On a vu ci-dessus que le consul Casaulx réquisitionnait des navires pour aller chercher des blés dans l'Archipel. Il n'est donc pas étonnant que la Compagnie ait fait des ventes à la municipalité elle-même. Mais, tandis que plus tard, au XVIIe et XVIIIe siècle, Marseille recevait assez de blés par mer pour contribuer à l'alimentation de la Provence et même du Dauphiné, tout autre était la situation au XVIe siècle. C'était du pays de Provence que la ville elle-même tirait la plus grande partie de sa subsistance. On ne comprendrait donc pas que les Marseillais eussent laissé repartir par mer une partie des blés venus de Barbarie, si on ne se souvenait que ceux-ci étaient beaucoup moins estimés par les boulangers ou les consommateurs que les farines de Provence. C'est pourquoi il est souvent question de chargements réexportés en Espagne ou en Italie, dans les villes qui étaient en relations régulières de commerce avec la compagnie. Barcelone et Valence en recevaient souvent et Pellero, le grand négociant de Savone, en achetait de grosses quantités. Même les expéditions pour ces trois villes étaient faites directement du Bastion. A ces clients réguliers il faut joindre les accidentels : les jurés d'une ville de Sardaigne, Largiuro (Larguier, la lyur) demandent plusieurs fois leur approvisionnement à Marseille; il leur arrive même, en un cas pressant sans doute, d'arrêter au passage et de prendre par force les 200 caffis du chargement du capitaine corse Antognelo. La ville et communauté de Minorque fait aussi des achats successifs. En 1585 elle confie 6.300 écus à deux de ses habitants, envoyés à Marseille pour se procurer des grains. Peut-être est-ce par les relâches fréquentes des navires de la compagnie que les habitants des deux villes avaient appris à apprécier ses blés.

L'orge était déjà depuis longtemps la plus cultivée des céréales algériennes après le blé; mais les Marseillais étaient beaucoup moins désireux de s'en procurer. Aussi, de 1582 à 1591, 762 caffis seulement entrèrent dans les magasins du Bastion ; l'achat de 150 caffis en 1586 est un maximum pour cette période. C'est que la compagnie ne recherchait guère l'orge que pour la nourriture de ses chevaux ; les indigènes le cultivaient d'ailleurs surtout dans le même but.

Cependant de petits chargements d'orge arrivaient à Marseille. Les prix d'achat étaient naturellement fort inférieurs à ceux du blé, comme on le voit par les chiffres ci-dessous relatifs à la même période :

	Caffi	Éminée		Caffi	Éminée
	—	—		—	—
1583	2 écus 40	0 écu 30	1587	2 écus 04	0 écu 255
1584	1 92	0 24	1588	2 10	0 263
1585	1 44	0 18	1590	2 08	0 26
1586	1 75	0 219			

Comme pour les blés, les vendeurs ne pouvaient disposer que de faibles quantités ; il en faut, par exemple, 55 pour fournir 625 éminées. D'ailleurs le pays était même trop pauvre pour suffire à une exportation pourtant bien restreinte. Sur 615 caffis achetés en 1583 et les années suivantes, 351 sont revendus aux indigènes des tribus voisines des trois bastions et de Bône.

Les achats de fèves dépassaient souvent en importance ceux des orges. En 1586 ils s'étaient élevés à 236 caffis, à 630 en 1587 et 560 avaient été expédiés directement de Massacarès à Pollero de Savone. Ces deux années les fèves avaient été payées 2 écus 40 et 2 écus 30 le caffi. Les indigènes vendaient aussi d'autres légumes secs, tels que pois chiches, appelés cèzes ou sèzes, et haricots (fayoulx) qui figurent dans les chargements.

En dehors des grains et des légumes secs, la compagnie achetait quelquefois des huiles d'olive, mais seulement pour la consommation des gens du Bastion. La Provence était trop abondante en fruits de toutes sortes pour que la compagnie trouvât avantageux d'acheter ceux des indigènes. C'est à peine si on parle parfois de quelques centaines de livres de dattes apportées au Bastion. C'était alors une curiosité ; la compagnie en faisait des cadeaux. Des caisses de dattes sont aussi expédiées jusqu'à Livourne et à Naples.

En définitive les débuts de ce commerce des produits de la culture étaient bien modestes. Il devait falloir de patients efforts longtemps infructueux pour obtenir la permission régulière d'exporter les grains, pour décider les indigènes à étendre leurs labours, avant que les compagnies d'Afrique ne pussent prendre une part sérieuse à l'alimentation de la Provence.

Au XVIe siècle le commerce des cuirs, tout en nécessitant un mouvement de fonds peut-être moins considérable, était beaucoup plus intéressant pour la vie économique de la Provence, parce qu'il alimentait de matière première une industrie de tout temps prospère dans les parties maritimes de la province, la tannerie et la cordonnerie. Cette longue prospérité de deux industries connexes paraît au premier abord une anomalie dans un pays qui n'a jamais eu suffisamment d'élevage de gros bétail même pour subvenir à son alimentation et où la viande de bœuf était une rareté avant les facilités de transports actuelles.

Mais les industries provençales comme la savonnerie et les tissages, si importantes autrefois, ont toujours été étroitement liées avec le commerce maritime, particulièrement celui de Marseille. Les anciennes tanneries doivent faire songer aussitôt aux arrivages des cuirs du Levant et de la Barbarie.

On peut retrouver les chiffres à peu près complets des achats de cuirs depuis 1575 jusqu'en 1594. Du 1er mai 1575 au 13 avril 1582, la compagnie reçut 75.974 cuirs de bœufs ou vaches; plus de 86.000 de 1582 à 1591, 27.789 de 1591 à 1594. Déjà, du 23 janvier 1567 au 31 mars 1588, elle avait vendu 13.172 pièces. Ainsi une moyenne de 11 à 13.000 peaux de bœufs semble avoir été assez ordinaire. Le commerce des cuirs était d'ailleurs beaucoup plus régulier que celui des blés et ne causait pas les mêmes ennuis; nulle interdiction ne le gênait. Il n'était assujetti qu'à un droit de sortie de 10 o/o connu sous le nom de droit de caïd. Les seules influences qu'il subissait étaient donc celles des variations de la consommation locale des têtes de bétail pour l'alimentation des indigènes et des peaux par leur industrie.

On distinguait dans les comptes les cuirs barbaresques provenant des abattoirs indigènes, plus souvent appelés aussi cuirs pelloux ou peloux et les cuirs du mazeau (1) (di macello) provenant de l'abatage fait dans les établissements de la compagnie pour la consommation de leurs habitants. En outre, les pellissons, ou peaux de veaux (?) étaient évalués aux pièces de cuirs pelloux suivant une échelle variable. On les estimait tantôt aux 48/100e tantôt aux 54/100e d'une peau de bœuf.

Les cuirs peloux (2) ou barbaresques étaient fournis en grande partie par Bône et provenaient surtout de la boucherie de cette ville. Ainsi, l'agent Marchione envoya à l'écrivain du Bastion, Salvetti, 25.613 peaux de 1582 à 1591, dont 4.963 pour la seule année 1590 et 21.056 de 1591 à 1594. Il en venait aussi beaucoup de la Calle puisque 5.596 cuirs et 7.240 pellissons y furent achetés en 1578. Les années et les provenances influaient peu sur les prix; on voit des achats échelonnés entre 40 et 45 écus les 100 pièces mais la moyenne se maintint invariablement à 40 écus pour les années 1585 à 1591. Comme les bœufs sur pied n'étaient pas achetés plus de deux écus pièce par la compagnie, la valeur relative attribuée à la peau était singulièrement élevée.

(1) Masèu, masèl (italien macello) abattoir, boucherie.
(2) Achat de 10.438 cuirs peloux en 1595, 6.501 en 1596.

Les tanneries de Provence achetaient en grande partie tous ces cuirs barbaresques apportés bruts à Marseille. Pour donner une idée de la diversité des acheteurs et de leur provenance, voici un relevé pris au hasard des *curattieri* ou *quorattieri*, comme on les appelle, en compte avec la compagnie pour les années 1567 et 1568. Leurs noms peuvent, en outre, intéresser des descendants qui peut-être n'ont pas quitté la cité des ancêtres.

ANTIBES : Jean Gaudin, Gaspard Giachin, Antoine Rubion.

AURIOL : Berton Grimaldo, Barthélemy Grimault, Pierre Maubert, Nicolas Pelissier, Nicolas Ripert.

BRIGNOLES : Giachet Lions, Marmet Pinet, Antoine et Nicolas Ripert, Jean Rosset, Antoni et Etienne Rous.

COTIGNAC : Pierre et Guillaume Carmagnole, Antoine Henri, Estève.... et autres.

DRAGUIGNAN : Honorat Berac, Honorat Castiglion, Jean Miglet, Estève Magagnot, Honorat Parian, Estève Rencurel.

GRASSE : Jean Antonieri, Pierre et Jean Bérart, Honorat Blanc, Michel Boffo, Domergue Bompart, Reimond Cavalié, Jean de Crans, Cresp, Honorat Etran, Honorat Fumel, Francès et Hugon Girault, Antoine Giachin, Jean Lambert, Guillaume, Longier, Antoine, Cristol, Estève, Gaspard, Honorat, Jean, Louis, Mathieu, Michel et Pierre Mercurin, Antoine et Jean Mogins, Honorat Moment, Pierre Morel, Antoine Moton, Guillaume Mus, Jean Olivier, Antoni Pons, Francès Primiera ou Pruniera, Jean-Antoine Rambault, Florent et Michel Ribié, Jean-Antoine et Pierre Ripert, Jaumet Rona, Monet Serra, Peiron Torre.

ISTRES : Thomas Adin, Jeannettin Ambroise, Fernand Rougier, Emerigon Teisseire.

MARSEILLE : Honorat Broglio, Jacquet Durant, Estève Fabri, Francès Fanca, Truphème German, Jean Girault, Francès Gontier, Pulitre Heretier, Etienne Imar, Monet Martin.

NICE : Jean Bain, Barthélemy Brunet, Luca Casciotto, Estève Genonni, Jaume Gerboyn, Anfous Marchol, Etienne Soliers.

OLLIOULES : Etienne Gillous.

SAINT-MAXIMIN : Antoine Niel.

SIGNES : Honorat Jofret.

Il peut sembler difficile, au premier abord, d'admettre que tous ces quorattiers ou curattiers fussent des tanneurs ; et on serait porté à penser que certains d'entre eux, acheteurs d'un petit nombre de pièces de cuirs, 25 ou 30 seulement, n'étaient que des marchands de cuirs. Mais il faut se souvenir que l'industrie d'alors était divisée entre de nombreux petits ateliers et rien n'empêche de croire que tous ces acheteurs, petits ou gros, appartinssent à la corporation des tanneurs, les comptes leur donnant à tous le même titre et n'établissant entre eux aucune distinction. D'ailleurs, le mot de curattier avait un sens très précis et il semble bien certain que la compagnie revendait tels quels les peaux brutes qu'elle recevait. Elle payait bien des journées d'artisans mais c'était seulement pour *tersegnare*, c'est-à-dire, peut-être, pour opérer un triage et un classement avant la vente (1). Ce qui est certain c'est que ce travail était payé d'un très haut salaire. Un certain Antoine Fanié reçoit 28 livres pour vingt-huit journées pendant lesquelles il a travaillé à tersegnare.

Grasse apparaît sur cette liste comme le grand centre de l'industrie du cuir en Provence. Ses quorattiers se distinguent non seulement par leur nombre, mais par l'importance de leurs

(1) M. Crémieux, professeur d'histoire au Lycée de Marseille, mon excellent collègue et ami, qui prépare, pour l'une de ses thèses de doctorat, une édition définitive des Statuts de Marseille, fort mal et fort incomplètement publiés par Méry et Guindon, a bien voulu me communiquer divers textes du Livre VI, relatifs aux tanneurs (super arte curatarie et blancarie). Les cuirs ne pouvaient pas être mis en vente sans que les diverses opérations de leur préparation n'eussent été surveillées par des prud'hommes élus à cet effet et sans que chaque pièce n'eût été successivement marquée par trois fers différents. On pourrait penser que l'expression du XVIe siècle, *tersegnare*, dérivait des anciens usages et signifiait l'apposition d'une marque. Mais il s'agit ici de peaux brutes et non de cuirs tannés. D'autre part, on peut rapprocher le mot tersegnare du mot terceja qui veut dire diviser les marchandises en trois lots pour opérer un triage. Il est question de cuirs *tersegiatz* qui viennent sur les navires de la compagnie. Cela veut-il dire des peaux déjà triées au Bastion ?

achats qui se chiffrent par plusieurs milliers de pièces en 1568. Leur renommée était, en effet, depuis longtemps établie. Ville obscure jusqu'au XIIIe siècle, Grasse avait grandi tout à coup au détriment d'Antibes. Une partie de la population du port s'y transporta, soit à cause de l'insalubrité du terroir, soit plutôt à cause des attaques fréquentes des Barbaresques. L'évêché même y fut transféré vers 1250. Au XIVe et au XVe siècle on vantait les produits de son terroir et de ses industries, particulièrement les cuirs. Les tanneurs avaient trouvé, parait-il, le secret de préparer les peaux à la poudre de myrte et de pistache, procédé qui les rendait imperméables et d'un très long usage. Grasse avait aussi des mégissiers et des fabricants de gants. Ses foires étaient très fréquentées et les écrivains du XVIe et du XVIIe siècle ne parlent jamais d'elle sans la signaler comme une ville peuplée et fort riche. Il ne semble donc pas que la peste de 1580-81, qui y enleva, dit-on, 6.000 habitants, ait porté un coup durable à sa prospérité.

Le travail du cuir, alors comme aujourd'hui, était surtout actif dans la partie orientale de la Basse Provence. Parmi les centres mentionnés ci-dessus, seul Istres se trouve à l'ouest de Marseille. Des ventes importantes sont faites, en 1576 par exemple, à Solliès, Cuers, Aups, Lorgues, bourgs du département du Var. Les chutes d'eau ou les forêts qui avaient favorisé le développement de cette industrie l'ont maintenue jusqu'à nos jours dans plusieurs de ces villes ou villages provençaux.

Malgré son activité, la tannerie provençale n'absorbait pas tous les cuirs arrivés de Barbarie ou plutôt la compagnie trouvait avantage à en vendre à l'étranger. Barcelone et Savone étaient encore les marchés ordinaires. Pollero achète 1.000 cuirs, par exemple, en 1584 et son compatriote Ottavien Melcione est aussi en compte avec les associés. En 1593, un certain nombre de ceux-ci, joints à d'autres négociants de Marseille, constituent une société particulière, en dehors de la grande, dite compagnie des cuirs de Ligorne, qui avait pour but d'acheter des cuirs au Bastion et de les écouler en Toscane. Elle envoya un agent en Barbarie, Gaspard Reymond, qui put disposer de plus de

7.500 écus, tandis qu'un autre agent, Simon de Cipriano, séjournait en Toscane et étendait ses opérations jusqu'à Gênes. Les principales furent faites avec les Berzighelly, négociants de Pise, car Livourne n'était encore que le port des négociants restés établis dans la vieille cité déchue.

Dans tous ces comptes de cuirs il n'est question ni de peaux de moutons, ni de peaux de chèvres, bien que l'Algérie nourrît alors comme aujourd'hui des millions de têtes de petit bétail. Mais l'industrie indigène utilisait plus particulièrement leurs peaux et, d'autre part, la demande ne devait pas être très forte, car la Provence comptait alors beaucoup plus de moutons et de chèvres qu'aujourd'hui. Les achats de peaux de moutons se chiffraient donc à peine par quelques centaines par an, sans aucune régularité.

C'est aussi à cause des besoins des métiers indigènes, et parce que les Provençaux trouvaient chez eux la matière première, que le trafic des laines brutes n'atteignit jamais une très grande intensité. Entre 1582 et 1594, il fut très faible puisqu'en douze ans il n'atteignit pas tout à fait 60.000 livres. Mais c'est ici surtout que cette période apparait comme exceptionnellement défavorable. En 1597, l'écrivain de Bône achète 89.524 livres de laines, 119,073 en 1598 sans compter les quantités fournies par les autres établissements. Ces deux années-là, comme autour de 1580, la compagnie les avait payées un prix moyen de 2 écus le quintal de 100 livres. Un certain nombre de balles étaient réexpédiées de Marseille en Catalogne.

Quelquefois la cire figure aussi dans les comptes pour des achats de quelque importance : Cader bacha en vend pour 895 écus en 1592, chiffre sans doute exceptionnel, si l'on en juge par les quelques milliers de livres que pesaient les chargements des années suivantes.

L'élevage africain fournissait donc, dans l'ensemble, un aliment de trafic souvent plus considérable que les produits du sol, mais les animaux vivants n'entraient presque pas en ligne de compte. On n'eut jamais l'idée de charger sur les bâtiments bœufs, ni moutons. Seuls, les chevaux barbes tentaient quelques seigneurs et hauts personnages. C'était à leur demande que la compagnie en achetait chaque année quelques-uns, au prix sans doute de grandes difficultés, les Arabes en étant très jaloux. De plus, l'exportation en était aussi rigoureusement interdite que celle des blés. On a vu à quels dangers la rencontre par le dey d'Alger d'un bâtiment de la compagnie portant plusieurs chevaux exposa Thomas Lenche et les officiers du Bastion en 1595.

De 1576 à 1581, 19 chevaux seulement arrivent à Marseille, 37 en 1587, 5 en 1589, 24 en 1597 et 22 en 1598. Les prix variaient naturellement beaucoup suivant les animaux. Jean-Baptiste Forbin, sieur de Gardanne, membre de la compagnie, paie 28 écus pour un cheval que lui vend le cheik des Ouled Mansour en 1580, et un autre associé, Jean Daysac, sieur de Venelles, 23 écus. Mais les personnages qui faisaient des commandes à la compagnie payaient des prix beaucoup plus élevés. Un cheval et une jument, achetés pour le maréchal de Montmorency, coûtent, en 1580, 63 écus ; les facteurs du Bastion écrivent à la compagnie d'en demander 115 écus ; une autre fois ils lui conseillent d'exiger 97 écus pour deux juments destinées au même maréchal, qui avaient coûté 57 écus (1). Quelquefois on confiait à la compagnie une somme fixe pour faire l'achat ; un parlementaire, le président Pellicoty donne ainsi 44 écus en 1584. Les prix n'étaient cependant pas toujours aussi élevés quand il s'agissait de chevaux plus communs ; c'est ainsi que 19 chevaux coûtent ensemble 381 écus, c'est-à-dire en moyenne 20 écus entre 1577 et 1581 ; leurs prix sont échelonnés entre 36 et 13 écus. Un cheval gris de quatre ans, envoyé à Livourne au seigneur Pantelly de Tomasiny, n'a coûté que 10 écus 86 deniers. Même ces prix les plus bas étaient considérables pour une époque où le coût d'un bœuf sur les mêmes marchés ne dépassait pas deux écus.

Tels étaient les produits peu variés et pas très abondants que la Barbarie fournissait au commerce au XVIe siècle. On remarquera qu'on n'y trouve aucune marchandise provenant des cara-

(1) Chevaux vendus en 1589 : au capitaine Rastin, 55 écus ; à M. Guiran, avocat d'Aix, 75 écus ; au seigneur de Villecroze, 125 écus.

vanes sahariennes ou soudanaises. Déjà elles avaient abandonné la direction de l'Algérie pour diverger vers le Maroc ou vers Tripoli. D'autre part les achats ne pouvaient évidemment consister qu'en produits du sol et de l'élevage. Cependant il est au moins un produit de l'industrie indigène qui figure dans les comptes de la compagnie, les *bernus* ou *barracans*. Il s'agit sans doute des étoffes de laine dont les indigènes faisaient leurs burnous et qu'on assimilait aux grossiers lainages français connus sous le nom de bouracans. La compagnie en achète un certain nombre de pièces à Constantine ou à Bône et les envoie au Bastion « pour le service de l'entreprise ». En 1587 il est question de 15 *bernus* fournis à diverses personnes, à Marseille, *per cavalli*. S'agissait-il de couvertures pour leurs chevaux? En 1598, 1936 sont achetés à Bône. On les paie à Constantine tantôt à raison d'un demi écu pièce environ, tantôt un écu et demi ; 90 bernus, grands et petits, coûtent, en 1598, 71 écus. L'importance était minime, mais le fait méritait d'être signalé à cause de son caractère exceptionnel.

Déjà les importations de Barbarie en France ont montré les relations intéressantes qui existaient entre ce commerce et tout au moins une grande industrie provençale. Mais c'étaient les exportations de la compagnie surtout qui exerçaient une influence heureuse sur plusieurs branches du travail national.

Elle était malheureusement limitée; les Arabes étaient trop pauvres pour consommer beaucoup de produits européens. Car ce n'était pas le goût qui leur en manquait, témoin la variété des achats faits par les chefs, et leur avidité à demander les cadeaux en nature, représentés par des marchandises très diverses. Seuls ceux-ci et les raïs, que la course enrichissait, pouvaient satisfaire de luxueuses fantaisies. La pauvreté générale restreignant fortement le cercle des acheteurs, beaucoup des indigènes en relations avec les agents des établissements marseillais, préféraient recevoir de l'argent en paiement de leurs grains, de leurs cuirs et de leurs bœufs.

Aussi n'est-il pas de bâtiment de la compagnie qui ne partît pour la Barbarie emportant des sommes plus ou moins considérables à consigner au Bastion ou à Bône entre les mains de ses agents, tantôt quelques centaines, tantôt quelques milliers d'écus. Du 13 août 1575 au 6 février 1578, les sommes ainsi remises au Bastion s'élèvent à 29.150 écus d'or du coing d'Espagne. En 1590 figure un compte d'un certain nombre d'années s'élevant à 68.027 écus *pistolletz* valant 76.236 écus au soleil (1). C'était, en effet, les monnaies d'Espagne, pistoles et réaux, qui servaient déjà aux opérations de la compagnie, de préférence à la monnaie de France moins appréciée des indigènes et surtout plus difficile à sortir du royaume. En 1568 on trouve la dépense suivante : 1 livre pour le laquais et 2 écus au secrétaire du gouvernement pour les passeports de sortie de 17.000 livres et 1 liv. 16 sols aux gardes de la chaîne du port. Il s'agissait sans doute ici de sortir de l'argent de France. Il fallait donc avoir sans cesse un approvisionnement de pistoles d'Espagne, et c'est là probablement le secret des relations actives que la compagnie entretenait soigneusement avec des villes telles que Barcelone ou Valence ou avec Minorque (2).

Mais, en même temps, l'Algérie demandait régulièrement une certaine quantité de produits manufacturés et spécialement des tissus très variés.

Les draps sont restés pendant plusieurs siècles le plus gros article de vente dans tous les pays turcs. C'était aussi celui qui avait le plus de débit en Algérie. Il fallait, pour satisfaire les goûts de luxe des chefs, recourir à des assortiments très divers. Les draps de France n'y suffisaient pas et la compagnie devait compléter ses achats à l'étranger (3).

(1) 1.000 pistoles valaient 1.116 écus, 13 sols, 4 deniers.

(2) La compagnie payait aux capitaines qui portaient ces sommes des *changes maritimes* qui correspondaient à nos assurances maritimes En 1568, 1575, le taux des changes maritimes est de 50 o/o. Sans doute pour diviser les risques ou pour intéresser tout le personnel au salut du bâtiment il arrivait que les mariniers et l'écrivain fussent, comme le patron ou capitaine, chargés du transport d'une certaine somme. La compagnie comptait également à leur crédit un change maritime de 50 o/o. Il y avait là un système d'assurances original si notre interprétation des comptes n'est pas inexacte.

(3) La draperie française était en décadence à la fin du XVIe siècle et le royaume consommait quantité de lainages étrangers. V. Fagniez. *L'Économie sociale de la France sous Henri IV*, p. 82.

Parmi les premiers, les plus recherchés étaient les draps de Paris et tout particulièrement ceux teints en rouge écarlate. Cette couleur jouissait d'une faveur toute spéciale. En 1589 figure un compte de 9.781 écus. Les couleurs les plus demandées étaient ensuite, au premier rang, le vert, puis le noir, le violet (1).

Il est aussi question de draps d'or de Paris. Parfois les comptes mentionnent des draps de France à la parisienne sans indiquer leur provenance.

Les fabriques du Languedoc, dès lors en pleine activité et plus à portée de Marseille, fournissaient à la compagnie des quantités peut-être plus grandes de draperies d'un prix moins élevé. C'était surtout les draps de Saint-Pons et ceux dits Cabardès, du nom d'un pays des Corbières. Plus tard on devait les désigner sous le nom générique de draps de Carcassonne. De 1582 à 1590, années de faible trafic, la compagnie vendit 3.410 cannes de Cabardès pour 8.501 écus ; la seule année 1589 avait consommé 112 pièces, c'est-à-dire pas loin de 1.400 cannes. L'exportation des Saint-Pons semble avoir été sensiblement inférieure. Les drapiers de Languedoc ne fabriquaient pas le précieux écarlate, ou, du moins, ne le vendaient pas à Marseille. Les Cabardès les plus demandés étaient verts. On trouve les appellations de draps turquins, contrais, monréals, tanettes.

Parmi les autres draps de France, la compagnie à ses débuts achetait des draps de Rouen, souvent mentionnés encore en 1568. Les draps fins de cette ville étaient alors célèbres sous le nom de draps du sceau. Plus tard, le nom des marchands rouennais et de leurs étoffes n'apparaît plus, sans doute à cause de la commodité beaucoup plus grande offerte par les draps du Languedoc. Outre les frais considérables et la lenteur du transport, il fallait tenir compte des droits acquittés sur la route au trésor royal. Un paquet d'écarlates venu de Rouen paie 7 livres pour la gabelle de Lyon et 1 livre de droit de stallage. Pour accroître leurs bénéfices, les Marseillais songèrent à s'affranchir des fabricants

(1) On cite les couleurs remezin, fueigamosta.

du royaume en traitant sur place les laines qu'ils recevaient par mer. Sous l'influence de l'essor du commerce du Levant, qui fournissait la matière première et le débouché du produit fabriqué, diverses fabriques de draps furent donc créées au XVIe siècle. La compagnie du corail exerça son influence sur leur développement. Elle vendait en Barbarie souvent plusieurs centaines de cannes par an de draps de Marseille à la parisienne, surtout de couleur rouge ou verte, des draps arquinis (d'archinna, d'archinia, arquemis) de cette dernière teinte, des draps rouges à la marseillaise. Autour de 1590, toutes ces fournitures lui étaient faites par Claude, Jacques et Désiré Moustier, à la fois fabricants de draps et membres de la compagnie comme héritiers de Jacques Moustier, l'un des participants de la première heure.

Mais elle fit plus et ses pricipaux associés furent parmi les entrepreneurs de la fameuse manufacture de draps dite de l'écarlate, établie à l'imitation de Venise. Depuis la seconde moitié du XVe siècle, le puissant réveil industriel qui avait pris naissance à la cessation des maux de la guerre de Cent Ans ne s'était plus arrêté. Les guerres d'Italie, l'activité économique des règnes de Louis XII et de François Ier, le mouvement artistique de la Renaissance lui avaient donné au contraire une impulsion plus forte. L'Italie, surtout, excitait l'émulation et il s'agissait principalement d'introduire dans le royaume la fabrication de ces tissus de luxe qui enrichissaient Venise, Florence, Gênes, Milan. La Provence, que son voisinage et les malheureuses prétentions de ses comtes sur la couronne de Naples avaient mise depuis longtemps en relations fréquentes avec la métropole, se signala naturellement dans ce mouvement industriel.

En 1476, le roi René avait constitué à Aix la corporation des fabricants de draps, mais il ne s'agissait que de draps ordinaires, les cadis, dont la fabrication, toute française, s'est maintenue dans la capitale provençale jusqu'au commencement du XIXe siècle. Bien plus intéressants furent les efforts pour introduire ou développer la culture du mûrier, la séricículture et la fabri cation des soieries.

Vers 1540 la ville d'Aix passa un contrat de cinq années avec Antoine Carrat d'Avignon qui venait créer la fabrication de la soie, des velours et des rubans. Pour lui fournir la matière première, 10.000 mûriers furent plantés à Aix et dans les environs. La ville payait à l'industriel avignonnais le loyer de la maison dite des trois rois, où il fit son établissement, ainsi que celui d'un moulin à teinture. Au bout des cinq ans, le loyer fut renouvelé pour une même période (1).

On peut rapprocher de cet effort les projets de culture de la canne à sucre et de la fabrication du sucre, qui montrent que l'initiative et la hardiesse s'égaraient jusqu'aux chimères.

De toutes ces entreprises, la plus importante et la mieux conçue fut celle de l'écarlate. Elle fut concertée par l'un des membres les plus hardis de la compagnie du corail, Jean Daysac, sieur de Venelles, avec un Vénitien établi à Marseille, Louis Drera. Depuis quand celui-ci, qualifié de marchand, avait-il quitté sa ville natale? Etait-ce un mécontent ou simplement un homme d'humeur vagabonde, ou bien avait-il été attiré par l'espoir de faire fortune dans une ville qu'éveillait une vie nouvelle? Faut-il attribuer sa présence à un concours de circonstances fortuites ?

Quoi qu'il en soit, Jean Daysac, après être entré en pourparlers avec Drera, obtint du roi la permission nécessaire pour fabriquer à Marseille des draps à la façon de Venise. Il put ensuite s'entendre avec plusieurs gros négociants marseillais et constituer une société. Le contrat conclu le 26 août 1570 dans la maison du sieur de Venelles, par devant le notaire Champorcin (2), nous apprend que la compagnie ne comptait que sept associés : Jean Daysac, sieur de Venelles, Pierre Albertas, sieur de Saint-Chamas, tous deux membres influents de la compagnie du corail, Nicolas du Renel, Albert Massilhon, Magdelon Lethelier, Jehan bon Jehan, Bernardini Bernardi. On verra plus loin quelle était l'activité des relations de celui-ci, puissant banquier

(1) V. Archives d'Aix, BB, 26, f° 19.

(2) Registres du notaire Champorcin, 1570, fol. 1077-1081. Voir le texte de cet acte à l'appendice.

de Lyon, avec les associés du corail. La participation des associés, divisée en 24 carats, avait été ainsi répartie : 9 carats pour Daysac et Albertas réunis, 4 pour Massilhon, 2 pour du Renel, Lethelier et Bernardi, 1 pour Jehan bon Jehan. Drera, chargé de la fabrication, s'engageait à prendre pour lui quatre parts. Avant toutes choses, il devait se rendre à Venise et « autres lieux circonvoisins » qu'il conviendrait, « pour faire accorder tels gens ouvriers et experts audit négoce qu'il connaîtrait être nécessaires pour le travail et vacation de ladite fabrication des draps et teintures d'iceux, ensemble pour la facture des modèles et engins qu'il aviserait lui être convenables ».

C'était là le point délicat, le problème dont la solution présentait beaucoup d'incertitude. En effet, le difficile pour ceux qui lançaient de pareilles entreprises était d'abord de trouver quelqu'un qui se chargeât de leur révéler les secrets, soigneusement cachés, de la fabrication étrangère. Mais il n'était pas moins indispensable de recruter au dehors des ouvriers bien au courant de la main-d'œuvre et capables de former pour l'avenir des élèves dans le pays. Or les trouver, même à prix d'or, n'était pas toujours possible. En dehors de leur répugnance à quitter leurs familles et leur pays, ces artisans étrangers étaient souvent arrêtés par les pénalités très sévères édictées dans les villes italiennes d'alors pour éviter que le personnel de leurs fabriques ne fût embauché par des concurrents du dehors. Le patriotisme local était assez étroit ou aveugle pour faire supporter aux parents les conséquences du départ d'un ouvrier considéré comme une désertion. En tout cas, la législation prohibitive interdisait à celui-ci tout espoir de retour.

Bien entendu, il était stipulé que tous les ouvriers vénitiens que Drera croirait nécessaire d'engager viendraient jusqu'à Marseille aux dépens de la compagnie. Ils devaient s'engager à faire le voyage lorsqu'ils en seraient requis. Quant à Drera, son retour était fixé au mois d'octobre pour préparer l'organisation de la fabrication. Le délai rapproché indique bien que les associés étaient décidés à sortir rapidement de la période des préliminaires.

Drera était sans doute de retour à l'époque fixée et sa mission avait été couronnée d'un plein succès, car au mois de décembre 1570 la compagnie fut remaniée et établie sur des bases beaucoup plus larges avec de nouveaux associés, parmi lesquels les autres principaux membres de la compagnie du corail qui suivaient l'exemple de Daysac et d'Albertas. En effet, dans l'acte nouveau d'association en date du 30 décembre, signé de nouveau dans la maison du sieur de Venelles par devant maître Champorcin (1), on trouve joints aux noms des premiers participants ceux de Jean Riqueti sieur de Mirabeau, Antoine de Lenche, Sébastien Cabre sieur de Roquevaire, Jean, fils de Barthélemy de Roddes, Ascanio Roncaille et Pierre-Paul Nobili (Nobilly) associés ensemble, Pierre Gardiolle. Le nombre des participants porté à quinze était à peu près doublé. Un article du contrat leur défendait de céder leurs parts sauf à leurs coassociés. Ils firent, en effet, entre eux, presque aussitôt une série d'échanges (2). Letellier, qualifié de garde des munitions, puis Jean de Roddes vendent à Massilhon et à Gardiolle le carat qu'ils possèdent, sans doute alléchés par un bénéfice immédiat.

En définitive, en 1571, la compagnie reste divisée en trente carats ainsi répartis : Daysac 4, Albertas, Massilhon, Gardiolle, Drera, chacun 3, Riqueti, Cabre, Lenche, Bernardini, Roncailhe et Nobili associés, du Renel, chacun 2, Augier Perrel et maître Antoine Bernardi « ayant charge des comptes et affaires de la compagnie », tous deux accueillis en dernier lieu parmi les associés, chacun un.

Comme la compagnie du corail, celle de l'écarlate était donc une société en nom collectif dont les membres s'engageaient à fournir, en proportion de leur participation, tous les fonds qui seraient nécessaires à la marche de l'entreprise.

Drera devait avoir « la tutelle, charge, administration, régime, sollicitude et superintendance de ladite construction. » Il était

(1) Registres du notaire Champorcin. 1570, fol. 1661-1667.

(2) Ces échanges en date du 26 janvier, 15 février, 3 octobre 1571, figurent sur le registre de Champorcin à la suite de l'acte du 30 décembre 1570. — Le 1er mars 1574, Daysac cède à Antoine Bernardi un des 4 carats qu'il possède.

tenu de fabriquer chaque année autant de pièces de draperies en laines à la facon de Venise, « de la qualité, sorte, bonté, couleur, que la compagnie voudrait » pour toute la durée de la permission octroyée par le roi. Pendant tout ce temps, il ne prêterait à personne ses services ni ceux de ses hommes. Les associés de leur côté avaient à lui fournir toutes les laines et teintures qui seraient nécessaires. Pour « les peines, vacations et industrie dudit Drera et afin qu'il eût meilleur moyen et volonté de l'employer à ladite fabrique » la compagnie lui paierait tous les ans 4 écus de 48 sols pour chaque pièce de drap entièrement achevée, teinte et prête à être mise en vente. Au bout de deux ans, ce salaire serait abaissé à 3 écus. Moyennant quoi Drera devrait suffire à son entretien, à celui de sa famille et de ses serviteurs, mais la compagnie lui fournirait un logement qu'il serait tenu d'occuper dans la maison où serait établie la fabrique. Au cas où il violerait les conventions et où « ladite association et compagnie ne viendrait en effet ou demeurerait en surséance pour sa coulpe ou négligence », il serait tenu de rembourser tous les « frais, mises et dépenses » des associés, « tous autres dépenses, dommages et intérêts qui pourraient être soufferts et outre ce de payer la peine volontaire de 500 écus d'or applicables la moitié au roi et l'autre moitié à ladite compagnie. » Il fallait que le Vénitien fût bien assuré du succès pour avoir accepté de pareilles conditions.

Il était prévu que les draps chargés sur des vaisseaux pourraient être vendus en Levant ou Alger. Ceux qui seraient envoyés en Syrie devaient obligatoirement être consignés à Antoine Massillon, sans doute établi dans l'échelle de Tripoli, le seul port de Syrie où les Marseillais eussent alors un consul, ou dans la ville d'Alep même, le grand marché du Levant avec Alexandrie. Ce marchand recevrait pour sa peine trois pour cent sur le bénéfice net des ventes faites par lui. Mais son frère Aubert Massillon, l'un des principaux associés, et son père s'engageaient solidairement pour répondre de sa suffisance et probité. Ainsi la compagnie s'assurait d'emblée dans le Levant un agent sur lequel elle pouvait compter. Quant à la direction des affaires, des achats et des ventes, elle était remise au sieur de Venelles. Il devait confier la tenue des livres à un homme expert dont il répondait vis-à-vis des autres associés. Telle fut la constitution intéressante de la nouvelle société. La présence parmi ses membres de Daysac, Albertas, Riqueti, Lenche, Cabre, possesseurs de treize carats sur trente et tous personnages d'influence plus grande que les autres coassociés, en faisait une sorte de filiale de la magnifique compagnie du corail. L'indispensable était de trouver un local convenable pour y installer la nouvelle fabrique. Le choix ou les pourparlers pour l'achat furent assez laborieux puisque c'est seulement un an après, le 21 décembre 1571, que fut signé l'acte d'acquisition, toujours par devant maître Champorcin, notaire attitré de la compagnie (1). Pour 3500 écus de 48 sols la compagnie achetait d'Anthoine Drivet, « honorable homme » et marchand, une grande maison où il faisait la « curaterie », c'est-à-dire la tannerie, avec sa « croste », deux jardins, une étable et toutes ses dépendances. Touchant le couvent de l'Observance et en partie entourée de jardins, la vaste tannerie d'Anthoine Drivet se trouvait à l'extrémité nord de la ville. L'importance du prix d'achat suffit pour attester celle de l'immeuble qu'avaient choisi les associés. Quelques mois après ils louaient à l'abbaye de Saint-Victor, le *paroir* du monastère situé au quartier de Sainte-Marguerite. Le prix de location de ce moulin à fouler les draps, situé sur les bords de l'Huveaune à quelques kilomètres au sud de la ville, était fixé à 280 livres par an (2).

Aucune clause de l'acte d'association ne stipulait que la fabrication des draps serait limitée à ceux qui devaient être teints en écarlate mais le nom donné couramment à la compagnie dans les documents indique assez que la production de cette sorte de draperies était sa préoccupation essentielle. Ce n'est pas seulement auprès des Turcs de Barbarie ou du Levant que les draps écarlates étaient recherchés. Depuis la célébrité de la pourpre

(1) Voir le texte à l'appendice.

(2) Arch. départem. des B.-du-Rh. Abbaye de Saint-Victor. Actes et contrats. Reg. A., fol. 397. *Arrentement fait contre les sieurs de l'escarlatte.*

antique la somptueuse couleur n'avait pas cessé d'être réservée aux draps de luxe, de revêtir de son éclat les puissants et les dignitaires. Les consuls de Marseille s'en paraient dans les cérémonies. En 1585 c'est couverts de leurs belles robes d'écarlate, sorties peut-être de la manufacture de leur ville, qu'ils reçoivent magnifiquement la princesse Marie d'Autriche veuve de l'empereur Maximilien II.

D'ailleurs quand les lettres patentes en date du 12 octobre 1572 confirmèrent la permission donnée aux associés de commencer leur fabrication, il est question de draps d'écarlate à la façon de Venise (1). Au mois de janvier suivant des lettres de naturalité étaient expédiées pour Loys de Drera, natif de Venise (2). Celui-ci, confiant dans l'avenir, avait fait venir avec lui son frère, Baptiste, et s'était associé avec lui pour diriger la manufacture. Par un acte notarié du 27 février 1575 il déclarait que celui-ci participait aux trois carats qu'il possédait dans la société.

Le succès avait, en effet, récompensé l'initiateur des Marseillais, comme le prouve le haut prix bientôt demandé pour les parts de la société. Le 3 avril 1579 (3), César Bernardini, marchand lucquois demeurant à Lyon, tant pour lui que pour les hoirs de Paul et Etienne Bernardini ses frères établis dans la même ville, vend au Marseillais Charles Girenton les deux carats de la *compagnie de l'escarlatte*, reconnus aux Bernardini dans l'acte d'association de 1570. Le prix convenu était de 3.500 écus d'or au soleil. A ce taux l'avoir liquide de la société valait 52.500 écus.

Plus tard, en 1586, on voit la compagnie conclure une transaction au sujet de la maison où était installée sa fabrique. Les neveux du vendeur Antoine Drivet réclamaient 1.000 florins

(1) Voir ces lettres dans les Registres du Parlement (Aix, palais de justice), B. 3.332, fol. 1.343 v°; autres lettres royaux ayant même objet, du 5 avril 1574 et 27 septembre 1575.

(2) Cour des Comptes. B. 63, fol. 414. — Autour de 1580 Drera est associé à un autre Italien, François Padoany, qui fait faillite. Arch. du Parlement de Provence. B. 3.335, fol. 392. Ce Padoany ou Padovani est en compte en 1576-78 avec la Compagnie du corail pour des épices.

(3) Protocoles du notaire Pâris, fol. 505.

comme représentant la dot de leur mère (1). En poursuivant les recherches dans les registres d'autres notaires on trouverait sans doute d'autres preuves de l'existence et de la vitalité de la fabrique des draps à la manière de Venise. Elle vécut tout au moins autant que la compagnie du corail à laquelle elle était liée par d'étroites relations.

Il semble bien d'ailleurs que l'entreprise de l'écarlate avait été précédée d'autres tentatives de celle-ci pour apprêter au moins, sinon pour fabriquer sur place, les draps d'exportation dont elle avait besoin. L'industrie de la draperie existait en effet à Marseille et les associés purent s'entendre avec des fabricants de la ville. En 1567 et 1568 figurent plusieurs comptes avec des tondeurs de draps qui ont travaillé pour la compagnie. Antoine Iseran reçoit 28 liv. 10 s. 10 d. pour avoir tondu 20 pièces *mesclas* de 285 cannes à 10 deniers la canne et d'autres pièces d'écarlates à 2 sols la canne. Il avait aussi *cousu et ficelé* 99 pièces *monrials* à 10 deniers pièce. Du 25 septembre 1567 à fin février 1568 la tonte et mise en pièces des draps pour la compagnie lui rapporte 34 livres et le 29 mai 1568 un autre artisan, Joseph Renaud, est crédité de la même somme pour tonte et apprêt de draps. D'autre part, la même année, Jacques Moustier, un des participants de la compagnie, est créditeur de diverses sommes pour teinture de draps en écarlate et en autres couleurs. Le 31 décembre 1567 le caissier lui compte 1.168 livres pour teinture de 21 pièces d'écarlate rouge de 202 cannes 1 $^{1}/_{6}$ à 5 livres $^{1}/_{2}$ la canne et de 2 pièces vertes de 19 cannes 1 $^{2}/_{3}$ à 18 sols la canne, plus 12 livres 10 sols pour 9 pièces de boucaran pour l'enveloppe desdites 23 pièces et 58 sols pour le plissage desdites écarlates. Jacques Moustier devait être l'un des principaux, sinon le principal fabricant de la place. On a vu plus haut que ses héritiers étaient les fournisseurs ordinaires de la compagnie en draps marseillais.

Malgré tout, ni l'industrie locale, ni l'industrie nationale ne pouvaient fournir tous les assortiments demandés par la

(1) Registres du notaire Champorcin. 4 mars 1586, fol. 116. — « Compagnie de la panine des draps qui se composent à la manière de Venize. »

Barbarie. La compagnie du corail achetait pour les réexporter quantités de draperies d'Espagne et quelque peu d'Italie.

Elle demandait surtout à l'Espagne des draps de Valence écarlates, draps *polvo* ou *polus*, *couffols*, *contrais* ; les comptes s'élèvent souvent à plusieurs milliers de livres. Venaient ensuite les draps de Barcelone, écarlates, *contrais* : en 1596 on voit un compte de 2.978 écus. Il est aussi question des draps de Majorque et très souvent de draps d'Espagne sans aucune désignation locale, *muriali*, *cordeillati* ou *accordeillati*, particulièrement les *seizins* et les *vingtdeuxins*, désignés parfois par les numérations 0/16 et 0/22.

Valence fournissait aussi des *flansades*, couvertures de parade, distribuées en présent et des franges de soie mêlées de fils d'or et d'argent pour les orner (1).

Les achats en Italie paraissent avoir été exceptionnels. En 1567 il est question de draps cordellati blancs, gris, couleur de bure et d'autres draps cramoisis fabriqués à Venise ; une seule mention de draps de Naples a été relevée.

Mais l'Italie restait le grand marché pour les soieries de toutes sortes. Devenue arabe au xe siècle, italienne au xive, l'industrie de la soie était restée presque un monopole de villes telles que Florence, Lucques, Venise, Gênes. On désignait alors sous le nom générique de draps de soie les velours, les satins, les damas, très appréciés des Barbaresques. Sans doute que les efforts pour introduire l'industrie des soieries en Provence, dont il a été parlé plus haut, n'avaient pas eu de bien grands résultats. La ville d'Aix pourtant n'avait pas renoncé à l'implanter chez elle. En 1573 elle était en négociations avec un *velutier*, propriétaire de dix métiers, qui voulait venir s'établir chez elle (2). Il semblait que la prospérité d'une pareille industrie fût liée à la production de la soie elle-même et c'est pourquoi Marseille, dont le terroir

(1) Flansado, vieux mot marseillais ; les comptables écrivent : flassate. En 1585 une facture de 7 flassate de Valence monte à 338 écus ; 4 flassate de la grande forme, 40 écus ; 3 flassate de la moyenne dimension, 24 écus ; 44 écus pour des franges de soie, 100 écus de fils d'or et d'argent pour ces franges ; 25 écus de façon pour les franges, etc.

(2) Archiv. d'Aix, 11 novembre 1573, BB, 55, fol. 1.

était trop aride pour les mûriers, laissait à sa voisine l'honneur de ces entreprises.

Donc les draps de soie à destination de la Barbarie étaient achetés à Gênes et à Savone d'où les bâtiments de la compagnie les transportaient parfois directement au Bastion et à Bône. En 1527 le seigneur de Mirabeau en fait prendre à Pise pour 512 écus par les « seigneurs » Ricardy, qui les font porter à Gênes d'où ils vont directement à Massacarès. La même année Simon de Cipriano, agent de la Compagnie en Italie, achète une première fois 30 cannes de velours, 200 de damas, 30 de satins et renouvelle ces opérations dans les deux mêmes villes. Le trafic était alors actif ; de 1584 à 1588, années au contraire médiocres, les facteurs de Massacarès reçoivent 4.767 palmes de damas de plusieurs couleurs, 142 palmes et demi de salmes, 213 palmes de velours, 60 palmes de velours à fonds de satin, le tout d'une valeur de 2.585 écus. Le damas était toujours le plus demandé, puis les velours ; on recherchait surtout la couleur cramoisi.

Il n'est pas toujours facile d'identifier la nature ni l'origine des tissus multiples dont on relève les noms dans les comptes, tels ces *carizees* distribués en présents au Bastion, dont on compte 89 pièces en 1591. En dehors des draperies de laine ou de soie il est quelquefois question de toiles batiste, de toiles de Cambrai. Quant aux toiles de Saint-Rambert dont le nom revient sans cesse dans les comptes, elles n'étaient pas achetées pour la vente en Barbarie ; la compagnie s'en servait exclusivement pour les emballages de ses marchandises.

Au total ces tissus finissaient par former un groupe d'exportations qui n'était pas négligeable. L'ensemble des autres marchandises expédiées en Barbarie n'atteignait pas la même valeur. Mais l'énumération en est curieuse. On y retrouve surtout les articles qui étaient distribués en présents. Les chefs turcs n'hésitaient pas à acheter pour satisfaire leurs fantaisies ce qu'ils ne pouvaient arracher à la générosité de la compagnie. C'était du fil et des boutons d'or (1) pour orner leurs riches vêtements, des

(1) Ali Pichinin, caïd de Bône, paie, en 1591, 8 écus pour la façon de 6 boutons d'or, 644 écus pour une chaîne d'or, 50 boutons d'or pleins de gomme, 30 livres de fil d'or et 81 brasses de velours.

bijoux, chaînes et bagues, des étuis garnis de velours cramoisi, des sièges garnis de velours à franges d'or, des lits de noyer à l'impériale. Les horloges avaient, on l'a déjà vu, beaucoup de succès et, en dehors des articles de quincaillerie fort peu vendus, mention à part doit être faite des chaudrons de cuivre : un compte de 25 vendus à Massacarès en 1591 s'élève à 23 écus. On trouve encore signalé le papier, produit des manufactures de Provence qui trouvait un large débouché dans le Levant ; l'alun et le *brézil* employés par les indigènes dans la teinture de leurs étoffes. Deux seuls produits alimentaires étaient quelque peu demandés, les fromages et le miel : en 1543 le roi d'Alger en reçoit 104 barils.

En somme les ventes de la compagnie en Barbarie étaient d'abord beaucoup plus variées que ses achats. Leur valeur était aussi bien supérieure si on met à part le corail. Celui-ci sortait bien du pays, mais sans autre profit pour ses habitants que le paiement de la lezma annuelle au divan d'Alger.

D'ailleurs la masse des indigènes qui peuplaient la partie orientale du Tell restait étrangère au double trafic. La compagnie, on l'a déjà remarqué, n'était en relations qu'avec les chefs. C'était même avec les trois plus puissants, le vice-roi d'Alger, le caïd de Bône et celui de Constantine, qu'elle faisait ses transactions les plus importantes. Ce dernier, auquel les documents du XVIe siècle ne donnent jamais le nom de bey, ne semble pas avoir eu la puissance, ni joué le rôle économique qu'il devait prendre plus tard. Les caïds de Bône, presque toujours renégats, Corses plusieurs fois, furent même à cause du voisinage et de la richesse relative des plaines environnantes les principaux vendeurs de céréales, de cuirs, de bœufs pendant toute la durée de la compagnie. Leurs noms reviennent sans cesse sur ses registres. Cela n'empêchait pas, d'ailleurs, des marchands particuliers, renégats ou Maures, de participer activement au trafic de la maison de Bône. Le Bastion, quoique assez éloigné, était en relations aussi avec les gens de la ville voisine. Quant aux agents du cap de Rose et de la Calle, ils avaient surtout à trafiquer avec les chefs des turbulentes tribus voisines. C'est ainsi que la compagnie était en comptes avec le caïd et avec les Maures de Seba (1), avec les cheiks des Ouled Mansour, des Ouled Dyep, des Merdas.

L'impression qui résulte de ce rapide tableau, c'est que la compagnie du corail faisait, en Algérie, un commerce aussi étendu et aussi varié que la situation économique et politique du pays le permettait. Même elle essayait d'étendre son activité au dehors. On la voit envoyer un bâtiment à Tripoli ; plus souvent elle expédie des marchandises en Tunisie. Elle vend aux Bernardini, de Lyon, du coton filé acheté à Malte pour 10.361 livres en une seule fois.

Par ses achats et ses ventes, elle exerçait sur la vie économique de la Provence une influence utile. Elle procurait un certain débouché à ses vins et à ses huiles. Elle en ouvrait un plus grand à quelques produits de ses industries tandis que d'autres recevaient d'elle leurs matières premières. Elle facilitait le ravitaillement de Marseille, et la mettait à l'abri des disettes. Elle multipliait ses relations avec l'intérieur du royaume. C'est avec Lyon, le grand centre de distribution des pays du Rhône, ville de grandes foires et surtout des grands banquiers d'alors, qu'elle faisait le plus d'affaires; puis avec Toulouse et de nombreuses villes du Languedoc. Dans un des règlements trimestriels opérés chaque année on relève les noms de 79 négociants ou banquiers lyonnais, dont quelques-nns sont en compte pour plus de 50.000 livres, et même l'un d'eux pour plus de 160.000. Les Toulousains figurent au nombre de 16, dont l'un, Pierre Gloton, bourgeois et banquier, pour 552.000 livres. On y voit aussi quatre négociants de Carcassonne, trois de Montpellier ; Nîmes, Romans, Montbrison, Tulle, Genève y sont représentés par un nom. Ce document, daté de 1618, est d'ailleurs relatif à la liquidation des affaires de la compagnie. On a vu que celle-ci étendait ses achats et ses ventes jusqu'à Paris et jusqu'à la Normandie. Enfin, hors du royaume, la fréquence de ses opérations en Espagne et en Italie, d'un côté à Barcelone et à Valence,

(1) Les comptes mentionnent à diverses reprises des ventes de blés et de bœufs par lassior (? de Saba et de Benissala, par la romee (?) de Saba.

de l'autre à Savone, à Gênes et à Livourne, contribuait à développer l'influence du commerce de Marseille sur les pays voisins. Ainsi la multiple activité de la compagnie du corail méritait d'être étudiée. Dans l'orgueil du succès les associés de la première grande compagnie marseillaise, et l'une des plus anciennes qui ait été formée dans les ports français, avaient quelque raison de se dire les magnifiques seigneurs de la magnifique compagnie.

CHAPITRE VII

LES COMPAGNIES DE TUNIS

L'existence des compagnies du corail marseillaises établies en Tunisie fut loin d'avoir été aussi brillante et ne mérite pas d'être étudiée avec le même détail. D'ailleurs les documents ne sont pas aussi abondants. Ils laissent encore planer beaucoup d'obscurité sur l'origine, restée à peu près ignorée jusqu'ici (1), des établissements français dans cette partie de la Barbarie.

Tunis disputée vers le milieu du XVIe siècle par les Espagnols et par les Turcs, reprise une dernière fois par don Juan, le vainqueur de Lépante, en 1573, était retombée définitivement entre les mains des soldats du sultan en 1574. Il semble que les Corses qui étaient l'âme des entreprises marseillaises en Barbarie aient aussitôt voulu profiter de leurs relations d'amitié avec les Turcs pour prendre pied en Tunisie. Une première compagnie de Tunis fut, en effet, fondée par Antoine Lenche avec Jean Porrata, le futur gouverneur du Bastion et Orso Santo Cipriano, futur membre de la compagnie d'Alger, comme principaux associés. Son existence resterait inconnue si elle n'avait été en compte en 1576 avec la compagnie établie au Bastion. Bisconte Lenche, gouverneur de celui-ci, envoie de l'argent à Tunis à Jean Porrata, agent de la nouvelle compagnie (2).

Antoine Lenche avait jeté les yeux sur les côtes nord de la Tunisie qui faisaient suite à la partie du littoral algérien où la pêche du corail était pratiquée. Deux points, connus sans doute depuis longtemps pour les commodités qu'ils offraient à la

(1) Voir mon *Hist. des Établissements français dans l'Afrique barbaresque*, p. 19-20.
(2) Archives de l'Isère, EII, 956 fol. 43, 135, 139.

pêche, furent choisis pour les nouveaux établissements : le *cap Nègre et Fiumara salada*.

Le premier devait jouer plus tard un rôle analogue au Bastion en Algérie (1). Le second n'est guère mentionné que dans les documents de la fin du XVIe et du commencement du XVIIe siècle. « La Fumaire salée, dit un mémoire de 1632, est une rivière salée qui se jette dans la mer soixante milles près de Bizerte. »

La carte des côtes tunisiennes entre le cap Nègre et le cap Blanc, à peu près à la distance indiquée de Bizerte, nous montre le littoral des Mogod. Mais quel oued identifier avec la Fumaire salée ?

Comme en Algérie, il avait fallu supplanter les Génois de Tabarca établis dans ces parages avant les Marseillais. Le cap Nègre était bien plus à leur portée que le Bastion et Bône. Antoine Lenche s'était habilement servi de l'amitié du capitan-pacha Euldj Ali, l'ancien vice-roi d'Alger, qui avait concédé à son frère la pêche du corail en Algérie et, grâce à son appui, avait obtenu une autorisation du Grand Seigneur. Mais les Génois ne s'étaient pas tenus pour battus ; en 1580 ils étaient rentrés en possession des pêcheries tunisiennes et c'était au tour des Marseillais de crier à l'usurpation. Le capitaine Salvety qui vint à Constantinople en 1580 à propos des démêlés de la compagnie Lenche avec celle de Nicole (2), était sans doute aussi chargé de négocier pour cette affaire. En effet, le comte de Germigny, ambassadeur du roi à Constantinople, obtint des commandements de Sa Hautesse en faveur des Marseillais. En 1581 deux ambassadeurs du Sultan vinrent à Paris et le roi les entretint de cette affaire. Il fut entendu que l'un des deux envoyés en quittant la France devait être transporté par les galères ou vaisseaux du roi sur les côtes de Barbarie. Là il devait joindre le capitan-pacha Euldj Ali « pour mettre la nouvelle compagnie du corail, avec le bras et autorité dudit capitaine Bassa, en possession des lieux de Cap Nègre et de Fiumar

(1) Voir l'ouvrage cité note 1.

(2) Voir ci-dessus, chapitre 2.

Salade, au royaume de Tunis, en déjetant les Génevois (1). » L'appui royal n'avait donc pas manqué à cette nouvelle entreprise marseillaise comme aux précédentes.

Ainsi fut fait et les Génois durent définitivement renoncer à ces établissements en Barbarie qu'ils devaient à l'initiative d'André Doria et des Lomellini.

Bientôt Lenche crut utile de s'entendre avec Jean-Baptiste de Nicolle, ce Marseillais chef d'une compagnie rivale, avec laquelle il était en contestation depuis plusieurs années. Une deuxième compagnie de Tunis fut fondée en 1584 par l'association de Lenche et de Nicolle. De nouveau cette seconde compagnie négocia pour obtenir les permissions nécessaires à Tunis et à Constantinople. Puis, en règle de ce côté, elle se fit délivrer aussi des lettres patentes du roi, enregistrées par le Parlement de Provence le 5 mai 1584. Ces lettres, qui mentionnent le nom de Jacques de Saint-Jehan comme principal associé avec Lenche et Nicolle, stipulaient expressément que la nouvelle compagnie jouirait des privilèges concédés « à ceux de l'autre première et ancienne compagnie composée d'autres habitants et citadins de la ville de Marseille par eux dressée es mers côtes et royaumes d'Alger. » On y voit que les associés s'étaient groupés « tant pour faire exercer la pêche du corail es mers îles et côtes de Barbarie au royaume de Tunis que pour faire aussi exercer esdites parties et dépendances dudit royaume au gouvernement de Tunis libre négoce et commerce de toutes marchandises dont le trafic est licite et permis. (2) »

Mais l'entente fut bientôt rompue entre les associés ; Lenche se retira de l'association aussitôt reconstituée par Nicolle qui en restait le seul chef. Les lettres patentes du 19 décembre 1586 confirmaient celles de 1584 en sa faveur et au bénéfice de ses deux fils Marc-Antoine et Gilles de Nicolle. En décembre 1588

(1) Charrière. *Négociations*. T. IV, p. 117 et 58-59 en note. — En 1585 il semble d'après les comptes de la compagnie algérienne que celle de Tunis comprenait 24 carats et que le Corse Pierre de Baptiste en possédait 15. Arch. de l'Isère, E II, 949, fol. 30 et 33.

(2) Arch. des B.-du-Rh. Amirauté. Reg. des insinuations 1555-1620, fol. 547-551.

un chaouch de la Porte vint installer Nicolle sans doute au cap Nègre et à la Fumaire salée (1). Ainsi la lutte entre les deux compagnies marseillaises qui se disputaient le commerce et les établissements de Barbarie avait fini par aboutir à un partage.

Mais il était dit que, dans tout le cours de leur histoire, les compagnies de Tunis seraient bien rarement favorisées. Nicolle ne jouit pas longtemps de sa concession, très convoitée, paraît-il, à cause des brillants succès de la « magnifique compagnie » des Lenche. La mort d'Henri III et le triomphe de la Ligue à Marseille permirent à des rivaux de s'en emparer. Une quatrième compagnie, formée en 1591, eut à sa tête les deux chefs ligueurs bientôt maîtres de Marseille, Louis d'Aix et Casaulx. Cette compétition commerciale jette un nouveau jour sur le rôle si contesté des deux personnages. Elle nous les montre habiles à faire servir leur influence à leurs intérêts personnels. Elle fait voir que les Marseillais, au plus fort des troubles qui agitaient si profondément leur ville, ne perdaient pas de vue les entreprises commerciales. Par quelles circonstances le viguier et le premier consul furent-ils amenés à entrer en lutte avec les Nicolle et à leur opposer une compagnie rivale? Ceux-ci ou leurs adhérents s'étaient-ils particulièrement signalés parmi les *bigarrats* détestés? A ce compte la compagnie Lenche devait être encore plus suspecte aux deux proconsuls ligueurs, mais elle était trop puissamment établie à la fois à Marseille et en Barbarie pour qu'ils eussent osé s'attaquer à elle.

Quoiqu'il en soit, ce n'est que deux ans après sa formation que la compagnie Casaulx fut officiellement reconnue par lettres patentes du duc de Mayenne en date du 23 janvier 1593. Est-ce que les duumvirs étaient vus d'un mauvais œil par le lieutenant-général du royaume? Ils avaient, en effet, favorisé les entreprises du duc de Savoie en Provence, mais ils avaient rompu avec lui depuis la fin de 1591 et s'étaient alors engagés à ne recevoir des ordres que du chef de la Ligue. D'ailleurs, avant d'obtenir la confirmation royale, il avait fallu le temps de négocier à Tunis

(1) Ibid. fol. 146. (2me pagination).

et à Constantinople. L'ambassadeur Savary de Lancosme, tout dévoué à la Ligue, avait dû favoriser la compagnie auprès de la Porte. Suivant la formule devenue de style, il était stipulé dans les lettres du duc qu'elle jouirait des mêmes avantages que l'ancienne compagnie du corail des Lenche (1).

Cette quatrième société ne vécut à son tour que trois ans, mais nous connaissons en détail ses opérations par un très intéressant registre des archives de l'Isère qui a de plus l'avantage d'être très commode à consulter. C'est, en effet, un relevé des comptes de la compagnie dressé par autorité du Parlement de Grenoble en 1675 (2).

L'association formée en 1591 comprenait 32 *quaratz* ainsi répartis :

Pierre Gérard...........	9	Pierre de Vieu.........	1
Guilheaume Bedarides ..	3	Claude Beaunier	1
Pierre Dhostagier.......	3	Nicollas du Renel.......	1
Galléas Parassol........	2	Honnoré Granier.... ...	1
Lazarin Bergier..........	1	Victor de Lestrade.......	1
Charles de Cazaulx	1	Pierre Seignoret........	1
Jean Satty et Dandré	1	Pierre Randollet.........	1
Honoré Venture..........	1	Jean-Claude Amieil.....	1
Pierre Rambaud........	1	François de Cazaulx. ...	1/2
Joachim Ballue.........	1	Louis Daix.......... ...	1/2

Aucun de ces noms n'était aussi marquant que ceux des Bausset, des Albertas, des Riqueti et autres nobles négociants qui avaient assuré dès le début à la compagnie Lenche une solide influence et d'importants capitaux. Les chefs, Louis d'Aix et Charles Casaulx, ne figuraient pas parmi les principauxparticipants. Tous deux étaient, en effet, d'assez minces personnages, de fortune médiocre et sans grande situation commerciale,

(1) *Lettres et permission octroyées par M*gr *le duc de Mayenne lieutenant-général de l'estat royal et coronne de France à Charles de Cazaulx escuyer et premier consul de Marseille et autres participes en la nouvelle compagnie du corail.* Arch. des Bouches-du-Rhône. Amirauté. Insinuations, 1555-1620, fol. 662.

(2) EII, 946.

comme le leur reprochaient avec trop de mépris leurs ennemis (1). Les lettres patentes de 1593 nomment à côté d'eux comme principaux associés Jean-Claude Amieil, Jacques Ballue, Nicolas du Renel, Claude Beaunier, tous possesseurs d'un seul carat et gens obscurs. Nicolas du Renel était, dès 1576, en relations avec la compagnie Lenche à laquelle il achetait des épices. Pourtant, deux des autres participants, Pierre Hostagier et Pierre Vieu, sieur de Noyers, écuyers, appartenaient à la noblesse marseillaise. Le premier avait rempli les fonctions de second consul en 1586; le second devait obtenir le second chaperon en 1600 et joue un rôle important en Barbarie vingt ans après. Hostagier, l'un des citoyens les plus riches de Marseille, avait grossi sa fortune dans le commerce d'Alexandrie où il avait résidé; les Génois l'y avaient choisi comme leur consul et il avait eu en même temps le titre de procureur-général des Pères de Terre-Sainte. Il était allié à la puissante famille des Vento, propriétaire du consulat des Français en Egypte. Ainsi, par une curieuse rencontre, au même moment les Marseillais avaient pour consul dans la principale échelle du Levant un descendant de Génois, tandis que les Génois étaient protégés par un Provençal de vieille souche (2).

Cependant les parts semblent avoir été recherchées, car plusieurs adhérents cédèrent aussitôt une partie de leurs carats, ou même n'avaient souscrit que comme mandataires d'autres per-

(1) Nostradamus appelle les duumvirs « ces deux monstreux basiliques », « Casaulx homme tiré des questes et Louis d'Aix des galéres. » Bouche, Gaufridi, Ruffi, Papon, ne sont pas moins sévères à leur égard. Ces historiens ont présenté Casaulx et Louis d'Aix comme gens de basse origine, « réduits à la mendicité » (Bouche). Timon-David dans une étude généalogique sur leurs deux familles, a montré qu'ils appartenaient à deux familles honorables, de la moyenne bourgeoisie. Le plus ancien des ancêtres connus de Casaulx est un marchand de Gascogne, Vidal Casaulx, établi à Marseille en 1483. Le grand-père de Charles Casaulx s'était distingué dans la défense de Marseille en 1524 et avait été élu troisième consul en 1537. Son père, qualifié de capitaine et d'écuyer, avait rempli diverses fonctions municipales. Charles Casaulx, filleul de Charles Vento, viguier de la ville, remplit déjà à 28 ans (1575), les fonctions d'intendant du port. La famille de Louis d'Aix était plus modeste.

(2) Nostradamus, qui était de Salon, parle avec complaisance des Hostagier issus de la même ville. *Histoire de Provence*, p. 1035-1036.

sonnes. C'est ainsi que Pierre Gerard ne garda rien de ses neuf carats partagés entre Renée de Rieux, dame de Castellane, Louis Solicoffre et Antoine Guigou. Pierre-Marie Patron, Benoît Ferrene, les frères Vernet prennent une partie des carats des frères Bédarrides. Ferrene acheta son demi carat pour la somme de 336 écus $^{2}/_{3}$, de 60 sols. Etant donné, surtout, les circonstances peu favorables, c'était un vrai succès que la valeur des carats ait atteint 673 écus avant même le début des opérations.

Parmi les nouveaux associés un nom attirait particulièrement l'attention, celui de la dame de Castellane, qui avait eu son heure de fortune et de célébrité. L'histoire galante rapporte que Renée de Rieux, née d'une illustre famille de Bretagne, devint fille d'honneur de Catherine de Médicis et fit partie de ce fameux escadron volant, rempli de femmes séduisantes, qui joua un si grand rôle dans la diplomatie de la vieille reine. Elle éclipsa toutes ses rivales et bientôt ne fut plus connue que sous le nom de la belle Chateauneuf. Pendant longtemps on ne crut pouvoir mieux louer une femme qu'en la lui comparant. Charles IX l'aima ; le duc d'Anjou, son frère, ne put la voir sans la désirer. Pour lui plaire il réclama les bons offices du poète courtisan Desportes. C'est alors que celui-ci écrivit, en l'honneur de la belle Chateauneuf une partie de ces sonnets voluptueux qui forment son recueil intitulé *Diane, premières amours*. Il y célèbre en maints endroits cette abondante chevelure, « beaux nœuds crêpés et blonds nonchalamment épars » qui excitaient l'admiration générale (1).

(1) Dans les œuvres de Desportes (édition Michiels, 1858) voir, par exemple, la pièce : « Cheveux, présent fatal de ma douce contraire » (p. 96), l'une des préférées du prince, mais non l'une des meilleures. Desportes adressa lui-même des pièces à mademoiselle de Châteauneuf, telle celle-ci, à de Cour peintre du roi, successeur de François Clouet, sur son portrait :

> Tu t'abuses, de Cour, pensant représenter
> Du Chasteauneuf d'Amour la déesse immortelle ;
> Le ciel, peintre sçavant, l'a portraite si belle
> Que son divin tableau ne se peut imiter.
>
> Comment, sans t'esblouyr, pourras-tu supporter
> De ses yeux flamboyants la planette jumelle ?

La belle finit par se rendre après une certaine résistance à l'ardente poursuite du prince (1572) et Desportes y gagna un magnifique cadeau de 30.000 livres. Devenu roi de Pologne, puis roi de France, Henri III voulut marier sa maîtresse au prévôt des marchands de Paris, très riche bourgeois, puis à un cadet de la maison de Luxembourg, qui refusèrent. Il s'était marié lui-même sans rompre ses relations (1575). Mais, un jour, la favorite osa braver la reine dans un bal et Catherine de Médicis exigea son éloignement. De dépit, mademoiselle de Chateauneuf épousa le Florentin Antinotti, capitaine des galères à Marseille. Celui-ci ne s'étant pas cru obligé de lui rester fidèle en fut cruellement puni. « L'ayant trouvé paillardant, dit le *Journal* de l'Estoile, elle le tua virilement de sa propre main ». Philippe Altoviti, le futur ligueur et meurtrier du grand-prieur, frère bâtard du roi, prit à la fois la place d'Antinotti et sa veuve. Henri III l'en récompensa en le faisant baron de Castellane. Renée de Rieux en eut une fille, nommée Marseille, belle comme elle, dont la destinée devait être non moins agitée et tragique.

Après la mort d'Altoviti l'histoire perdait la trace de la belle Chateauneuf et les biographes la faisaient mourir vers 1587. Il est curieux de retrouver le nom de cette grande amoureuse, bien vivante jusqu'après 1600, sur les registres d'une compagnie de commerce dont elle est la principale associée. Cette Bretonne

Quelle couleur peindra sa couleur naturelle
Et les graces qu'on voit sur son front voleter ?

Quel or égalera l'or de sa blonde tresse ?
Quels traits imiteront cette douce rudesse,
Ce port, ce teint, ce ris, ces attraits gracieux ?
Laisse au grand dieu d'Amour ce labeur téméraire,
Qui d'un trait pour pinceau la sçaura mieux pourtraire,
Non dessus de la toile, ains dans le cœur des dieux.

Quand le duc d'Anjou partit pour le siège de la Rochelle (1573) il commanda au poète de langoureuses strophes d'adieu :

J'aimerais beaucoup mieux que le ciel m'eût fait naître
Sans nom et sans honneur, pourvu que je puisse être
Toujours auprès de vous doucement langoureux,

Baiser vos blonds cheveux et votre beau visage,
Et n'avoir d'autre loi que votre doux langage.
J'aurais assez d'honneur si j'étais tant heureux.

devenue Marseillaise est bourgeoisement occupée à arrondir sa fortune. Son mariage avec Altoviti l'avait mise en relations avec les ligueurs et particulièrement avec Casaulx. C'est elle qui avait tenu sur les fonts baptismaux, en 1577, cette fille du capitaine appelée Renée comme elle, que le premier consul devait marier avec éclat en 1593. Cette année-là la fille de la belle Chateauneuf était marraine à son tour de la dernière enfant de Casaulx. Par un autre contraste, cette Marseille Altoviti, élevée parmi les ligueurs, devait tout sacrifier à son amour pour le duc de Guise, destructeur de la Ligue en Provence, et finir par mourir de l'abandon de son volage amant.

Nicolas David, devenu possesseur d'un demi carat, était l'un des affidés du premier consul Casaulx. En décembre 1595 il devait accompagner son frère, le notaire François Casaulx, à Madrid, et signer le traité avec l'Espagne. S'il faut en croire Nostradamus, bien informé sur ces évènements, c'est même ce ligueur ardent qui aurait achevé d'entraîner Casaulx dans la voie fatale. « David, dit le chroniqueur salonais, homme de sens non vulgaire, doué d'un esprit fort pénétrant,... catholique passionné, très roidement attaché au parti d'Espagne et très habile homme, détourna toujours l'opinion que Fabio tâchait d'imprimer avec larmes et prières dans le cerveau de son fol de père (1) ». David n'eut pas le temps de revenir d'Espagne avant la chute de Casaulx. Il se retira à Milan où la cour de Madrid lui servit une pension de 40 écus par mois jusqu'à sa mort.

En définitive, après ces divers changements, la compagnie resta ainsi composée :

Renée de Rieux, dame de Castellane	6 quarats		Heoirs de Sattes..	1 quarat
			Honoré Venture..	1 »
			Pierre Rambaud..	1 »
Pierre d'Hostagier	3 »		Joachim Ballue..	1 »
Galléas Parassol..	2 »		Pierre Vieu	1 »
Louis Sollicoffre..	2 »		Claude Beaunier..	1 »
Charles de Cazaulx	1 »			

(1) *Histoire et Chronique de Provence*, p. 1022.

Honoré et Georges Vernetz	1 quarat
Nicolas du Renel	1 »
Honoré Granier	1 »
Victor Delestrade	1 »
Pierre Seignoret	1 »
Pierre Randollet	1 »
Jean-Claude Amieil	1 »
Antoine Guigou (1)	1 »
Guillaume Bédarrides	2/3 »
François de Cazaulx	1/2 »
Louis Daix	1/2 quarat
Antoine (2) Ferrenc	1/2 »
Simon Bédarrides	1/2 »
Nicolas David	1/2 »
Lazarin Bergier	1/2 »
Pierre-Marie Patron	1/3 »
	32

Elle comptait donc 28 participants, c'est-à-dire un nombre bien plus élevé que la société Lenche. Du 23 juillet 1591 à la fin de 1593, ils furent appelés à faire huit versements de fonds variant de 42 à 550 écus par quarat. Les six premiers, en monnaie courante de Nesles ou pinatelles (3), s'élevant à 1.605 écus 1/3 par quarats faisaient une somme de 51.370 écus. Les deux derniers, en bonne monnaie, de 496 écus au quarat, donnèrent 15.872 écus d'or. Ces versements ne furent pas opérés intégralement par les associés qui restaient redevoir, en 1594, 3.567 écus de monnaie courante sur les six premiers et 4.498 sur les deux derniers, soit au total 6.249 écus de bonne monnaie. Ainsi le capital réellement engagé en trois ans d'opérations s'éleva environ à 35.000 écus d'or au soleil.

L'acte d'association en date du 23 juillet 1591 n'a pas été retrouvé faute de connaître le nom du notaire par devant lequel il fut conclu (4). Il aurait permis d'étudier l'organisation adoptée

(1) Antoine Guigues, audiencier en la cour du Parlement d'Aix. Voir la quittance de 310 écus d'or sol que lui délivre Claude Beaunier comme restant dû ds ses fournitures à la compagnie, 9 janvier 1598. Registre du Parlement, B. 3341, fol. 621, v°.

(2) Ailleurs, Ferrenc est appelé Benoit l'un des Vernet, Antoine.

(3) Voir le chapitre 8.

(4) Il est question dans les comptes de maître d'Ille.

par les associés et de la comparer à celle de la compagnie Lenche.

La direction des affaires était confiée à deux administrateurs, pris parmi les associés, qui furent successivement Venture et du Renel, Beaunier et Parassol à partir de 1592. C'étaient eux qui avaient la gestion de la caisse et tout le maniement des deniers. Ils avaient sous leurs ordres un teneur de livres Louis Félix et un scribe Claude Beaulnier, sans doute le fils ou le neveu de l'administrateur. On leur comptait en crédit 600 et 200 écus par an. Ces salaires paraissent très élevés. Mais en même temps, il est relevé qu'ils reçoivent l'un 75 et l'autre 25 écus pour leurs gages d'une demi-année. C'est que les sommes en crédit sont exprimées en monnaie courante de *pinatelles* ; les secondes en bons écus au soleil dont la valeur était devenue quadruple. Un employé subalterne, qui faisait fonctions d'encaisseur ou garçon de recettes, figure sur le même compte pour 100 écus par an, c'est-à-dire recevait en réalité sans doute 25 écus. Pour l'installation de ses bureaux et magasins, la compagnie avait loué plusieurs locaux importants dont le prix s'éleva pour les trois ans de son existence à 328 écus en bonne monnaie. Sans doute pour ménager ses capitaux insuffisants, elle ne fit pas d'autres dépenses d'outillage à Marseille. Tunis devait être le centre de ses opérations commerciales dans la Régence. La maison qu'elle acheta était évaluée 550 écus en bonne monnaie ; à ce prix elle avait dû acquérir un important immeuble. L'achat valut mieux ici que la location, car celle-ci avait d'abord coûté 110 écus jusqu'au 17 août 1592, c'est-à-dire pour huit ou neuf mois sans doute. L'acte d'association avait désigné un des participants, Jean-Claude Amieil, dit Bulgon, « pour administrer les affaires de la société à Tunis ». Bulgon s'y rendit en effet mais céda bientôt la place à un autre associé Jacques Ballue remplacé lui-même par Antoine Vernet à la fin de 1592. Vernet reçoit pour son salaire 280 écus en bonne monnaie par an, somme très sensiblement supérieure à ce que touchait Antoine Lenche à Bône vingt ans auparavant. Il avait sous ses ordres un écrivain, Jean de la Roze, et un personnel assez nombreux puisqu'il fallait un troisième officier, le dépensier, économe de la maison, Jean d'Aubagne. L'ordinaire de la maison de Tunis coûte 58 écus 10 sols, du 1er avril au 9 juillet 1594, ce qui suppose aussi un certain nombre d'employés, ouvriers ou domestiques. Ceux-ci n'étaient pas mieux traités que ceux du Bastion. L'un d'eux reçoit 5 écus pour deux mois de gages.

Pour la pêche du corail, les associés délaissèrent l'ancien établissement du Cap Nègre créé par les compagnies précédentes, soit qu'ils voulussent éviter de plus graves conflits avec la compagnie Nicolle qu'ils avaient supplantée, soit qu'ils fussent persuadés de la plus grande richesse en corail des côtes nord-est de la Régence. Bizerte, dont ils firent choix pour le nouvel établissement, offrait en outre l'avantage d'être en relations faciles avec leur maison de Tunis.

Ils installèrent à Bizerte toute une petite colonie analogue à celle du Bastion et dont l'organisation avait été sans doute copiée sur celle-ci. Jean Claude Amieil y passa d'abord pour présider aux premières opérations, puis Jacques Ballue la dirigea sous l'autorité de Vernet, agent général de la compagnie à Tunis. Il était secondé par l'écrivain, Jean de la Rose puis Pierre Barbier. On dépensa 6 écus 3 sols en 1593 pour avoir la permission de faire un four. On construisit une chapelle, bien modeste sans doute, car les dépenses pour l'orner ne sont pas nombreuses : 3 écus 10 sols pour fournitures diverses, un missaut (missel) et un tableau, 1 pan 1/4 de satin pour des coussins destinés sans doute au prie-dieu de M. l'administrateur. A côté de l'aumônier on trouve encore le barbier, comme lui au service de la colonie ; Elzias Bergier, le barbier de Bizerte, est peut-être le parent du membre de la compagnie.

La dépense militaire n'est pas négligée : il est question de 143 livres de poudre à canon, de 480 boulets de 4 livres 1/2 pièce, d'arquebuses, d'une dépense de 34 écus 16 sols pour un fauconneau de bronze, pesant 290 livres, à 12 livres le quintal, avec son affût, roue, *cuiller et refouladour*. Dans le détail des dépenses on relève 23 écus de toile dont on fait 12 nappes, 50 serviettes et *bandières*, sans doute pour le service de MM. les officiers. Les plats, assiettes, écuelles d'étain et plomb coûtent 21 écus 2 sols ; or le plomb en lingot n'avait été payé que 2 écus 12 sols le quintal.

Le compte des victuailles est imposant : 67.796 poux de biscuit valant 2.420 écus pour toute la durée de la compagnie : 456 écus de pain biscuit jusqu'au 7 décembre 1591 et 168 pour 5.626 livres, du 7 au 30 du même mois. L'équipage d'un vaisseau et les corailleurs dépensent jusqu'au 24 décembre 1591 pour 700 écus de vin trempé et de vinaigre, somme qui paraît énorme. Les sardines, fromages, confitures, fruits secs sont achetés en quantité pour l'ordinaire de Bizerte comme pour celui du Bastion.

Dès le début la compagnie avait engagé quatorze patrons corailleurs et leur avait avancé 700 écus d'or. Mais elle n'avait pas été heureuse avec eux ; l'engagement fut rompu, un procès engagé ; il fallut faire un contrat avec d'autres patrons. Neuf bateaux avaient été achetés à un certain Guillaume Puech pour 670 écus ; les cinq autres, tout neufs, revinrent à 108 écus pour le corps seul des bâtiments. En 1594 leur nombre fut porté à 26. C'était Savone, le marché ordinaire, qui avait fourni les engins de pêche ; un agent de la compagnie avait fait tout spécialement le voyage pour faire les achats nécessaires et n'y avait dépensé que sept écus.

Cette flottille fut accrue d'une tartane achetée 250 écus aux patrons Jaumet Boudin et Pierre Bompart à la fin de 1591. Bien qu'elle eût exigé 124 écus de réparations et de frais de gréément, l'acquisition n'avait pas été mauvaise car elle fut revendue le 1er avril 1593 pour 550 écus à deux autres patrons ; il est vrai que, s'il s'agit les deux fois de monnaie courante, la dépréciation de celle-ci avait été considérable dans l'intervalle. Les associés ne poussèrent pas plus loin la dépense de leur outillage naval ; l'achat de gros bâtiments de commerce, comme en avait possédé la compagnie Lenche dès ses débuts, eût été pour eux une dépense trop lourde.

D'ailleurs Bizerte n'était pas visité comme le Bastion par les navires de la compagnie. Celle-ci ne les envoyait qu'à Tunis.

C'est par là que devaient passer à l'aller et au retour les corailleurs ou autres employés de Bizerte. Il en résultait un surcroît de frais : le séjour de ces hommes à Tunis en 1592, pitance et solde, coûte 219 écus et pourtant la dépense journalière d'un corailler était comptée seulement 2 sols ½. Le passage d'un patron de la Goulette à Marseille coûtait un écu.

Les frais de la pêche furent encore accrus en Tunisie par ce fait qu'elle n'était pas pratiquée comme au Bastion dans les environs immédiats de l'établissement. C'est autour du Cap Bon qu'elle semble avoir eu le plus d'activité. Des janissaires sont payés 1 écu 5 sols pour aller y chercher les coraux. Pour donner abri aux pêcheurs, des installations sommaires avaient été faites sur la plage : quatre cabanes avaient été payées, en 1592, 29 écus d'or d'Espagne équivalant à 46 écus de France. D'autres bateaux allèrent tenter fortune à Fiumara Salada sur la côte nord, tout au moins en 1594. Il est question des dépenses qui y furent faites ; un *tasquari* tunisien reçoit 2 écus pour s'y rendre. C'était chose ordinaire d'employer des indigènes comme courriers. D'autres servaient régulièrement à Bizerte : deux *saquegis* y sont payés 21 écus pour trois mois.

Les résultats furent bien moins fructueux qu'ils ne l'avaient été en Algérie. Du temps de la direction de Vernet, du 13 septembre 1592 au 9 juillet 1594, le produit de la pêche s'éleva à 8.247 livres 1/4, auparavant elle avait rapporté 6.556 écus ; à 10 livres la livre, prix courant d'estimation, c'est moins de 2.000 livres qu'avait donné la première année. Sauf de faibles quantités vendues sur place, tout le corail pêché était centralisé à Tunis et de là expédié à Marseille. Avant l'embarquement il fallait payer les droits de sortie ; puis le consul des Français, Pena, prélevait son droit de consulat de 2 o/o ; à l'entrée à Marseille la gabelle de 1 o/o était acquittée.

Les associés avaient dû créer une nouvelle manufacture dè corail qui n'eut pas l'importance de celle de l'ancienne compagnie. Ils avaient loué à cet effet une maison qui leur coûta 45 écus, du 29 mai 1593 à la Saint-Michel de la même année. Un entrepreneur ou maître corailleur, Louis Pascal, reçoit 143 écus la même année pour la manufacture de 12 quintaux.

Copiant exactement autant qu'elle le pouvait les procédés des Lenche, la compagnie envoyait la plus grande partie de ses coraux à Alexandrie. C'est ainsi qu'elle en envoie 2.341 livres en 1592 sur le vaisseau *Sainte Marguerite*, capitaine Crousil, « sous la commande de Louis Pascal ». Celui-ci, mandataire des participants, était chargé par eux de vendre les coraux et d'acheter en retour des épices. Il toucha pour son salaire 92 écus, dépensa 3 écus 17 sols pour provisions à Trapano et 8 écus 8 sols pendant son séjour à Alexandrie. Les frais de voyage du vaisseau furent comptés 1.854 écus ; le change maritime, c'est-à-dire l'assurance sur les sommes fournies à Pascal, monta à 254 écus, toutes ces sommes étant exprimées en bonne monnaie.

Du produit de la vente de ses coraux Pascal acheta 24.563 poux de poivre, près de 26.000 livres : il en vendit sur place 6.676 pour payer les droits d'entrée exigés sur le corail et d'autres dépenses. Le reste de sa cargaison de retour fut composée de 12.197 poux d'encens, 1.081 de gomme laque, 1.044 de girofles, estimés respectivement à 1.565, 475 et 450 écus. C'est seulement en novembre 1593 que la *Sainte-Marguerite* rapporta ses épices à la compagnie ; le garbelage ou triage lui coûta 2 sols par quintal pour le poivre, 4 sols pour les girofles et l'encens.

Poivres, encens, gomme laque, girofles, dûment estimés au cours du jour, furent théoriquement répartis entre les participants, suivant le nombre de leurs carats. La plupart en prirent effectivement livraison ; d'autres les laissèrent entre les mains des administrateurs. Tandis que ceux-ci étaient portés créditeurs envers la compagnie de la somme fixée par l'évaluation des marchandises, les autres, considérés comme débiteurs de la même somme, préféraient courir la chance d'augmenter leurs bénéfices en faisant une vente plus avantageuse. L'évaluation totale du chargement de la *Sainte-Marguerite* s'élevait à 19.916 écus, somme environ trois fois supérieure aux 23.410 livres que les 2.341 livres de corail avec lesquelles on les avait achetées auraient été estimées à Marseille. Il faudrait défalquer les frais considérables des voyages d'aller et de retour de l'agent Pascal, le double fret, les assurances, les droits payés à Marseille et à Alexandrie, pour trouver le bénéfice de l'opération.

En attendant le succès de ce premier voyage la compagnie avait envoyé à Constantinople un agent, Pierre Gerard, pour une négociation, dont nous ne savons pas le succès, qui lui coûta 1.469 écus de bonne monnaie. Mais elle n'eut pas le temps de donner à son exploitation tous les développements qu'elle envisageait car elle allait se dissoudre en 1594 au moment où elle venait à peine d'entrer en pleine activité.

C'est pour cela, sans doute, qu'elle n'eut le temps d'organiser ni la traite des blés ni celle des cuirs, à moins que les Tunisiens ne se fussent montrés plus rigoureux dans l'application des interdictions relatives à la sortie des grains. Les associés devaient même acheter à Marseille des blés pour la nourriture des gens de Bizerte.

Ils ne trouvèrent pas non plus, en trois ans d'existence, le temps de créer à Tunis un débouché important pour les draps de France. Ils l'essayèrent pourtant, mais leurs ventes de quelques pièces ne s'élevèrent pas à quelques centaines d'écus. La plupart des étoffes variées qu'ils firent porter à Tunis, où elles payaient 3 o/o d'entrée, étaient destinées à la distribution de cadeaux.

C'est en partie pour n'avoir pas suffisamment élargi le champ de ses opérations, comme l'avaient fait les Lenche, que la compagnie ligueuse obtint un succès tout différent. Les brillants bénéfices qu'elle espérait furent remplacés par des pertes importantes.

Il faut dire qu'elle fut moins bien traitée par les Barbaresques que l'ancienne compagnie du corail. La *lisme* annuelle fut de 2.000 écus d'or de bonne monnaie au lieu de 1.500. Puis il fallut promettre au pacha Ossain (Hossein), dès 1592, un présent annuel de 1.000 écus de bonne monnaie qui augmentait d'un tiers la redevance. Déjà, pourtant, comme bienvenue, les premiers agents de la compagnie avaient distribué d'importants cadeaux. Jacques Ballue, à son arrivée, avait ainsi dépensé 1.400 écus d'Espagne équivalant à 1.808 écus d'or de France. A Tunis ou à Alger les distributions ne différaient guère. On y retrouve les draps de soie, velours, satins, damas, cramoisis, verts ou noirs.

Une veste pour le pacha demande 30 pans de velours noir d'un écu le pan. A une audience on offre 12 cabans valant 103 écus ; cependant, pour laisser croire peut-être à une plus grande valeur du cadeau, la compagnie paie 12 écus pour le droit d'entrée de 3 o/o. Ce sont encore les draps écarlates, les serges de Milan ou bien les meubles, lits à l'impériale, chaises de noyer recouvertes de cordouan (cuir) rouge avec des clous dorés et les inévitables horloges. Il fallait satisfaire, outre les *Puissances* de Tunis, les autorités de Bizerte : le cheik, l'aga, le second aga et plusieurs raïs influents figurent au compte des cadeaux. On trouve un chiffre total de 4.051 écus d'or qui doit être grossi sans doute d'une partie des 5.068 écus d'or qui figurent sous la rubrique vague de : dépenses au royaume de Thunis.

Ces largesses n'empêchèrent pas les Tunisiens d'imposer à la compagnie diverses *avanies* sous divers prétextes. Un compte d'avanies s'élève à 1.339 écus d'or de bonne monnaie. En une seule fois une fuite d'esclaves coûte 1.170 écus. Ces extorsions étaient singulièrement grossies par les changes lunaires, intérêts usuraires exigés pour le délai qui s'écoulait entre la date de l'avanie et celle du paiement toujours discuté ou différé pour d'autres raisons. Une dette de 151 écus 32 sols est ainsi grossie pour 6 mois 18 jours de 46 écus 53 sols ; puis, du 1er avril au 30 septembre 1594, 65 écus 32 sols de changes lunaires sont ajoutés à la nouvelle somme ; l'avance définitive s'élève à 234 écus 23 sols. En deux mois, mars-avril 1593, une somme de 25 écus est accrue de 4 écus ; 15 écus sont même exigés pour intérêts lunaires de 50 pour les deux mêmes mois. A pareils taux il n'est pas étonnant qu'on voie figurer dans les comptes une somme de 7.539 écus de bonne monnaie pour le total des intérêts lunaires supportés jusqu'au 9 juillet 1594.

Les personnes des corailleurs n'étaient même pas toujours en sûreté. Un corailleur, Jacques Rey, ayant été mis à la chaîne sous je ne sais quel prétexte, les autres patrons pêchent un jour de fête et hors de leur service 35 livres de corail, destinées à son rachat, que la compagnie leur paie 45 écus. Une autre fois il n'en coûte que 6 écus pour faire délivrer deux corailleurs mis aux galères. Le pacha Djafer demande 25 écus pour délivrer deux mariniers de la compagnie. Il faut dire que la conduite de nos Provençaux n'était pas toujours irréprochable et que ceux-là, peut-être, avaient quelque peccadille ou tout au moins quelque imprudence à se reprocher.

Ainsi la compagnie n'avait pas eu à se louer de ses relations avec les Barbaresques malgré que les Tunisiens, d'humeur plus douce que les Algériens, ne fussent pas mal disposés pour les Français. Mais les nouveaux établissement marseillais avaient le double désavantage d'être à Tunis sous la main du divan, à Bizerte en contact avec une population turbulente de corsaires. Les Lenche avaient agi sagement en mettant leurs comptoirs à l'écart en Algérie; ils obéissaient peut-être à des préoccupations analogues quand ils faisaient leurs premiers essais en Tunisie au cap Nègre autour de 1575.

Enfin tous les déboires des associés ne leur vinrent pas du côté des Turcs. On voit les administrateurs ordonnancer une somme de 1.490 écus d'or sur l'ordre de Louis d'Aix et de Charles de Casaulx pour le rachat du chevalier Peychioliny et de Fouquet Clericy, esclaves à Tunis. Les duumvirs maîtres de Marseille étaient tout puissants dans la compagnie. Celle-ci dut se trouver trop mêlée aux luttes intestines qui atteignirent précisément à ce moment-là leur maximum d'acuité à Marseille. L'attention prêtée à ces querelles ne put manquer de nuire à la bonne direction des affaires.

D'ailleurs celle-ci semble avoir été confiée à des hommes sans capitaux ni crédit. Il existe un curieux compte des débiteurs insolvables de la compagnie qui ont été mêlés à l'administration de ses affaires. Le total de leur dette monte à 7.002 écus d'or : Claude Beaulnier et Parassol, administrateurs à Marseille, en doivent 1.378; Jacques Ballue, administrateur à Tunis, 2.371; Jean-Claude Amieil, qui l'y avait précédé, 1.196. Il manqua donc à la compagnie ligueuse, dans des circonstances particulièrement difficiles, la direction ferme de négociants ayant fait leurs preuves, au crédit solidement établi, comme les Lenche, les Riqueti, les Albertas, les Bausset, qui avaient présidé au développement de la première compagnie du corail.

Dès le mois de septembre 1592 les associés manquaient d'argent liquide : ils étaient obligés de recourir à l'emprunt pour dégager des coraux hypothéqués à un patron de navires, Pierre Evangelista. Antoine de Foresta, baron de Trets, leur prête 2.575 écus au taux de 3 o/o pour trois mois, c'est-à-dire de 12 o/o par an. Les troubles et la rareté du numéraire avaient dû faire hausser le prix du crédit, sensiblement moins cher auparavant. Au bout de trois ans les pertes s'étaient accumulées ; rien ne faisait prévoir une amélioration de la situation ; les participants décidèrent de ne pas renouveler l'association conclue pour cette période. Les comptes arrêtés au 9 juillet 1594 affirmèrent une perte totale de 44.791 écus, c'est-à-dire de 1.399 par carat.

Ce n'est donc pas l'entreprise de Tunis qui enrichit Casaulx. C'est pourtant dans cette période, durant sa dictature (1591-1595) que le consul se signale par de nombreux achats d'immeubles et des placements de fonds, par ses libéralités, par son faste ; il marie sa fille Renée, le septième de ses neuf enfants, en 1593 et peut lui donner une dot de 2.000 écus d'or (1). A moins que d'autres opérations commerciales aient été pour lui plus fructueuses, il faut convenir que le redoutable tribun sut profiter de sa toute puissance pour établir rapidement sa fortune.

A la fin, la discorde s'était mise entre les associés. Leur dévouement à la cause soutenue par Casaulx avait fléchi. A la suite d'un attentat manqué contre lui aux fêtes de Noël 1594, le premier consul, voulant en profiter pour se débarrasser de ses ennemis, fit arrêter un des principaux des anciens participants, Pierre Hostagier. A la suite de la chute du premier consul, à laquelle il avait sans doute travaillé, celui-ci fut parmi les défenseurs de la cause royale qui reçurent des faveurs. On trouve, en effet, dans les registres du Parlement de Provence, des lettres royaux en date de juillet 1596 accordant à Pierre Hostagier, écuyer de Marseille, la permission de placer dans ses armoiries un « sur écusson d'azur à une fleur de lys d'or » pour

(1) Timon-David, ouvrage cité. D'après cet auteur, plutôt favorable aux duumvirs, Louis d'Aix n'aurait pas retiré les mêmes profits de son élévation au pouvoir.

récompenser sa fidélité et le dédommager des peines qu'il a endurées pendant la rébellion de ladite ville (1). Il fut en outre gratifié de la charge de « conseiller et maître d'hôtel » du roi. Il n'est donc pas défendu de supposer que les rivalités politiques et religieuses qui avaient influé sur la formation de la compagnie n'avaient pas été étrangères à sa disparition.

Son histoire eut l'épilogue ordinaire des compagnies malheureuses de l'ancien régime, une interminable liquidation poursuivie au milieu de procès. Par arrêté de la cour de Parlement de Provence du 6 novembre 1620 « intervenu entre Claude Beaulnier, marchand de la ville de Marseille, fils et héritier de feu Claude et M. Antoine Guigues, procureur en la cour, participe en la jadis compagnie du corail au royaume de Tunis », il fut ordonné entre autres choses que « à la diligence et aux communs frais et dépens des participes qui se trouveraient solvables chacun pour leur part à eux afférentes serait procédé la clôture et affinement des comptes ».

Puis l'affaire fut remise entre les mains du Parlement de Dauphiné qui, le 6 août 1659, rendait un nouvel arrêt « entre Marc-Antoine et Jean-Etienne Guigues, enfants de feu Antoine Guigues d'une part, demandeurs, et noble Dumas de Castellane, sieur et baron d'Allemaigne, les heoirs de feu Honnoré Venture et de Barthélemy de Lestrade, Honnoré et Jean Seignoretz, noble François et Anne de Bedarrides, tous particips à ladite compagnie, défendeurs ». Il était encore ordonné de procéder à la « clôture et affinement des comptes généraux ». C'est seulement le 3 avril 1675 que les experts Brémond et Cotta, commis en vertu de cet arrêt, remettaient leur rapport de clôture et demandaient 3.000 livres chacun pour leurs honoraires.

Les experts, en arrêtant leur revision au 9 juillet 1594 (2), jour de la dissolution de la compagnie Casaulx, ajoutaient que les comptes « passaient tout outre jusques en l'année 1600 ». En

(1) Parlement. B. 3339 fol. 328. — Cf. Nostradamus. *Hist. de Provence*, p. 1036 (écu des Hostagier).

(2) Dépense de 400 écus payés à Barbier le 12 juillet 1594 pour faire enregistrer et publier la dissolution de la compagnie à la chancellerie de Tunis.

effet, plusieurs des associés avaient essayé de continuer l'entreprise.

C'est du moins ce qui semble ressortir d'un dossier des papiers de la famille des Ferrenc, conservés dans six cartons aux archives de l'hôtel de ville de Marseille. Cette famille de négociants, dont l'un des membres, Benoît Ferrenc, avait fait partie de la compagnie Casaulx, pratiqua au XVIIe siècle le commerce du Levant, particulièrement à Alep et Alexandrie. Benoît Ferrenc et ses héritiers eurent une contestation qui dura jusqu'après 1620 avec les anciens associés de la compagnie de Tunis au sujet des fournitures d'argent ou de marchandises qu'il avait faites pour les opérations engagées à partir de la dissolution.

Le dossier de cette contestation renferme donc le relevé de tous les paiements faits jusqu'en 1602 avec le détail de ce qui fut donné par chacun des participants. Dans les paiements indiqués on relève bien des dépenses de liquidation, mais d'autres aussi qui sont engagées dans des opérations nouvelles. Ainsi, le 15 novembre 1595 on envoie 2.332 écus sur le vaisseau *la Nègre* (sic), et cette somme est représentée en partie par la valeur des marchandises variées qu'ont fournies les associés Parrassol, Beaunier, Venture, Ferrenc. Le 18 mai 1598, les « intéressés à la jadis compagnie du corail » confient 4.000 écus à Antoine Bérengier, envoyé à Tunis « afin de racheter les esclaves et accommoder les affaires ». Bérengier emportait des marchandises variées puisque la réclamation de Benoît Ferrenc à ses associés portait précisément sur une caisse de *bonnets* fournie à Bérengier.

Tous les associés n'avaient pas participé à ces entreprises posthumes ; les noms de onze (1) d'entre eux ne se retrouvent dans aucun des comptes du dossier Ferrenc. Pierre Vieu, seigneur de Noyers, est désigné à diverses reprises comme le chef ; Seigneuret, de Lestrade, Venture, Simon Bédarrides, Rambaud, Parrassol, Beaunier, fournirent les sommes les plus importantes.

Ainsi, la compagnie de Tunis restait toujours dissoute, mais

(1) Renée de Rieux, dame de Castellane, Pierre d'Hostagier, les deux Casaulx, Ballue, du Renel, Amieil, Guigou, David, Bergiér, Patron.

ne pouvait se résoudre à disparaître. C'est que les Marseillais ne songeaient nullement à abandonner leurs entreprises en Tunisie ; bien plus, depuis dix ans, il y avait lutte pour la possession du privilège de la pêche du corail entre la compagnie ligueuse et les anciens possesseurs.

En effet, J.-B. de Nicolle, dépossédé en 1591 par Casaulx, n'avait pas cédé sans résister à ses tout-puissants rivaux. Depuis trente ans, le vieux négociant, qui semblait voué à de perpétuelles querelles, n'avait pas encore pu réaliser son rêve d'établissement en Barbarie, mais il s'y obstinait avec une singulière ténacité. Il n'avait pas hésité à défendre ses droits devant le Parlement ; mais quelle justice un *bigarrat* pouvait-il attendre contre les chefs de la ligue marseillaise devant la faction ligueuse qui rendait la justice à Aix ? La compagnie Casaulx n'avait, d'ailleurs, pas négligé les confitures et dragées ; on en retrouve un compte de 21 écus dans ses livres en 1593. Débouté, Nicolle avait attendu sans doute le rétablissement de l'autorité royale pour réclamer de nouveau contre les usurpateurs. Cette fois l'affaire avait été portée devant le Conseil. Sa persévérance fut récompensée. L'arrêt du Conseil du 3 avril 1602, rappelant le privilège accordé à Nicolle en 1584 et 1586, condamnait les « occupateurs » à se départir de la pêche avec défense à eux et tous autres sur les peines y contenues d'empêcher le suppliant et ses associés. »

Nicolle s'était alors heurté à une autre difficulté ; plusieurs de ses associés moins obstinés que lui avaient renoncé à l'entreprise et refusèrent de la reprendre. Sans doute qu'il n'y eut pour lui dans cette défection aucune déconvenue, car il est probable que l'ancienne société dont il revendiquait les droits n'avait plus qu'une existence absolument nominale. Mais, pour la régularité de la procédure, il fallut assigner les associés récalcitrants devant le Conseil qui déclara la compagnie dissoute par un arrêt du 8 janvier 1603 et permit à Nicolle d'en constituer une nouvelle. Pour plus de sûreté, celui-ci doutant que les officiers du roi ou autres « ne voulsissent empêcher de jouir de l'effet et contenu » des anciennes lettres patentes de 1584 et de 1586, s'en fit délivrer de nouvelles, datées du 3 mai 1603 qui les confirmaient expressément (1).

Mais, au moment ou Nicolle triomphait enfin complètement après une longue lutte, tous ses efforts allaient être rendus inutiles par le mauvais état de nos relations avec les Barbaresques. Les Algériens venaient de détruire le Bastion et les autres établissements marseillais en Algérie ; les pirateries des corsaires d'Alger, de Tunis, de Tripoli, de jour en jour plus redoutables, n'épargnaient maintenant pas plus les Français que les sujes de l'Espagne, des états italiens ou des autres puissances. De Brèves, envoyé en mission à Tunis et à Alger à son retour de Constantinople, pour y porter des commandements du sultan et essayer d'intimider les Barbaresques, faillit échouer après avoir usé de tous les moyens de persuasion et ne put signer qu'un accommodement à moitié satisfaisant. On remarque qu'il n'y est fait aucune mention de la pêche du corail, ni des établissements marseillais. Si de Brèves ne s'en occupe pas dans ses négociations ce n'est évidemment pas qu'il ignorât l'existence de ces établissements. Durant son long séjour à Constantinople il avait eu à intervenir en faveur des compagnies du corail. Il était même chargé de solliciter à Alger le rétablissement du Bastion. On ne peut pas dire non plus que l'importance des entreprises en Barbarie lui ait échappé. Son compagnon de voyage et confident Jacques du Castel ne l'exagérait-il pas au contraire quand il écrivait dans la *Relation des voyages de M de Brèves* à propos de Tabarca : « Les Génevois y ont une bonne forteresse munie d'artillerie et garnie de 200 soldats, *laquelle leur vaut un Pérou* pour les diverses marchandises comme grains, cuirs, cires, chevaux, qu'ils y chargent à vil prix (2).

Si donc de Brèves ne s'est pas occupé à Tunis du rétablisse-

(1) Arch. des B.-du-Rh. Amirauté, registre des insinuations, fol. 146 (2me pagination). — Cf. l'enregistrement des mêmes lettres patentes du 3 mai 1603 par le Parlement de Provence, B, 3342, fol. 37. Elles sont suivies de trois arrêts du Conseil en faveur de Nicolle, en date des 13 avril et 14 octobre 1602, 8 janvier 1603.

(2) P. 354.

ment des Marseillais à Bizerte ou sur un autre point de la régence, la seule supposition plausible c'est que Nicolle n'avait pas réussi à reconstituer sa société et qu'il n'était pas possible de négocier en faveur d'une compagnie inexistante.

Pour les années qui suivent, l'absence de documents et d'indications est complète. Mais il est certain que Nicolle ne put parvenir à ses fins. Ce devait être un homme âgé ; peut-être mourut-il et ses fils abandonnèrent-ils l'entreprise ou furent-ils forcés d'y renoncer. Quoiqu'il en soit, des lettres patentes données au nom de Louis XIII, le 15 mars 1611, nous apprennent qu'une nouvelle compagnie avait été constituée dans les derniers temps du règne de Henri IV et nous renseignent à la fois sur son but et sur ses associés :

« Le roi dernier décédé... ayant ci devant concédé au sieur de Montherbu et ses associés la permission et pouvoir d'entreprendre la pêche du corail négoce et trafic libre des marchandises au royaume de Tunis suivant les lettres patentes qu'il en avait fait expédier et depuis fait poursuivre par son ambassadeur en Constantinople et obtenu les cartes et pouvoirs du Grand Seigneur en faveur dudit Montherbu et associés portant entre autres choses pouvoir de faire et construire une place en lieu commode au royaume de Tunis pour la sécurité desdits associés, leurs commis facteurs et entremetteurs ensemble les patrons corailleurs et autres qui seront employés par eux audit négoce conformément à icelles le vice roi et divan dudit Tunis aurait donné leurs lettres d'attachou et permission pour l'exécution de tous lesquels pouvoirs. Ledit de Montherbu et associés nous ayant fait remontrer qu'ils désiraient faire partir ceux qui sont nécessaires afin d'y former établissement et entre autres le sieur de Taverny gentilhomme ordinaire de notre maison et ci-devant premier capitaine d'un régiment de nos gens de pied pour commander pour lesdits associés sous notre autorité en la place qui sera construite audit royaume de Tunis laquelle servira de retraite de sûreté pour ladite entreprise avec le sieur Bérengier, Escarron, Jacques le Roi et autres de leur compagnie nous, ayant ce que dessus bien agréable, vous mandons..... que vous ayez à laisser surement et librement sortir et passer lesdits sieurs de Taverny, Bérengier, Escarron, Jacques Le Roi et autres qu'ils voudront emmener avec leurs armes et bagages (1). »

Jean Audoyn, sieur de Montherbu, ainsi que les sieurs de Taverny, Escarron et Jacques le Roi, n'étaient ni de Marseille ni de la Provence. Il n'en était pas de même de Bérengier, le quatrième des principaux associés. La compagnie ligueuse l'avait employé avant 1594 et nous l'avons vu chargé d'une mission de confiance à Tunis en 1598. Ce Marseillais fut sans doute la cheville ouvrière de la nouvelle combinaison, à moins que, en présence du renoncement des Nicolle, des gens de l'entourage de la cour eussent eu l'initiative de tenter la fortune et se fussent adressés à un Marseillais au courant de l'entreprise pour les assister. Quoiqu'il en soit, il est intéressant de noter, que, dès le début du XVIIe siècle, les pays Barbaresques et la pêche du corail attiraient l'attention d'autres négociants que de ceux de Marseille.

Jean Audoyn, le chef de la nouvelle compagnie de Tunis, qui s'intitule « notaire et secrétaire de la maison et couronne de France », n'est-il pas le même que « noble homme Etienne Audouin de Montherbu, secrétaire de la chambre du roi », l'un des associés de la compagnie formée en 1608 par les Sénès de Lyon pour relever le Bastion? (2) Au cas où il y aurait eu deux Montherbu leur présence dans deux sociétés nouvelles formées en dehors de Marseille indique qu'il y eut quelque relation entre elles à leur naissance. Peut-être est-ce l'initiative des frères Sénès qui donna à Jean Audoyn l'idée de se mettre à la tête d'une seconde entreprise.

Cette sixième compagnie de Tunis n'a pas laissé d'autres traces de son existence. Le sieur de Taverny dut exécuter son voyage de Tunis et y trouver les circonstances peu favorables. Pourtant on sait que le Marseillais Bérengier s'était acquit un grand crédit auprès des Tunisiens et devait être employé à

(1) Arch. dép. des B.-du-Rh. Amirauté. Reg. des insinuations, 308.10 (2e pagination)

(2) Voir ci-dessus chapitre IV, p. 104.

diverses reprises dans les négociations fréquentes avec eux jusqu'après 1625. En Tunisie comme en Algérie, aucune tentative de compagnie ne devait réussir avant que la forte intervention de Richelieu n'eût mis sur un autre pied nos relations avec les Barbaresques.

Ainsi, en Algérie et en Tunisie les, dernières années du XVIe siècle avaient fait perdre les fruits de cinquante ans d'efforts. C'était le funeste résultat de l'anarchie et des désordres de cette terrible époque de la Ligue qui avait accumulé tant de ruines dans le royaume. L'insolence même des Barbaresques ne s'était-elle pas accrue lorsque l'anarchie et la ruine des finances avaient rendu pour longtemps impuissante la marine française? Il ne fallait pas déplorer seulement la perte des résultats acquis; les progrès de l'influence française avaient été arrêtés pour longtemps. Après une longue série de vicissitudes on peut dire que, vers 1690, les entreprises françaises étaient moins solidement établies en Algérie et en Tunisie que cent ans auparavant. Pourtant tout l'effort de notre diplomatie et de notre marine avait été maintes fois employé en leur faveur depuis 70 ans. Les succès des compagnies du corail du XVIe siècle avaient été d'autant plus intéressants et méritoires qu'ils avaient été entièrement dus à l'initiative privée. Pas une seule fois elles n'avaient eu recours à l'intervention royale en Barbarie pour défendre leurs intérêts. Jamais elles n'avaient sollicité ces visites des vaisseaux du roi qui devaient être renouvelées si souvent dans le cours du XVIIe et du XVIIIe siècle.

CHAPITRE VIII

PRIX ET SALAIRES

Les livres de comptes de la compagnie du corail permettent de faire une étude particulièrement intéressante des prix et des salaires à Marseille dans la seconde moitié du xvie siècle.

Les renseignements sont nombreux en particulier sur les outre de l'avantage d'être un port franc, lui assuraient un avantage marqué sur les pays de l'intérieur du royaume. produits alimentaires que les associés achetaient chaque année à diverses reprises pour le ravitaillement de leurs bâtiments ou des établissements de Barbarie. Ils fournissent en abondance des éléments nouveaux pour des recherches sur le prix de la vie et ses variations pendant une période de trente ou quarante ans connue précisément dans l'histoire économique par de grands bouleversements dans le prix de toutes les choses usuelles. D'utiles comparaisons peuvent en résulter ; ainsi il est curieux de voir si les commodités données à une grande cité maritime, en relationsfaciles avec le dehors, qui jouissait en

Les indications relatives aux salaires sont précieuses pour nous faire connaître la condition des domestiques, ouvriers, des gens de métier dans le grand port provençal. L'intérêt en est doublé par l'ignorance dans laquelle on était resté jusqu'ici à cet égard. Le grand ouvrage de M. d'Avenel ne renferme que très peu d'exemples pris en Provence. On en trouve encore moins dans le livre si intéressant de M. Hauser sur les ouvriers du temps passé (1), qui étudie ceux du xvie siècle. L'ouvrage de

(1) D'Avenel. *Histoire économique de la propriété, des salaires, des denrées et de tous les prix en général depuis l'an 1200 jusqu'en l'an 1800*. Paris, Imprimerie nationale, 1894, 4 in-8°. Henri Hauser, *Ouvriers du temps passé* (xve et xvie siècles), 2e édition, Paris, Alcan, 1906.

M. de Ribbe sur la Vie provençale n'en contient qu'un très petit nombre ; il s'occupe plutôt de propriétaires fonciers et nous renseigne sur la valeur des terres.

Aussi serait-il très utile que quelqu'un se chargeât de dépouiller minutieusement les registres conservés aux Archives de l'Isère à cet unique point de vue. Les indications rassemblées dans le présent chapitre sont loin de résumer, en effet, tout ce qu'il serait possible d'y trouver. Elles sont faites plutôt pour donner à d'autres chercheurs l'idée de dresser un tableau plus complet.

Avant de parler des prix il est indispensable de fournir quelques renseignements préliminaires sur les mesures et les poids. Ceux qui étaient employés à Marseille au XVIe siècle restèrent d'un usage courant jusqu'à la Révolution et les registres des compagnies du corail ne nous apprennent rien de nouveau à cet égard. L'éminée ou mine (38 litres 70) servait à mesurer les grains, tandis qu'avec les Barbaresques il fallait compter en caffis (environ 420 kilos) ; il n'est pas question de la charge (154 litres 79) qui devait remplacer l'éminée pour la mesure des grosses quantités au XVIIe siècle, lorsque le commerce des céréales allait devenir beaucoup plus important. Le vin était invariablement mesuré en milleroles (64 litres 384), l'huile en milleroles ou en scandaux (16 litres 096). Les pièces de tissus étaient évaluées en cannes (2^{m}012) et en pans ou palmes (0^{m}251), qui équivalaient au huitième de la canne ; l'aune n'était jamais employée.

Quant aux poids usités pour le corail, les épices ou d'autres marchandises, c'étaient la livre poids de table (388 grammes) et son multiple le quintal (40 kil. 793). Celui-ci, qui représentait théoriquement 100 livres, était bien en effet figuré sur les romaines, seul instrument de pesage usité, par une graduation divisée en 100 parties. Mais celle-ci était calculée à partir de 20 livres, de façon à figurer au total le poids effectif de 105 livres. L'usage avait fait ajouter ces cinq livres au quintal théorique pour compenser en faveur des détaillants la perte du déchet.

Deux autres poids bien moins connus et tombés en désuétude

au XVIIe siècle figurent dans les comptes de la compagnie ; l'un était le pouds ou le poux. On voit des quantités d'épices, d'encens, de corail, de biscuit, vendus par poux. Ces poux étant à diverses reprises évalués en livres, il est facile d'en déduire leur valeur qui s'élevait à 1 livre $^{1}/_{4}$ exactement. Il n'a pas été possible de savoir à quoi pouvait correspondre un autre poids très couramment employé pour les marchandises lourdes, spécialement pour les métaux, filets de pêche, corail et ainsi figuré en abrégé : C^{ro}. Il est facile de reconnaître là le cantaro, poids usité particulièrement en Italie. Il valait, parait-il, 150 livres à Florence, mais variait suivant les villes, et même suivant les marchandises. Il a été malheureusement impossible (1) d'évaluer à quoi correspondait le cantaro des livres de la compagnie. Faute d'avoir pu identifier cette mesure un grand nombre de prix relevés sur les registres n'ont pu être utilisés.

Déjà, dans le chapitre consacré aux établissements de la compagnie en Barbarie, on a parlé des salaires de ceux qui y étaient employés ; dans celui de la pêche du corail, on a donné suffisamment de détails sur le prix de revient et les prix de vente de la précieuse marchandise. En parlant du commerce de la compagnie au chapitre précédent, on a mentionné les prix d'achat de tout ce que les associés faisaient venir de la Barbarie et d'autres pays ou de ce qu'ils y vendaient. L'étude est donc limitée ici aux prix de revient ou de vente à Marseille, aux salaires payés aussi sur place par la compagnie. L'analyse n'est pas poussée très loin parce que les éléments de comparaison ne sont pas assez nombreux et n'offrent pas assez de sûreté. A serrer les chiffres de trop près on risquerait d'aboutir à des conclusions contestables.

(1) Voici, par exemple, trois comptes : 133 liv. 17 s. payées pour 21 quintaux 25 livres de fromage à 10 liv. le C^{ro} ; — 62 liv. 9 s. pour 1.874 livres de riz acheté 15 liv. 8 s. le C^{ro} ; — 8 liv. 1 s. pour 189 livres de prunes à 5 liv. le C^{ro}. — Le calcul de la valeur du cantaro donnerait successivement environ 160, 468 et 118 livres. — On trouve aussi l'abréviation C^{ra} dont le sens n'a pu être déterminé. Exemples : 112 liv. 8 s. pour 20 C^{ra} 7 liv. de fromage à 9 sols 42 le C^{ro} : — 27.643 livres pour 100 C^{ra} 52 liv. de corail en branche vendu à Antoine Marie Spinola, Génois, à 55 liv. le C^{ro}.

En étudiant les prix du blé et en les comparant à ceux d'autres parties de la France, il faut se souvenir que les blés de Barbarie étaient beaucoup moins appréciés que ceux de Provence. On ne les achetait à Marseille qu'à cause de l'insuffisance des autres et du bon marché de ceux-ci vendus souvent un tiers au-dessous du cours des blés indigènes.

Blés de Barbarie vendus à Marseille

Année	Prix de l'éminée (38 lit. 700)	Prix de l'hectolitre			Prix de comparaison (hectolitre) (1)
—	—	—			—
1567..	26 s.	3 l.	5 s.	7 d.	2 l. 19 s. à 4 l. 9 s. Orléans, 1567.
1568..	26	3	5	7 d.	2 l. 15 s. Nîmes, 1568 ; 3 l. 10 s. Paris, 1569 ; 4 l. 12, Albi, 1569.
1570..	48	6	4		3 l. 17, Albi ; 2 l. 19 à 5 l. 16, Orléans ; 5 l. 10, Montélimar, 1570 ; 5 l. 6, Albi, 1571.
1579..	42	5	8		2 l. 7, Caen ; 4 l. 10, Paris ; 5 l. 6, Albi ; 2 l. 19 à 5 l. Orléans, 1579.
1580..	60	7	15		5 l. 15, Albi ; 2 l. 16 à 4 l. 6, Orléans, 1580 ; 3 l. 4, Paris, 1581.
1580..	81	10	9		
1585..	52	6	14		7 l. 1, Albi ; 4 l. 5, Paris ; 5 l. 5, Grignan (Dauphiné) ; 5 l. 4 à 8 l. 6, Orléans, 1585.
1585..	54	6	19		
1586..	57	7	7		16 l. 13 Albi ; 8 l. 18 à 14 l. 2, Orléans ; 6 l. 6, Châteaudun, 1586.
1587..	56	7	4	8 d.	25 l. 13, Albi ; 11 l. 10 Paris ; 10 l. 3 Grignan (Dauphiné), 4 l. 3 à 20 l. 7, Orléans ; 12 l. 13, Châteauneuf de Marzene (Dauphiné) 1587.
1587..	43	5	11		
1587..	60	7	15		
1588..	60	7	15		11 l. 10, Grignan (Dauphiné) ; 10 l. Réauville (Provence) ; 11 l 16, Nyons ; 5 l. 7, Yonne, 1588.
1591..	59	7	12		25 l. 17, Albi ; 19 l. 5, Paris ; 7 l. 12, Orléans ; 6 l. 13, Rousset (Dauphiné), 1591.

(1) Ces chiffres ont été calculés d'après ceux que fournit M. d'Avenel dans ses tableaux chronologiques en employant les mesures locales. Le seul chiffre concernant Marseille donnerait 3 liv. 13 s. pour le prix de l'hectolitre en 1593. L'indication reproduite par M. d'Avenel est évidemment erronée.

Année	Prix de l'éminée (33 lit. 700)		Prix de l'hectolitre		Prix de comparaison (hectolitre)
—	—		—		—
1591..	73	9 d.	9	10	
1593..	72		9	6 (1)	5 l. 1, Orléans ; 15 l. 10, Brive ; 8 l. 13, Montélimar ; 10 l. à 11 l. 10, Nîmes ; 1593.
1593..	79	3 d.	10	4	
1594..	66		8	10	4 l. Châteaudun ; 7 l. 4 La Rochelle ; 5 à 6 l. 12, Orléans, 1594.
1596..	120		15	10	
1596..	150		19	7	
1596..	160		20	15	48 l. ; La Rochelle ; 19 l. 6, Rosoy en Brie (Seine et Marne) ; 6 l. 10 à 8 l. Nîmes, 1596.
1597..	180		23	6	
1597..	150		19	7	
1597..	140		12	2	

Le premier fait qui saute aux yeux c'est la hausse considérable des blés indépendamment des variations considérables d'une année à l'autre, ou dans le cours même d'une année, suivant l'état des récoltes et des approvisionnements. Mais les chiffres en livres et sols ne donnent pas une idée exacte de l'ascension des cours. Rien de plus instable, en effet, que la valeur de la livre tournois dans la seconde moitié du XVIe siècle. Il faudrait donc rechercher ces valeurs année par année et calculer ensuite les prix exacts des blés traduits en monnaie actuelle. Malheureusement, c'est chose impossible. Natalis de Wailly et M. d'Avenel, qui ont dressé des tableaux de la valeur *intrinsèque* de la livre aux différentes époques, d'après la quantité d'argent fin qu'elle représentait, n'arrivent pas à des résultats concordants. Les moyennes établies par M. d'Avenel sont décevantes comme toutes les moyennes qui donnent souvent une idée très fausse de la réalité. Cependant, le tableau suivant doit donner une impression plus juste que le précédent.

(1) En 1592 la compagnie de Tunis dépense 300 écus pour 150 éminées. Ainsi ce blé acheté à Marseille aurait coûté au moins 15 livres 10 sols l'hectolitre.

Prix du blé en francs d'après la valeur intrinsèque de la livre tournoi (1)

1567 et 1568..	F. 10 16	1587..........	F. 14 26
1570..........	19 28	1587..........	19 91
1579..........	15 55	1588..........	19 91
1580..........	19 91	1591..........	19 53
1580..........	26 85	1591..........	24 41
1585..........	17 31	1593..........	23 90
1585..........	17 86	1593..........	26 21
1586..........	18 89	1594..........	21 84
1587..........	18 58		

La hausse, très nette dans les vingt ou vingt-cinq ans qui précèdent 1590, apparaît cependant moins forte par suite de la baisse de la valeur de la livre. Quant aux années qui suivent, il est difficile d'en faire état autrement que pour constater la perturbation et les souffrances apportées par les troubles de la Ligue.

Le second fait qui ressort du premier tableau c'est que le blé parait avoir été souvent plus cher à Marseille que sur d'autres points du royaume. Mais la comparaison est en somme beaucoup moins défavorable qu'on ne pourrait s'y attendre *a priori*. La Provence n'était-elle pas beaucoup moins favorisée sous le rapport des céréales que beaucoup d'autres provinces et tout spécialement que le Languedoc sa voisine? Il est vrai qu'un texte de 1586 la cite parmi celles qui étaient les plus fertiles en céréales (2), mais on sait quelle confiance il faut avoir dans ces sortes d'énumération et les faits sont là pour prouver que le climat et le sol ne favorisaient pas plus les laboureurs provençaux du XVIe siècle que ceux du XXe. Pourtant, des villes languedociennes, comme Albi, peu éloignées des riches terres à blé du Lauraguais payaient souvent le blé plus cher que Marseille. Ne doit-on pas penser que l'importation des blés barbaresques ou des autres qui étaient apportés par mer exerça une influence heureuse très sensible sur le coût de la denrée la plus nécessaire

(1) Valeur moyenne intrinsèque de la livre d'après d'Avenel (T. I, p. 481) : 1541-1560, 3 fr. 34; 1561-72 3 fr. 11 ; 1573-79, 2 fr. 88 ; 1580-1601, 2 fr. 57.

(2) Cité par M. Fagniez. *L'Économie sociale de la France sous Henri IV*, p. 66.

à l'alimentation? Il semble surtout qu'elle eut l'avantage de régulariser les prix et d'amortir l'acuité des crises, sinon de les éviter. Cette constatation ferait honneur à la vigilance de la municipalité marseillaise qui prenait souvent des mesures préventives pour assurer le ravitaillement de la ville. En effet, sauf l'extraordinaire cherté de 1596 et de 1597, constatée aussi dans la Brie, bien plus formidable encore dans l'Aunis, les écarts d'une année à l'autre paraissent avoir été beaucoup moins exagérés qu'ailleurs. La stabilité est particulièrement tout à fait remarquable de 1586 à 1591, années marquées par des crises graves à Albi, à Paris, en Dauphiné.

Enfin, ceux qui essaieront de comparer les prix du XVIe siècle aux nôtres ne manqueront pas de constater avec quelque étonnement que, d'après la valeur intrinsèque des monnaies d'alors, sans tenir compte du pouvoir supérieur de l'argent, l'hectolitre de blé coûtait plus il y a trois cents ans qu'aujourd'hui. En réalité donc l'écart en faveur des prix actuels était très considérable.

La compagnie fournissait du pain aux équipages de navires. En 1584-1585, elle distribue quantité de pains d'un demi-sol. Ce pain est compté de 9 deniers à un peu plus de 1 sol la livre. Il s'agit ici de pain spécial fait pour être conservé et sans doute peu différent du biscuit de mer actuel. Les pains d'un demi-sol sont qualifiés parfois de pains biscuits. D'ailleurs il est souvent fait mention de biscuit; on l'estime à 33 sols 10 deniers le quintal en 1567. Les prix avaient donc beaucoup augmenté en vingt ans car, en 1585, le biscuit livré aux navires vaut 114 sols le quintal marseillais. Mais tous ces chiffres sont difficiles à comparer. Sur les registres de la compagnie de Tunis on relève pour la même année 1592 les prix suivants de diverses fournitures de pain, qualifié aussi parfois de biscuit : moins de 10 deniers la livre, plus de 1 sol 1/2 et 2 sols. En 1591 le chiffre de 5 sols indique évidemment qu'il s'agit d'une autre espèce de pain moins grossière et montre un exemple d'une cherté tout à fait extraordinaire, surtout pour un achat en gros. Il correspondrait, en effet, en valeur intrinsèque, à 0 fr. 75 de notre monnaie.

Du prix du blé on peut rapprocher celui de l'orge : 37 sols

9 deniers l'éminée, en 1591 ; 39 sols en 1593. De la paille pour les chevaux, litière ou nourriture, est payée le prix très bas de 13 sols 6 deniers le quintal. Du riz est acheté 7 livres 2 sols le quintal en 1567, 15 livres 8 sols le cantaro en 1568. Vers 1570, la compagnie en fait venir une quantité considérable à 8 deniers la livre.

Voici quelques exemples de prix de vins, d'après les multiples achats faits chaque année par la compagnie du corail.

Année		Millerole (64 lit. 384)	Hectolitre	Prix de comparaison Hectolitres (1)
Juin, août, oct.	1567..	20, 24 s.	31, 37 s.	
Octobre	1567..	26	40	
Sept. nov. déc.	1567..	36	56	
	1568..	20	31	Soissons, 65 s.; Orléans, 40 s. ; Paris, 4 l. 13 s. ; Brive, 3 l. 4 s., 1569.
	1568..	24, 26	37, 40	
	1568..	36, 40	56, 62	
	1570..	24	37	Nyons, 2 l. 10 s., 1570 ; Poitou, 2 l. 10 s , 1571.
	1575..	24, 25, 36	37, 38 s. 9 d., 56	Orléans, 8 l. 10 s., Dauphiné (vin clairet), 7 l. 10 s., 1575.
	1576..	36, 40	56, 62	Paris, 7 l. 9 s.; Nantes (vin d'Orléans), 20 l.; Soissons, 6 l. 19 s. à 8 l., 1576.
	1583..	48	74	Boulogne, 12 l. 10 s., 1583
	1586..	48	74	Orléans, 14 l. et 34 s., 1586, Soissons, 5 l., 12 l. 4 s.; Nîmes, 3 l., 1587.
	1589..	50, 72, 60	77, 112, 93	Paris, 11 l. 11 s., 1589.
	1589..	68, 53	105	
	1591..	11, 14	17, 21 s. 8 d.	Nîmes, 4 l. 6 s., 1590 ; 4 l., 1591 ; Soissons 10 l. 4 s., Besançon, 31 l. 5 s., 1591.
	1594..	40, 42, 39	62, 65, 60 s. 6 d.	Nîmes, 34 à 45 s.; Paris, 15 l. 13 s., 1594.
	1595..	36, 48	56, 74	Nîmes, 45 s.; Brie, 14 l. 2 s., 1595.

Il s'agit là de vins du voisinage ou du terroir même de Marseille (2), autrefois planté de vignes et d'oliviers avant que le

(1) Calculés d'après les chiffres fournis par d'Avenel.

(2) Vin du Languedoc pour porter à Massacarès, 42 livres le mogio (muids ?), 1570.

canal de la Durance, en amenant de l'eau sur ce sol desséché, n'ait permis d'y développer les prairies et la culture maraichère, plus rémunératrices aux environs d'une grande ville. On a vu que c'étaient les participants eux-mêmes, propriétaires ruraux en même temps que négociants, qui étaient les principaux, sinon les seuls, fournisseurs de la compagnie. L'exploitation du sol, alliée à la pratique des entreprises commerciales et maritimes, a déjà été signalée comme l'une des caractéristiques de la noblesse marseillaise du XVIe siècle et des grandes familles provençales en contact avec le grand port (1). Le village de Saint-Henri, bien exposé au Midi sur les pentes sud des collines de la Nerthe, abritées du mistral, où Jean Riqueti récoltait en partie les vins de ses « fournitures », a gardé jusqu'à maintenant une vieille renommée pour la qualité de son cru. Le terrain de Roquefort, la seigneurie de Pierre Bausset, entre Aubagne et Cassis, possède encore un important vignoble.

Les prix de comparaison sont intéressants à rapprocher, mais comment en tirer des déductions sans témérité puisqu'on ne sait en général ni la qualité, ni même la provenance des vins dont les prix sont indiqués. Il est pourtant très net que Marseille, qui payait ses blés assez cher, était favorisée. Les vignobles de Provence produisaient, en effet, plus que la consommation locale ne demandait. Déjà, pourtant, s'il faut en juger par les prix signalés à Nîmes, la récolte languedocienne était vendue souvent moins cher que celle de Provence.

On constate pour les vins la même tendance à l'augmentation des prix, mais beaucoup moins marquée que pour les blés. On ne retrouve plus à partir de 1575 ces taux de 20 à 25 sols la millerole qui étaient courants entre 1565 et 1570 ; ceux de 40 à 50, c'est-à-dire presque doubles, sont devenus ordinaires et même sont dépassés très souvent. Mais l'augmentation n'est pas régulière. Il faudrait faire entrer en jeu, en dehors des influences économiques générales, celle des récoltes et, sans doute, d'autres encore. Elles expliqueraient comment, après avoir monté jusqu'à

(1) Voir chapitres 1 et 2. — Cf. de Ribbe.

72 sols, la valeur du vin retombe autour de 40 la millerole en 1594 et 1595. Quant au prix relevé pour 1591, c'est un fait évidemment tout à fait anormal.

La liste des prix pour les vins comme pour les blés est d'autant plus intéressante qu'il s'agit de produits d'une même origine, récoltés sur les mêmes terres pendant toute la période. Cependant, pour les vins, la qualité du produit varie beaucoup suivant les années et pour des propriétés voisines, c'est ce qui explique la diversité des cours pour une même année.

Traduisons-les en monnaie actuelle d'après la valeur intrinsèque du sou tournoi, comme nous l'avons fait pour les blés. Le prix de vente des vins du terroir de Marseille oscille donc entre 2 fr. 15 et 14 fr. 40, cours exceptionnels de 1591 et 1589, tandis que 5 fr. 55 était un chiffre normal avant 1575. Ainsi, contrairement à ce qui a été constaté pour les blés, les vins pouvaient être aussi bon marché au XVIe siècle que de nos jours même en tenant compte de la différence du pouvoir de l'argent.

A côté de la boisson ordinaire des équipages des navires ou des habitants des établissements, la compagnie achetait aussi à ses participants des vins de choix, des muscats, très appréciés de tout temps des populations méditerranéennes, réservés sans doute pour les fêtes et les réjouissances (1). On constate encore une forte hausse des prix en vingt ans : le même muscat coûte 3 livres la millerolle, 4 livres 13 sols l'hectolitre en 1567, 9 livres 6 sols exactement en 1588 et 1589. Contrairement à la loi courante aujourd'hui le vinaigre naturel pouvait coûter beaucoup moins cher que le vin, 5 sols la millerolle en 1575; il est vrai qu'en 1570 on le paie jusqu'à 24 sols.

A cette époque, l'huile, en l'absence complète de beurre ou de graisse, était un des produits essentiels de l'alimentation provençale. La récolte du terroir de Marseille et des participants ne suffisait pas aux besoins de la compagnie ; elle achetait souvent des huiles de Toulon. Les qualités étaient très différentes si l'on

(1) La compagnie de Tunis achète du vin pour ses corailleurs 6 livres 4 sols et 4 livres 10 sols la millerolle en 1593. S'agit-il aussi de vins de choix? Ou bien la compagnie dut-elle subir des conditions onéreuses ?

en juge par la diversité des prix d'une même année. Le scandal de 16 litres est payé 43, 61 et 66 sols en 1567, de 37 à 44 sols en 1568. Ainsi le litre valait de 2 sols 4 deniers à 4 sols environ. En 1584 et en 1591 on relève les prix de 6 et de 8 sols le scandal, sans doute pour des huiles lampantes de qualité inférieure. Pour les huiles, la Provence était naturellement beaucoup plus favorisée même que pour les vins. En 1589 et en 1592 les gens d'Orléans payaient une huile, dont nous ne savons pas la nature il est vrai, 7 sols et demi et jusqu'à 12 sols la livre de 489 grammes.

Aucune valeur ne fut plus stable à Marseille que celle de la viande. Pendant plus de dix ans, jusqu'après 1575, les bouchers vendent le bœuf à la compagnie, 1 sol la livre (1) invariablement. Puis la hausse semble commencer et progresser régulièrement, sans à coup ; en 1583 et 1584, la livre est payée 1 sol 1/2, en 1586 1 sol 3/4. Il y a là deux faits assez surprenants : d'un côté, la consommation considérable de viande de bœuf ; de l'autre son bas prix. La Provence, en effet, et les environs de Marseille en particulier, n'ont jamais été pays d'élevage. Avant le développement des irrigations, toutes postérieures au XVIe siècle, dont Adam de Craponne était alors le génial initiateur, le gros bétail, plus difficile à nourrir, était encore plus rare. Au contraire, moutons et chèvres étaient autrefois beaucoup plus nombreux qu'aujourd'hui sur tous les pâtis aux herbages maigres et parfumés des collines provençales. Aussi la viande de mouton était elle de beaucoup la plus consommée et souvent, encore aujourd'hui, elle remplace le bouilli de bœuf dans le pot au feu du paysan provençal. Pourtant c'est uniformément du bœuf que la compagnie achète pour l'approvisionnement de ses navires ; il est très rarement question de moutons dans ses comptes. De plus, les prix paraissent, proportionnellement à ceux des autres provinces, aussi bas que ceux du vin produit

(1) La livre de Marseille (poids de table) valait 388 grammes 51. — Prix de comparaison : Orléans (livre de 489 grammes), 1 sol 6 d. (1567), 2 sous (1586), 3 sous (1590) ; Nîmes (livre de 414 gr.), 6 deniers (1556), 1 sol 4 d. (1583), 1 sol 2 d. (1590) ; Clermont (livre de 489 gr.), 1 sol (1585) ; Artois (livre de 548, grammes) 1 sol et demi (1588).

abondamment dans le terroir. Faut-il admettre que les bœufs de Barbarie apportaient déjà à l'alimentation de la ville un appoint considérable? Il est bien fait mention, en effet, de la vente de quelques-uns de ces bœufs à Marseille, mais le fait paraît exceptionnel et il semble bien, comme il a été dit au chapitre précédent, que les achats importants faits en Barbarie aient eu surtout pour but le ravitaillement du Bastion, des autres établissements ou des navires qui y touchaient. Il est plus probable que, comme pour les blés, Marseille et la Basse Provence étaient alimentées par les provinces voisines, Languedoc et Dauphiné, ou même par la Haute Provence, moins dénudée et desséchée alors qu'au jourd'hui.

Il reste difficile de comprendre pourquoi le mouton était payé plus cher à Marseille, 15 deniers en 1568. Quant au porc il valait 17 deniers 1/2 la même année ; il est payé plus de 3 sols en 1583. Le bas prix de la viande au XVIe siècle ne doit pas étonner ; pendant tout le moyen âge le bétail sur pied, plus encore peut-être que la viande de boucherie, avait été d'un bon marché exceptionnel.

Pour l'approvisionnement des navires la viande salée et surtout les poissons salés tenaient naturellement plus de place encore que la chair fraîche. Le sel de Berre coûtait de 3 sols 3 d. à 3 sols 9 d. en 1567, 4 sols en 1570 le minot de 43 litres. La Provence, pays de petites gabelles, bénéficiait d'une situation favorisée, car on voit, par exemple, le minot de 41 kilogrammes payé 8 livres 14 sols près de Paris en 1589, 5 livres 15 sols à Soissons en 1581 et 52 sols en 1571. Le bœuf salé, plus cher d'un tiers que la viande de boucherie, valait 1 sol 1/2 autour de 1570.

Les chiffres ci-dessous donnent à la même époque le prix des poissons salés :

Sardines d'Espagne,	le baril :	12, 16, 25, 26, 28 sols (1). 1567 et 1568.
»	»	12, 22, 30 sols. 1570.
»	»	22 sols. 1575.
»	»	27, 28 sols. 1583.
»	»	33 sols. 1590.

(1) Prix à Marseille, 1 florin 2 gros (17 sols ?) en 1480 ; — 20 sols le cent à Nîmes en 1583 ; — anchois, 7 liv. 7 s. le baril à Toulouse en 1622.

Sardines de Marseille, le baril : 16 et 17 sols. 1567.
» » 12, 15, 17 sols. 1568.
» » 13, 14, 18 sols. 1583, 1584.
» » 20 sols. 1590.
» » 17 sols 10 d. 1591.
Anchois, le baril : 22, 25, 26 sols. 1567, 1568.
» » 26, 28 sols. 1583, 1584.
Thon, le baril : 9 liv. $^1/_2$. 1583.
Morues, le cent : 95 sols. 1583.

Le renchérissement général semble donc avoir été beaucoup moins marqué pour cette catégorie d'aliments, très utile, spécialement alors, pour les nombreux jours de l'année où la nourriture maigre était rigoureusement imposée par l'Église. De plus, s'il est difficile de savoir à quoi correspondait à Marseille le *baril* de poisson salé, on peut juger du moins par l'exemple de la morue (1) le bon marché, qui nous semble exceptionnel, de cette catégorie d'aliments. Il faut admettre que la pêche des Malouins, qui approvisionnaient Marseille, était plus développée et plus fructueuse qu'on ne l'imagine d'ordinaire pour cette époque.

En somme l'étude de ces cinq éléments essentiels de l'alimentation populaire confirme les prévisions qu'il était permis de concevoir d'après la situation du port provençal. Sauf pour le blé et le pain, Marseille était une ville plutôt favorisée comparativement à celles de l'intérieur.

Le commerce des épices, alors disputé par les Portugais et par les anciens intermédiaires qui les faisaient arriver jusque dans le Levant par la mer Rouge ou par le golfe Persique, passa par une série de vicissitudes qui modifiaient diversement les prix, surtout sur le marché d'Alexandrie où la compagnie les achetait. Il n'est donc pas facile de démêler dans les chiffres ci-dessous l'influence de la loi générale de la hausse des cours au XVIe siècle. De plus, les différences correspondent aussi à la variété des qualités. Cependant le renchérissement des épices semble bien,

(1) Paris, 6 sols pièce (1588), 2 sols 1596 ; Nîmes (morue fraîche), 12 sols pièce (1583) ; Orléans, 11 sols pièce (1577) ; 6 sols (petites morues, 1596).

à Marseille même, avoir été enrayé par l'affluence nouvelle de ces denrées dans les entrepôts de Lisbonne et sur les divers marchés d'Europe.

Prix des épices vendues à Marseille	la livre		Prix de comparaison
Poivre, agi ou belledin.	18, 22 s.,	1567, 1568	10 s., Elbeuf (1500), 9 s. 6 d., Soissons (1542), liv. de 489 gr. ; 20 s., Carpentras (1593), liv. de 400 gr.
»	26, 27	1575	
»	22	1583	
»	22, 24	1586	
Girofle................	45 à 48 s.,	1567, 1568	48 s., (1520), 24 s. (1549), Flandre, liv. de 431 gr. ; 8 liv. (1587), près Paris, liv. de 489 gr.
»	35	1586	
»	25	1593	
Gingembre............	17, 18	1568	23 s. (1543), Soissons, liv. de 489 gr. ; 9 à 17 s. (1550), Flandre, liv. de 431 gr. ; 12 s. (1593), Carpentras, liv. de 400 gr.
»	15	1576	
Cannelle...............	26	1576	24 s. (1520) 22 s. (1550), Flandre, liv. de 431 gr. ; 55 s. (1545), Soissons; 63 s. (1556), Orléans, liv. de 489 gr.
»	55	1586	
Muscade..............	19	1586	40 s. (1545), Soissons ; 29 s. (1556), Orléans ; 4 liv (1588) près Paris, liv. de 489 gr. ; 16 s., en gros, (1550), Flandre, liv. de 431 gr. ; 30 s. (1593), Carpentras, liv. de 391 gr.

S'il faut en croire les tableaux de prix dressés par M. d'Avenel depuis le XIIIe siècle, le prix des épices aurait subi, suivant les années et les lieux, des fluctuations extraordinaires difficilement explicables. Les précieuses denrées auraient été parfois moins chères au XIVe siècle ou au XVe qu'après la découverte de la route maritime des Indes orientales par les Européens et même que de nos jours. Quoiqu'il en soit, le coût des épices restait élevé au XVIe siècle. Une livre de poivre équivalait à Marseille à vingt livres de bœuf. Encore faut-il remarquer qu'il s'agit ici de ventes à des négociants en gros, dans le port d'arrivée. Quel ne devait pas être le renchérissement quand ces mêmes épices arrivaient au consommateur par une série d'intermédiaires, grevées de frais de transport, de diverses taxes douanières et de péages? Les exemples trop peu nombreux et trop peu concordants qu'il a été permis de réunir dans le tableau ci-dessus ne permettent guère de tirer des déductions précises. Il eût été intéressant pourtant de pouvoir comparer entre eux les marchés approvisionnés en épices par Lisbonne et par Alexandrie.

Pour le sucre la compagnie, au lieu d'être importatrice et venderesse, était obligée d'acheter ce qui était nécessaire à sa consommation; les prix sont donc d'un ordre tout différent. De plus, il est nécessaire de faire attention à quelle catégorie de sucres ils s'appliquent. Le sucre candi est payé 18 sols la livre en 1568; en 1591, la compagnie achète 15 sols la livre d'un sucre non dénommé, 25 sols le sucre raffiné en 1592 (1). La baisse du sucre, devenu produit d'alimentation indispensable à toutes les classes, est un des grands faits économiques du XIXe siècle. Aussi les prix du XVIe nous paraissent-ils singulièrement plus élevés que ceux des épices auxquels ils pouvaient alors être comparés. Vingt-cinq sols la livre marseillaise en 1591, c'était le cours de 8 fr. 25 environ pour le kilogramme d'une denrée qui vaut 0 fr. 70 aujourd'hui environ, sans tenir compte de la différence du pouvoir de l'argent.

Quelle pouvait être l'extension de la vente quand une livre de sucre représentait pour un ouvrier la valeur de plusieurs journées de travail? Aussi c'était l'époque où les confitures étaient vendues comme une précieuse denrée par les apothicaires. Ceux-ci avaient le mérite de ne pas faire payer leur main-d'œuvre au taux de nos pharmaciens ou de nos confiseurs. Leurs dragées coûtaient moins cher que le sucre, 10 sols la livre en 1568, 18 en 1593.

(1) D'Avenel cite les prix suivants pour Orléans (livre de 489 grammes) : 13 sols en 1581, 15 sols en 1584, 20 sols en 1591; 22 sols à Soissons en 1578; — 18 sols, sucre fin, Carpentras, en 1593 (livre de 400 grammes).

La même année on trouvait chez eux des confitures liquides à 14 sols (1 fr. 80) la livre, des confitures sèches à 20 (2 fr.50) et à 24 sols (1). Terminons cette revue des produits alimentaires par quelques rapides indications. Les pommes, seul fruit frais de conservation facile, sont achetées par la compagnie 7 sols le cent en 1568, 8 en 1590, 2 écus 1/2 le quintal en 1593 (2). Parmi les fruits secs, consommés en bien plus grande quantité dans les établissements de Barbarie, les châtaignes valaient 22 sols le *cantaro* en 1568, 68 sols le quintal en 1584; les amandes cassées 16 livres le quintal en 1570 (3); des prunes de Brignoles (4), 5 sols 7 d. en 1567, des prunes noires 12 sols en 1570. Le prix élevé des amandes révèle peut-être une culture bien moins développée qu'aujourd'hui en Provence. En 1853, les lentilles coûtent 108 sols le quintal, les haricots 96; en 1586 seize grosses chaînes d'oignons sont payées 20 sols, une petite chaîne d'aulx 2 sols.

On a dit quelle place importante était réservée au fromage dans l'alimentation du personnel des établissements et des navires de la compagnie. Celui de Sardaigne, le moins cher, coûtait 1 sol 3 d. la livre en 1568, 1 sol 9 d. en 1586; celui d'Auvergne, très apprécié, est payé 3 sols en 1584 et en 1590, 6 sols 1/2 en 1593 (5); du fromage de Briançon vaut 2 sols 6 d. en 1583; une provision, sans désignation d'origine, est payée à raison de 2 sols 8 d. en 1591. Pour un produit venant du dehors le bon marché est à noter.

Des produits alimentaires passons aux matières premières. La compagnie du corail vendait à tous les tanneurs de Provence de grandes quantités de cuirs bruts de Barbarie. Les prix ci-dessous sont donc, comme pour les épices, ceux de la vente en gros.

(1) 24 sols la livre (414 gr.) à Nîmes en 1590; 25 sols la livre de confitures sèches (489 gr.) à Orléans en 1613.

(2) 1 sol 5 deniers à Orléans (1555); 11 sols 9 d. le millier (1528); 6 deniers le cent à Soissons (1480).

(3) 25 livres le quintal d'amandes sèches à Marseille en 1630.

(4) Prunes de Brignoles, 4 sols la livre à Nîmes en 1647; prunes, 1 sol la livre à Marseille en 1622; 6 deniers la livre à Orléans en 1556.

(5) Fromage d'Auvergne, 2 sols (1567), Dauphiné, livre de 420 gr.; 1 sol 8 deniers (1584), Clermont, livre (?); 2 sols 6 deniers, 1593.

1567......	80, 85, 90, 100 écus	192 à 240 livres	le cent.
1568......	80, 90, 93, 100, 112 écus	192 à 268	»
1569......	106, 108, 110 écus	254 à 264	»
1570.....	75, 80, 83, 84, 88 écus	180 à 211	»
1576......	115	276	»
1588......	»	510 à 605	»
1592......	130 à 160	390 à 480	»

Il y avait chaque année diverses ventes où les cours variaient. De plus, les Marseillais estimaient plus les cuirs *du mazeau*, provenant des bœufs abattus au Bastion ou à la Calle et au cap de Roze, que les cuirs *pelloux* vendus par les bouchers indigènes. Ce sont les premiers qui valent 480 livres le cent en 1592 et 605 en 1588. Les cuirs venant d'Alexandrie étaient encore plus recherchés ; en 1588, on les achète 7 liv. 3 s. pièce, donc 715 livres le cent. Pour les laines on relève les prix de 7 livres 3 sols, 7 livres 10 sols, 1 écu 36 sols le quintal en 1591 (1).

La cire, autre produit d'importation barbaresque, vaut le prix élevé de 68 livres le quintal en 1592, 49 en 1595. On peut encore signaler les matières premières suivantes ainsi cotées en 1586 : l'indigo 40 sols la livre, la gomme laque 11 sols. En 1593 la gomme laque a monté à 24 sols et l'encens coûte 37 livres le quintal tout trié. La poix, le suif, le chanvre sont achetés par la compagnie pour le radoub des bateaux ; la poix d'Espagne vaut 64 sols le quintal en 1570 ; celle du pays, moins estimée, 30 et 34 sols ; le suif coûte 3 sols 1/2 la livre en 1585 ; le chanvre de Piémont 32 sols le cantaro en 1567. Le fer et le plomb sont consommés en outils ou pour les constructions en Barbarie, en même temps que pour les navires. Le fer de Leyde coûte 5 livres le *cantaro* ou 6 livres 10 s. le *ballon* en 1568, 24 sols la livre en 1589. Le plomb acheté aux marchands catalans est payé 7 et 8 livres le *cantaro* en 1568. En 1591 et 1592 on trouve les prix très divers de 6 livres 12 sols et 11 livres pour le quintal ; la même année 1592 des boulets de canon valent 10 livres le quintal. Du bois, sans indication de destination, coûte 5 sols le quintal en 1585. On remarquera la cherté très grande de plusieurs de ces matières premières.

(1) On relève aussi en 1591 les prix bien différents de 17 et 19 sols le quintal

Dans la catégorie des produits fabriqués les registres de la compagnie fournissent des indications très variées, spécialement pour les tissus. Il serait possible de dresser le tableau des prix de toutes les variétés de draps achetés dans le royaume et revendus au dehors et de leurs fluctuations pendant trente ans. Malheureusement la multitude de ces chiffres n'est pas aussi instructive qu'elle pourrait l'être dans l'ignorance où nous sommes des qualités des étoffes et de la largeur des pièces. Il n'y a donc pas de base solide de comparaison entre les prix d'alors et ceux d'aujourd'hui, ni même pour se rendre compte de leur accroissement au XVIe siècle. Voici seulement quelques chiffres à titre d'exemples. Ils deviendraient très intéressants si on connaissait les prix de ces mêmes étoffes au lieu de la fabrication; on verrait quel renchérissement leur imposaient à Marseille les frais de transport, les intermédiaires, les douanes intérieures ou péages. Comme on peut trouver aussi les prix de vente de ces mêmes draps en Barbarie ou au Levant on pourrait suivre ainsi la marchandise de la fabrique jusqu'au consommateur exotique. Du moins les chiffres ci-dessous montrent nettement quelles étaient alors les étoffes de laine les plus estimées. Il s'agit des prix d'achat payés par la compagnie.

Prix à Marseille (la canne) (1)

Draps de Marseille,	à la parisienne,	rouges et autres :	5 écus. 1589
»	»	»	5 et 6 écus. 1595.
»	à la marseillaise	»	3 et 4 écus. 1598.
Draps du Languedoc,	monréals turquins :		47 sols, 1567 ; 52 sols, 1575.
»	de Clermont		60 sols, 1567.
»	de Saint-Pons		5 livres, 5 liv. 2 s., 1567-68.
»	Cabardès		80, 88 sols. 1567.
»	»		4 liv., 4 liv. 10 s., 6 liv. 10 s. 1568.
»	»		5 liv. 16 s. 1589.
»	»		17 sols 1/2 le pan. 1591.
	Sénès turquins :		3 liv. 10 s. 1567 et 1568.
Draps de Paris, écarlates :			8 écus. 1575.

(1) La canne de Marseille, de 2m0127, se divisait en huit pans. Le pan équivalait donc à 0m2516.

Draps de Paris, écarlates :	10 écus. 1585-86.
» »	11 et 11 écus 8 s. 1587.
» »	9 écus. 1589 ; 11 écus, 1591.
» divers	10 écus 10 s. 1583.
Draps de Paris, noirs	8 écus. 1591.
» noirs et verts	7 écus. 1586.
» verts	9 écus. 1586.
» violets	8 écus. 1586
Draps de France, divers, écarlates, violets, verts, noirs :	58 écus 24 sols, prix moyen (la pièce). 1582-89.
» de Valréas :	30 sols la canne. 1567 et 1568.
» Carizees	1 écu 18 sols. 1586.
» écarlates	38 écus (la pièce). 1589.
» »	65 écus la pièce ; 1592. 45 écus de bonne monnaie.
» béjarris	4 écus (de 60 s.) la canne. 1591.
Draps d'Espagne :	3 liv. 18 s. 1570.
»	6 liv. 1570.
» de Valence, écarlates polvo :	100, 108 écus (la pièce) 1595.
» » coffoly rouges	50 écus. 1595.
Draps de Venise panni blancs :	67 sols la canne. 1567.
» » bureo	57 sols. 1567.
» cordellati blanc	35 sols. 1567.
Draps écarlates de Milan :	48 sols le pan. 1592.

Quelles que fussent les largeurs des pièces le prix des draps nous semble singulièrement élevé si l'on observe qu'il s'agit de prix de gros. Les écarlates de Paris arrivèrent à dépasser 5 écus le mètre, les draps de Marseille, 3 écus. Ceux du Languedoc, plus modestes, descendaient rarement au-dessous de 30 sols et même de 2 livres.

Dans les achats de draps de soie, il n'est plus question de pièces, ni même de cannes ; leur haute valeur les faisait vendre par quantités beaucoup plus petites, ce qui rendait plus commode de compter par palmes ou pans. Voici quelle était leur valeur comparée en 1568 :

Velours cramoisi..	42 s.	Damas cramoisi. . .	30 s. la *palme*.
» violet. ...	30	» vert.	24 »
» noir......	36	» bleu.	20 »
Satin cramoisi	30	Taffetas armesin, vert, rouge et bleu.......	12 »
Soie de couleur.....	16		

Ainsi, la canne aurait coûté 16 liv. 16 sols pour le velours cramoisi, 12 livres pour le damas de même teinte. En 1576 les prix sont montés à 60 sols le pan pour le cramoisi, à 50 et à 40 sols pour le rouge et le noir. Le renchérissement continua car un lot de draps de soie divers est compté 1 écu en 1596. En 1592 des velours sont ainsi cotés : rouge cramoisi, 12 livres le pan ; rose, 10 livres ; vert, 70 sols ; noir, 58. Du satin bleu et du damas vert en valent également 48.

Les indications pour les autres tissus sont plus rares. La toile batiste est payée 7 sols la canne en 1568, 20 livres la pièce en 1575. La pièce entière de toile de Saint-Rambert pour les emballages ne vaut que 4 liv. 4 s. à 4 liv. 8 s. autour de 1570. On paie la toile à sacs 24 sols la canne en 1592. La cotonine, toile de coton pour les voiles de navire, de qualité toujours constante, subit nettement le renchérissement des prix : 9 sols la canne en 1568, 12 sols en 1583, 14 en 1589, 1590 et 1591, 18 sols en 1592. Il est question de cotonine à 65 sols la canne en 1593 ; ce n'est plus évidemment de la toile à voiles.

Terminons cette rapide revue par un bref tableau de divers produits ou objets fabriqués :

Chaises de noyer couvertes de fil (pour présents)	7 liv. 10 s. pièce, 1592.
Chaises de noyer couvertes de cordouan rouge et clous dorés (pour présents)	4 écus 5 s., 1592 (monnaie courante).
Clouterie (clavaisons, chiavaglione)	5 liv. 14 s. le ballon, 1567.
» »	25 liv. le cantaro, 1568.
» »	15 liv. le quintal, 1570.
» »	5 sols la livre, 1592.
Lanternes pour corailleurs	7 sols 1/2 pièce, 1570.
Rames pour barques de corailleurs	20 et 28 sols la paire, 1575.
» »	1 écu, 1592.
Arquebuses	30 sols pièce, 1580.
» et leurs fourniments	1 écu 4 sols 8 d., 1580.
» »	64 sols 8 d., 1591.
Arbalètes	16 sols 1580.
Poudre d'arquebuse ou à canon	5 sols la livre, 1568.
» »	8 sols, 1575.
» »	5 et 6 sols, 1583.
» fine	60 liv. le cantaro, 1568.
» »	9 sols, 1591.

Papier pour carnet journal	1 sol 6 d. la main, 1583.
Papier pour grand-livre	8 sols, 1583.
» »	20 sols la rame, 1570.
Papier *foul* pour mettre en caisse le corail.	2 s. 6 d., 3 s la main, 1583.
Fil à coudre les sacs	6 liv. 3 sols la livre, 1593.
Resti (débris, coupons ?)	2 sols pièce, 1567.
Fil à corailler	10 liv. le cantaro, 1568.
Sartie (cordages pour tirer les filets ou engins)	36 sols le cantaro, 1570.
id. id.	13 écus le quintal, 1591.
Scampolons (coupons ?)	46 liv. la balle, 1568.
Coton filé	60 liv. le quintal, 1583.
Savon	2 sols 6 d. la livre, 1583.
Chandelle	3 sols la livre, 1583.
»	1 sol, 1583.
Coton filé pour faire des chandelles	9 sols la livre, 1591.
Verres (pour le Bastion) fins	1 sols 6 d. pièce, 1570.
» communs	11 sols la douzaine, 1570.
Fourchettes	26 sols la douzaine, 1570.
Policore (?)	26 liv. le quintal, 1570.
Morana (Morava ?)	5 sols la balle, 1570.
Tonneaux (stiva di botte) payés d'après la contenance	12 sols la millerole, 1567.
id. id.	10 » 1567.
id. id.	9 s., 1570.
id. id.	16 sols, 1591.
Radasses vieilles (1)	5 liv. 8 s. le quintal, 1591.

L'ensemble de tous les chiffres relevés permet de vérifier nettement le phénomène bien connu du renchérissement de tous les prix au XVIe siècle. La période étudiée est un peu courte et surtout la fin en est trop troublée pour qu'on puisse risquer des comparaisons sur la rapidité de ce renchérissement à Marseille. On est frappé aussi de ce fait qui heurte les idées reçues à savoir que certains produits agricoles, spécialement le blé, étaient plus chers autrefois et que le bon marché d'autres produits alimentaires n'était pas aussi marqué qu'on pourrait le penser. Cependant, il y avait à cet égard un contraste frappant avec les produits manufacturés généralement beaucoup plus coûteux qu'aujourd'hui. La matière première était déjà plus chère et la

(1) Radasso, balai fait avec de vieux cordages dont on se sert pour nettoyer le pont d'un navire. — Chose vile ou usée. MISTRAL. *Dictionnaire provençal-français*.

fabrication l'était encore davantage. Dans les tissus mentionnés ci-dessus, on trouve des draps écarlates de Paris à près de 40 francs le mètre, des draps de Marseille à 23 francs, des velours cramoisis à 123 francs. Et ce sont là les prix d'achats en gros calculés d'après la valeur intrinsèque de la monnaie d'alors.

La comparaison des prix d'achats et de ventes des compagnies du corail permettrait de calculer leurs gains sur chaque catégorie de marchandises s'il était possible de tenir compte des prix de fret et d'assurances entre Marseille et la Barbarie. Il est du moins permis de constater que la différence entre le taux des achats et des ventes laissait une large marge de bénéfices. On a déjà vu que ceux-ci pouvaient être très considérables sur le corail.

Pour les blés, ils étaient très variables, le prix d'achat en Barbarie étant particulièrement soumis à beaucoup d'aléas. Mais des grains achetés couramment 4 écus le caffi jusqu'en 1590, c'est-à-dire 25 à 30 sols l'éminée, étaient souvent vendus plus du double à Marseille. Quant aux peaux de bœufs payées très fréquemment 40 écus le cent, elles étaient toujours revendues plus de 80 et souvent même plus de 100. La différence atteignait donc et dépassait 50 o/o pour les deux principaux articles de trafic. Les bénéfices étaient moins élevés sur les produits manufacturés et spécialement sur les draps exportés en Barbarie. Ainsi, en 1590 et en 1591, des draps de Marseille achetés 5 écus la canne sont vendus 8 écus. Si on songe aux énormes frais généraux de la compagnie occasionnés par l'entretien des établissements de Barbarie, par le paiement du tribut annuel, par les cadeaux onéreux distribués et par les avanies exceptionnelles, on jugera qu'un bénéfice de 37 o/o, diminué par les frais du transport par mer, n'avait rien d'exorbitant.

Il serait très intéressant de pouvoir faire une étude parallèle des salaires, de voir si le taux de la main-d'œuvre correspondait à celui des prix, d'observer si la hausse fut aussi marquée. On a soutenu qu'à cette époque où naquit le *capitalisme* moderne, l'évolution économique profita exclusivement à la classe des patrons. « Si les lois économiques avaient joué librement, écrit

M. Hauser, la révolution sociale qui se produisait à cette époque aurait dû avoir pour résultat, en même temps qu'une hausse des prix, une hausse des salaires. Il y eut alors, entre les maîtres, une sorte d'entente spontanée pour réserver au seul patronat les bénéfices de la révolution (1) ».

Malheureusement les registres des compagnies du corail ne permettent guère d'élucider la question en ce qui concerne Marseille. Les comptes de salaires, aussi nombreux que ceux d'achats et de ventes, ne sont pas aussi instructifs. Ils indiquent trop souvent la somme due sans préciser la durée du travail payé ou la tâche accomplie. Nous n'avons donc pas, pour les divers métiers, des séries de prix suffisantes pour suivre leur évolution. On pourrait cependant, en faisant des recherches minutieuses sur les registres, allonger la liste des quelques exemples qui suivent. Rappelons encore qu'il a été déjà parlé de la main-d'œuvre employée dans les établissements de Barbarie au chapitre qui les concerne et que d'autres indications ont été données dans celui qui traite de la pêche du corail.

Salaires journaliers de manœuvres et gens de métiers à Marseille

Pour mesurer les blés au magasin, 6 sols. 1585, 1586.
Portefaix qui déchargent le blé au magasin (2), 4 sols. 1586 (prix usuel).
Gardien du vaisseau *Saint-Jean* dans le port (le jour et la nuit), 6 sols. 1586.
Maîtres de hache pour radouber les navires (3), 14 sols. 1583 ; 15 sols. 1586 (prix usuels).
Garçon (apprenti) d'un maître de hache, 4 sols. (1583).
Maîtres calfats pour radouber les navires, 15 sols, 16 sols. 1583 (prix usuels).
Garçon (apprenti), 7 sols.

(1) *Ouvriers du temps passé* (*XV*[e] *et XVI*[e] *siècles*). Paris, Alcan. 2e éd. 1906. Introduction, p. XXXVII.

(2) Manœuvres : Orléans, 4 sols à 7 sols 6 deniers (1584) ; Boulogne, 6 sols (1585) ; Orléans, 6 sols (1586).

(3) Maîtres charpentiers : Nantes, 12 sols (1570) ; Issoudun, 8 sols (1598) ; Nevers 13 sols (1600). — Les salaires des charpentiers et calfats à Marseille étaient supérieurs à ceux des ouvriers similaires employés au Bastion ; mais ceux-ci étaient nourris.

Mesureurs de blé au magasin, 10 et 12 sols. 1586 (usuel).
Corailleurs (pour tenailler ou tourner), 12 sols. 1568.
» » 20 sols. 1585.
Garçon (apprenti), 6 sols. 1568.
» » 14 sols 1585.
Relieur pour avoir relié deux mains de grand papier pour ajouter au grand-livre, 16 sols. 1583.
Palefrenier (pallafarnier) pour soigner les chevaux barbes venus de Barbarie, 42 sols par mois. 1583.
Femmes, pour coudre les voiles, 5 sols. 1592.

L'exemple unique des corailleurs dont le salaire augmente rapidement de 1568 à 1575 ne permet pas de contester la thèse de l'aggravation du sort des ouvriers au XVIe siècle. D'ailleurs, il est difficile d'établir des comparaisons avec les salaires des autres villes parce qu'il s'agit ici d'une main-d'œuvre un peu spéciale. Cependant, d'après les quelques rapprochements qu'il est permis de faire, il semble que la rémunération des ouvriers était peu différente de celle de villes du centre ou de l'Ouest comme Orléans ou Nantes. On peut rappeler à ce sujet que le travail n'était pas réglé à Marseille par l'organisation corporative. Mais, depuis le moyen âge, patrons et ouvriers étaient assujettis à des règlements municipaux. Ceux des XIIIe, XIVe et XVe siècles sont conservés aux archives municipales et leur destinée devient obscure après la réunion de la Provence et de la ville au royaume. Il serait intéressant de savoir combien de temps les usages locaux survécurent aux efforts de la centralisation monarchique.

Mentionnons à part une catégorie de salaires tout particuliers. Fréquemment les comptes enregistrent des dépenses pour ports de lettres. Avec Lyon la correspondance était des plus actives ; une lettre coûtait uniformément 2 sols ; les paquets de correspondance, 4, 6 et 8 sols suivant leur importance. Qui se chargeait de ces transports? S'agit-il ici des maîtres de la poste royale mis définitivement au service des particuliers par l'édit de 1576, des courriers de l'Université ou de courriers spéciaux circulant entre les deux villes ?

Les capitaines de navires ne demandaient pas davantage

pour des transports beaucoup plus longs : une lettre envoyée à Savone coûtait aussi 2 sols ; la dépense s'élevait à 3 seulement pour Alexandrie, autour de 1580. Elle devenait immédiatement plus forte quand il était nécessaire d'envoyer des courriers exprès : un homme reçoit deux testons pour porter des lettres et papiers à Aix. Un courrier expédié à Lyon touche 4 livres 16 sols (1569). Les frais de voyages d'hommes chargés de missions spéciales étaient parfois très élevés. Deux hommes qui vont à la Ciotat pour cromper (acheter) du vin, ne reçoivent que 40 sols (1583); un autre qui fait six voyages pour le service de la compagnie, à Savone, à Massacarès, à Alger et à Bône, ne demande que 144 livres (1568). Mais, en 1599, on voit un voyage de Livourne (Ligorne) coûter 26 écus 5 sols, un autre à Saint-Tropez, 12 écus ; un laquais qui va à Grenoble, chargé de commissions pour un correspendant, reçoit 26 écus.

Pour conclure cette étude de prix et de salaires, il pourrait sembler naturel d'essayer entre eux une comparaison et d'en déduire des indications sur le degré de bien être des ouvriers du XVIe siècle. C'est une étude qui a été tentée souvent, en particulier par M. d'Avenel. Mais les résultats ne peuvent être que très contestables. En effet, le problème consisterait à grouper et à doser tous les éléments nécessaires au bien-être matériel de l'homme, nourriture, logement, vêtement, etc., à totaliser l'ensemble de la dépense, à la comparer aux salaires. Mais comment déterminer ce qui est nécessaire à notre bien-être matériel ? Est-il rien de moins pondérable ? Tout dépend de nos désirs, des besoins que nous nous créons. A chaque époque ces besoins varient, non seulement suivant les classes et le milieu social, mais pour chaque individu.

Comment donc faire pour les siècles passés un calcul qui serait impossible même pour nos contemporains ? Un ouvrier du XVIe siècle ignorait l'existence du café et ne consommait pas le sucre dont les ménages d'aujourd'hui ne pourraient se passer sans privations. Le logement, le mobilier, le vêtement fourniraient des dissemblances aussi frappantes. A supposer même qu'on connût les éléments de la vie matérielle nécessaire au XVIe siècle, comment en évaluer le coût sans faire intervenir la notion de solidité et de durée ? Tels draps grossiers ou telles toiles d'autrefois, d'un prix beaucoup plus élevé que les tissus d'aujourd'hui, offraient l'énorme avantage de durer toute une vie.

C'est donc avec raison que M. Hauser dans ses remarquables études sur les ouvriers du XVIe siècle, déjà citées, s'est abstenu de toute comparaison avec notre époque. Il a même poussé le scrupule jusqu'à éviter de traduire en francs et en centimes les salaires d'autrefois. Ainsi n'essayons pas de calculer, avec chiffres à l'appui, ni même de savoir plus vaguement si les Marseillais de tel ou tel métier étaient matériellement plus ou moins heureux qu'aujourd'hui. Toutefois il est permis d'être frappé de ce fait que le prix de beaucoup de choses nécessaires à la vie était, en valeur intrinsèque, souvent supérieur, égal ou peu inférieur à ceux d'aujourd'hui, tandis que les salaires restaient toujours notablement au-dessous. On pourrait peut-être en conclure que, si les ouvriers du XVIe siècle avaient eu les mêmes besoins que ceux d'aujourd'hui, il leur aurait été moins facile de les satisfaire.

CHAPITRE IX

LA CRISE MONÉTAIRE AU TEMPS DE LA LIGUE. — MARSEILLE ET LES BANQUES LYONNAISES

Les comptes des compagnies du corail sont particulièrement intéressants pour étudier la situation monétaire à Marseille dans la deuxième moitié du XVIe siècle.

Jamais les monnaies de France n'avaient été ausi belles et aussi habilement monnayées que du temps de Henri II. L'écu d'or, frappé depuis la fin du règne de Charles VII, et resté depuis seule monnaie d'or du roi était aussi la première qui eût gardé longtemps une fixité à peu près complète, de poids et d'aloi. D'autre part son évaluation en monnaie tournois n'avait guère varié depuis François Ier. En 1549, sa valeur, augmentée d'un sol, avait été portée à 46. Puis, pendant la plus grande partie du règne de Henri II, il avait été pris pour 48 sols. Tout en diminuant son poids d'un grain, on avait élevé sa valeur à 50 sols en 1561.

Les troubles des guerres de religion, qui commencèrent alors, allaient avoir une influence funeste sur la circulation monétaire. Les monnaies d'argent et le billon d'argent ou de cuivre inspiraient une confiance médiocre et l'on cachait l'or. Sa rareté fit hausser sa valeur de plus en plus, sans que le peuple et le commerce tinssent compte des évaluations officielles. En vain le gouvernement essaya d'enrayer le mouvement en consacrant lui-même le surhaussement. Le 22 septembre 1574 la valeur de l'écu d'or au soleil fut fixée à 58 sols ; en 1575 à 60 sols. Mais la hausse continuait et l'écu d'or en 1576 était demandé à 68 sols. La cour des monnaies présenta des remontrances très judicieuses au roi et aux Etats généraux de 1576. L'ordonnance royale de septembre 1577 décida que les comptes devraient désormais être exprimés en écus et non en livres (1) et que le taux de l'écu serait maintenu à 60 sols tournois.

Or, la situation monétaire n'était pas exactement la même dans toutes les parties du royaume et le surhaussement de l'écu d'or n'atteignit pas partout les mêmes proportions. Les registres des compagnies de corail fournissent à ce sujet des indications précieuses pour la Provence. Souvent ils donnent la valeur de l'écu en sous ; ou bien des sommes sont évaluées en même temps en livres et en écus. On y voit l'écu compté couramment 48 sols en 1567 et 1568 ; quelquefois cependant 49 sols, 51 (le 22 mars 1568) et même jusqu'à 52 (octobre 1568). Le 26 mai 1568, Thomas Lenche fait porter à son frère Antoine, à Bône, la somme de 2.460 livres 12 s. représentée par 1.000 écus dont 112 écus castillans de 50 sols, 200 de 49 sols 1/2 et 688 de 49 sols. En 1575 des écus *pistollets* portés en Barbarie sont comptés 58, 59 et 60 sols, 64 et 66 en 1576. Comme la valeur des pistollets d'Espagne était, en général, supérieure à celle des écus au soleil, il semblerait que le surhaussement fût alors plutôt inférieur au taux atteint dans l'intérieur du royaume. C'est sans doute que la ville et son commerce n'avaient pas été profondément troublés jusqu'en 1576.

Il n'en fut pas de même après 1589. A Marseille, comme dans toute la Provence, la crise monétaire atteignit une acuité extraordinaire. L'or était devenu de plus en plus rare et la monnaie courante était surtout constituée par le billon d'argent connu sous le nom de monnaie du Moulin. C'est en 1550 qu'Henri II avait créé un atelier monétaire spécial pour la frappe de pièces de 6 blancs et de 8 blancs dont la première valait 2 sols 6 deniers.

L'atelier étant installé dans l'hôtel de Nesle, ces monnaies étaient désignées sous le nom de gros et demi-gros de Nesle. La direction de la fabrication avait été confiée d'abord à Jacques Pinatel. En Provence on appelait usuellement ces monnaies Nesle et Pinatelles. Or, à partir de 1589, ce billon fut singulière-

(1) On peut remarquer, à ce sujet, que la compagnie du corail agissait ainsi bien avant l'ordonnance royale. Dans tous ses registres de comptes les sommes sont évaluées en écus d'or au soleil.

ment adultéré. Dès 1576 on en manquait pour les besoins courants et l'ordonnance de septembre 1577 avait stipulé qu'il en serait fabriqué dans les diverses monnaies du royaume, notamment à Aix, sur le pied établi par l'ordonnance du 31 mai 1575 relative à la monnaie du Moulin. Mais, au milieu de l'anarchie qui suivit la mort d'Henri III, des ateliers temporaires multiples furent créés en dehors des monnaies royales. Chacun des partis en lutte eut ses monnaies ; il y eut celles à l'effigie d'Henri IV, à l'effigie du roi de la Ligue Charles X ; les *politiques* ou les ligueurs modérés ne mettaient sur les leurs aucun nom de roi. Quelle que fût leur origine, les monnaies de ces ateliers justifiaient largement la méfiance croissante qu'elles inspirèrent.

Nostradamus, le vieil historien salonais, écrit à propos des désordres dont il fut le témoin : « Voici un autre excès qui fera plus de mal que la guerre : les marques de souveraineté sont foulées aux pieds ; tout le monde bat monnaie dont le pied, le poids et l'alloy sont tellement adultérés qu'une pièce d'or surmonte le prix ordinaire de quatre. O combien d'hommes déçus qui se croyaient alors riches et avoir le quadruple de leur or (1). »

Nostradamus n'exagérait rien. En vain le Parlement de Provence avait essayé d'arrêter la hausse. Des arrêts du 18 août et du 12 octobre 1593 avaient rappelé l'édit de Poitiers de septembre 1577 et fixé de nouveau à 60 sols la valeur de l'écu d'or au soleil. En vain, à plusieurs reprises, la municipalité de Marseille, sur la proposition de Casaulx, avait-elle aussi prétendu fixer le prix de l'écu d'or.

Les comptes de la compagnie du corail évaluent alors toutes les sommes en écus de Nesles ou de Pinatelles qu'ils réduisent ensuite en bonne monnaie, c'est-à-dire en écus d'or de la valeur légale de 60 sols. Ils constituent donc une source de premier ordre pour étudier la crise monétaire à Marseille. On peut comparer les chiffres de ces registres avec les évaluations

(1) *Histoire et Chronique de Provence*, p. 931.

de Bernard Zerbin (1), qui essaya de dresser un tableau du surhaussement des monnaie en Provence et avec les taux fixés par la municipalité de Marseille.

Voici un tableau comparatif dont les chiffres auraient pu être multipliés :

Dates	REGISTRES DE LA COMPAGNIE			TABLEAU DE ZERBIN		
	Sommes en nesles	Réduction en bonne monnaie (2) (écu de 60 s.)	Valeur de l'écu nesles comparée à l'écu de 60 s.	Valeur de l'écu au soleil	Valeur de la monnaie courante	Valeur de l'écu nesles comparée à l'écu de 60 s.
	—	—	—	—	—	—
1 janvier 1591..	480	400	0.833			
8 avril » ..	498	409	0.821			
19 avril » ..	1098	896	0.822			
17 mai » ..	36	30	0.836	74 s.	48 s. 7 d.	0.808
26 juin » ..	375	300	0.80	75	48	0.80
sept. » ..	100	75 19 s.	0.754	79	45 s. 6 d.	0.758
sept. » ..	200	151 18 s.	0.756			
9 oct. » ..	400	300	0.750	80	45	0.750
13 nov. » ..	300	225	0.750	80	45	0.750
8 janvier 1592..	123	77	0.626	82 (3)	43 10 d.	0.731
8 janvier » ..	104	63	0.60			
25 janvier » ..	1621	1297	0.80			
25 janvier » ..	34.59 s.	21	0.607			
11 avril » ..	230	182	0.791	92	39 s. 1 d.	0.650

(1) Bernard Zerbin. *Abrégé de la tariffe sur le desbordement et le surhaussement des monnoies, advenu en ce pays de Provence et lieux circonvoisins durant les années 1591, 1592 et 1593 pour lesquelles la Cour a déclaré estre deu suplément pour les sommes payées pendant lesdictes années.* Arch. des Bouches-du-Rhône. Fonds Nicolaï 79 — M. Raimbault, sous-archiviste des Bouches-du-Rhône, qui amasse depuis longtemps des matériaux relatifs à l'histoire monétaire de la Provence, a bien voulu me permettre de compulser ses fiches sur le XVIe siècle.

(2) Rien n'indique dans les registres de quelle bonne monnaie il s'agit. On pourrait penser que c'est l'écu d'or au soleil tel qu'il était évalué dans le commerce de 1591 à 1594 (4me colonne du tableau) ; mais la comparaison avec le chiffre de Zerbin montre bien que cette bonne monnaie n'est autre que l'écu d'or fixé à 60 sols par l'édit de 1577, dont les prescriptions furent renouvelées en 1593 par le Parlement de Provence. En prenant l'écu de 60 sols comme base de ses comptes la compagnie se conformait aux ordonnances.

(3) La valeur des écus pistollets d'Espagne continuait à rester à peu près la même que celle de l'écu d'or au soleil. La cour des monnaies demandait, dans ses remontrances de décembre 1576, que un écu pistollet et 2 sols ou 12 réales forment l'écu d'or au soleil. Or, le 9 janvier 1592, la compagnie de Tunis confie à son agent 2 300 écus pistollets qui sont comptés à 78, 82, 84, 85 et 86 sols ; le 23 août 1000 écus sont évalués 97 sols pièce ; en septembre leur valeur monte à 103 sols.

Dates	REGISTRES DE LA COMPAGNIE			TABLEAU DE ZERBIN		
	Sommes en nesles	Réduction en bonne monnaie (écu de 60 s.)	Valeur de l'écu nesles comparée à l'écu de 60 s.	Valeur de l'écu au soleil	Valeur de la monnaie courante	Valeur de l'écu nesles comparée à l'écu de 60 s
12 juin » ..	200	125	0.625	98	36 s. 8 d.	0.611
8 juillet » ..	200	125	0.625	100	35 s.	0.583
23 juillet » ..	100	62.10 s.	0.620			
13 août » ..	1000	612.10 s.	0.612	96	37 s. 6 d.	0.625
3 sept. » ..	40	24	0.60	100	35 s.	0.583
7 sept. » ..	9[illegible]0	594	0.60			
15 sept. » ..	1000	588 4 s.	0.588			
24 sept. » ..	800	500	0.625			
4 nov. » ..	150	75	0.500	105	33 s. 4 d.	0.555
11 nov. » ..	200	107	0.535			
27 janvier 1593 ..	200	92	0.460	132	27 s. 3 d.	0.453
8 février » ..	101	43	0.425	160	22 s. 6 d.	0.375
21 février » ..	100	40	0.400			
25 février » ..	1000	315	0.315	170	21 s. 2 d.	0.351
6 mars » ..	10	3	0.300	180	20	0.333
10 avril » ..	100	25	0.250	220	16 s. 4 d.	0.271
12 mai » ..	200	52	0.260	240 sols du 15 avril au 12 octobre		
25 mai » ..	300	72	0.260			
9 juin » ..	10	2 10 s.	0.213			
24 juin » ..	200	54	0.270			
29 juin » ..	400	100	0.250			
12 août » ..	100	25	0,250			
7 sept. » ..	400	105	0.262			
9 sept. » ..	600	150	0.250			
27 sept. » ..	100	25	0.250			
27 et 29 oct. » ..	100	23	0.230			
9 et 10 nov. » ..	300	60	0.200			
17 déc. » ..	250	62	0.248			
1 février 1594...	1000	250	0.250			

Ce tableau mériterait un long commentaire. On y voit que la dépréciation des Pinatelles, déjà sensible au début de 1591 où elle était de près d'un cinquième, atteignit son apogée en novembre 1593 : ce billon avait perdu exactement les quatre cinquièmes de sa valeur. Tout en étant à peu près régulièrement progressive, sa marche, comme il arrive en pareil cas, avait procédé par saccades et soubresauts. C'est ce que montrent particulièrement les chiffres de janvier 1592. Aussi ne faut-il pas s'étonner des légères divergences entre les évaluations des nesles en bonne monnaie tirées des registres de la compagnie et de celles qui ont été calculées d'après les chiffres de Zerbin. Ceux ci, d'ailleurs, s'appliquent aux mêmes mois, mais souvent à des jours différents ce qui suffirait à expliquer les écarts.

Enfin, si l'écart était grand entre la monnaie courante dépréciée et la monnaie de compte légale, de 60 sols à l'écu, combien ne l'était-il pas plus encore si on la comparait à l'écu d'or au soleil. Celui-ci en se raréfiant de plus en plus avait vu sa valeur surhaussée dans une proportion égale à celle où les Pinatelles étaient dépréciées. C'est ainsi, par exemple, qu'au début de mars 1593 l'écu d'or sol était recherché pour le triple de sa valeur officielle, les Pinatelles n'étaient acceptées que pour le tiers. Dès la fin du même mois, ces dernières tombaient au quart de leur valeur légale, l'écu d'or montait au quadruple.

En 1594 le caissier de la compagnie Borlaquin ne prend plus la peine de mentionner pour chaque compte la réduction des Nesles en bonne monnaie. Pourtant la crise n'avait pas cessé, mais elle s'atténuait lentement. Le 30 mars 1594 avait été renouvelée la défense d'exposer et de recevoir les écus à plus haut prix qu'il n'était porté par l'édit de 1577, c'est-à-dire au-dessus de 60 sols. Mais le rétablissement progressif de la tranquillité dans le royaume fit plus que les édits royaux pour arrêter l'agiotage. Le 14 août 1595 Borlaquin établit de la façon suivante son bilan : avoir, 85.520 écus Nesles 28 s. 8 d. réduits à 53.395 écus 11 s. 3 d. de bonne monnaie ; — doit, 86.176 écus Nesles 50 sols réduits à 56.029 écus 16 sols. Les deux réductions donnent pour la valeur de l'écu de monnaie courante 0.624 et 0.650. Un autre compte de caisse de la fin d'août donne 0.651. Au milieu de 1595 on était donc seulement dans la même situation, déjà très grave, du milieu de 1592. C'est seulement après 1609 que la circulation monétaire devait redevenir tout à fait normale. C'est en 1602 seulement que fut abolie la prescription de 1579 qui ordonnait de dresser tous les comptes en écus au lieu de les calculer en livres (1).

Il est particulièrement difficile de mesurer la répercussion

(1) Édit de septembre 1602. L'écu d'or sol du poids de 2 deniers 15 grains sera reçu pour 65 sous.

d'une crise monétaire sur la vie économique. On a dit, par exemple, qu'en pareilles circonstances le prix des choses restait le même, la hausse apparente étant simplement proportionnelle à la dépréciation des espèces. Sans essayer de discuter une question aussi ardue, pour la solution de laquelle nos registres fourniraient des éléments, mentionnons en passant ce simple fait. La compagnie de Tunis, achetant du biscuit pour la nourriture de ses corailleurs de 1592 à 1594, paie successivement, pour le même poids (1), 3 écus, 3 écus 5 s., 3 écus 10 s,, 4 écus, 4 écus 1 s. 3 d., toutes sommes exprimées en bonne monnaie. Faut-il voir dans cette hausse rapide le simple résultat de la misère croissante, conséquence de l'anarchie, ou l'influence de la crise monétaire y fut-elle pour quelque chose ?

Des spécialistes trouveraient dans les registres des archives de l'Isère de nombreux renseignements sur les usages commerciaux, sur les modes de paiements, les opérations de banque et de change.

Les compagnies du Bastion au XVIIe siècle pratiquaient couramment les ventes aux enchères pour leurs marchandises de Barbarie. Il semble que celles du XVIe siècle s'en défaisaient plutôt à l'amiable. Il faut noter surtout qu'ils avaient recours déjà au ministère des courtiers qui ont joué depuis à Marseille un rôle tout particulier, bien moins important dans les autres ports.

Divers exemples de paiements à des courtiers à la suite de ventes de cuirs ou de coraux entre 1580 et 1585 montrent que le taux de courtage usuel était d'environ 1/2 o/o, taux assez commun encore aujourd'hui. Souvent il est indiqué que ventes ou achats étaient faits au comptant, mais, plus souvent encore, des délais de paiement étaient stipulés. Celui de six mois était fréquent. Mais l'usage le plus ordinaire était de renvoyer les règlements de comptes à des dates fixes de l'année au nombre de quatre. C'étaient les paiements des Rois, de l'Apparition ou de Pâques,

(1) Les 100 poux ou 125 livres.

d'août et de la Toussaint. Ces quatre dates n'étaient autres que celles des paiements de Lyon et l'histoire de la compagnie du corail permet de mettre en lumière l'un des faits économiques intéressants du XVIe siècle. Ce fait c'est l'importance nouvelle des relations entre deux grandes cités qui entrent alors toutes deux dans une phase nouvelle de leur histoire. Marseille, devenue ville française, débarrassée de la concurrence de Montpellier et des autres ports languedociens du moyen âge, reste le seul grand port français de la Méditerranée. Lyon, avec ses industries, ses foires et ses banques, voit s'ouvrir pour elle une ère de prospérité inconnue auparavant. En effet, c'est alors que la grande cité du Rhône commençait à développer son industrie de la soie, surtout depuis l'institution par François Ier de la douane de Lyon, mais elle était par excellence la ville des foires et, plus encore, celle des banques. Grand centre de distribution du crédit, elle pouvait rivaliser avec les grandes villes de banques étrangères telles que Augsbourg et Anvers. Comme cette dernière elle n'avait conquis cette importance que dans la première partie du XVIe siècle. Comme le grand port du Nord, on l'avait vue se transformer de place de foire en place de Bourse.

C'est Louis XI qui, par ses lettres patentes de 1462, avait ajouté une quatrième foire franche à celles instituées par son père à Lyon en 1419 et en 1443. Il avait assuré leur prospérité en leur accordant les privilèges dont jouissaient les foires de Genève et en interdisant à tous les marchands de se rendre à ces dernières. La première de l'année, suivant la façon de compter du XVe siècle, était tenue le premier lundi après Quasimodo, la deuxième commençait le quatre août, la troisième le trois novembre, la quatrième le premier lundi après la fête des Rois.

Dès lors, les progrès financiers et commerciaux de la cité rhodanienne avaient été rapides. Ils avaient à peine été interrompus et retardés par le transfert des foires à Bourges en 1483. Charles VIII, mieux informé de ses intérêts, les avait bientôt rétablies en 1494. Nicolas de Nicolay, géographe et valet de chambre du roi, chargé par Catherine de Médicis d'une « visitation et description de ce royaulme », écrit en 1573 : « Il faut noter qu'il n'y a foire, pour petite qu'elle soit, qu'en la place du change à Lyon ne se traitent les millions d'or. » Depuis la fin du règne de François Ier, les banquiers lyonnais étaient devenus les grands prêteurs du roi de France, tandis que la politique impériale était soutenue par les maisons d'Augsbourg et d'Anvers. L'appât des gros intérêts offerts par les souverains toujours à court d'argent avait donné un grand essor aux opérations des banques, mais les exposait aussi à des catastrophes comme on le vit, en 1555, quand Henri II lança sur la place de Lyon un véritable emprunt public désigné sous le nom de *Grand Parti* (1).

Les plus anciennes et les principales maisons de banques lyonnaises appartenaient à des Italiens, Florentins surtout, Génois et Lucquois. Lyon, comme Marseille, avait attiré les victimes des révolutions italiennes, les exilés, les mécontents, et aussi, en grand nombre, les gens désireux d'accroître leur fortune ou de la faire. C'était un Médicis qui était venu fonder la première banque vers 1445 et on lui attribue l'introduction de l'usage des lettres de change à Lyon. Les lettres patentes de 1462 seraient le premier document qui fasse véritablement mention, à propos de Lyon, des lettres tirées de place en place.

De nombreuses maisons avaient suivi l'exemple des Médicis. François Ier, qui les inquiéta en 1521, leur accorda l'année suivante un sauf-conduit où sont énumérés les noms de 90 marchands. Ils formaient une nation organisée à la tête de laquelle était un consul assisté de quatre conseillers-procureurs. Plusieurs de leurs maisons telles que les Capponi, les Gadaigne ou Gadagne, les Spina, les Gondi, firent d'énormes fortunes. On dit encore aujourd'hui à Lyon « riche comme Gadagne ». Les Gondi ne furent pas les seuls à obtenir des lettres de naturalité et à prendre rang parmi la noblesse française. Les Florentins de Lyon se distinguaient par leur faste dans les cérémonies. Parlant de l'entrée de Henri II à Lyon, en 1548, le chroniqueur écrit : « Chevauchaient les pages de la nation florentine au nombre de

(1) Voir E. Castelot. *Les Bourses financières d'Anvers et de Lyon au XVIe siècle*. (Journal des Économistes, 15 mars 1898).

six, lesquels furent suivis de la Seigneurie au nombre de trente-sept, montés sur de grands chevaux turcs et genests d'Espagne. Lesdits seigneurs florentins vêtus de robes de velours cramoisi. Au dernier rang, leur consul au milieu de ses conseillers. » Ils ne se faisaient pas moins connaître par leurs libéralités en temps de calamité publique. Aussi, on les voyait figurer parmi les rentiers de la ville. On appelait ainsi ceux qui recevaient des pensions en récompense de grands services rendus (1).

Les Italiens n'étaient plus seuls à faire la banque à Lyon au milieu du XVIe siècle. En dépit des efforts de Charles-Quint qui voyait avec peine grandir le rôle de la ville française, les grandes banques allemandes de Nüremberg et d'Augsbourg y avaient créé des succursales. Seuls les Fugger, invariablement attachés à la politique impériale, n'avaient pas suivi le mouvement.

Les dates des quatre paiements annuels de Lyon restèrent ainsi établies au XVIIe siècle, jusqu'à la Révolution : le 1er mars pour la foire des Rois, le 1er juin pour celle de Pâques, le 1er septembre pour celle d'août, le 1er décembre pour celle de la Toussaint. Le nom de paiement de l'Apparition pour celui de Pâques était, sans doute, usité surtout en Provence. D'après M. Lecoy de la Marche, l'historien du roi René, l'apparition voisine de Pâques, date importante pour les Provençaux, était celle du Christ aux saintes Maries, Marie-Madeleine, Marie-Salomé et Marie de Cléophas qui avaient embaumé son corps après le crucifiement. Selon le savant érudit, l'expression Foire de l'Apparition et de Pâques ne se trouvera vraisemblablement pas avant le milieu du XVe siècle, époque à laquelle le culte de Marie-Madeleine devint plus populaire en Provence à la suite de la découverte du tombeau des Trois Maries (2). Il y a une autre raison qui empêche le terme d'être usité avant le milieu du XVe siècle, c'est que les foires de Lyon n'existaient pas. On peut faire remarquer en passant que les deux noms ne sont jamais accolés sur les livres des compagnies du corail. On lit tantôt :

(1) Voir : Comte de Charpin Feugerolles. *Les Florentins à Lyon*. Lyon, 1894, in-4°. — Yver. *De Guadagniis*. Paris, 1902 (Thèse).
(2) De Mas Latrie, *Trésor de Chronologie*, colonne 627.

paiement de l'Apparition, paiement de Pâques. L'expression fut d'ailleurs employée, mais rarement, en dehors de la Provence. M. Bonzon donne en appendice de son intéressante étude sur la banque lyonnaise (1) la traduction d'une lettre de change conservée aux archives de Lyon. Elle est datée de Rome, 6 mars 1575 et le texte est ainsi reproduit : « Lors des prochains paiements de la foire d'opposition (?) payez, etc. » Opposition qui n'a aucun sens n'est évidemment qu'une erreur de lecture pour apparition.

Il semblerait d'après la comptabilité des compagnies du corail que les quatre paiements n'eussent pas une égale importance, au moins pour les Marseillais. Le nom de paiement des Rois revient beaucoup moins souvent et même, à diverses reprises, c'est le paiement d'Apparition qui suit immédiatement celui de la Toussaint (2).

Les très intéressantes études récemment publiées (3) ont en partie comblé l'une des rares lacunes qui existent encore dans les travaux sur l'histoire lyonnaise. On sait, en effet, que le passé de la vieille cité a été mieux étudié que celui de toute autre ville. Si le rôle brillant de la banque lyonnaise était resté fort mal connu c'est peut-être que les érudits n'avaient osé s'attaquer à un pareil sujet qui exige en même temps les lumières d'un financier.

Le vieil historien Claude de Rubys, qui fut pendant près de trente ans procureur-général de la communauté de Lyon dans la deuxième moitié du XVIe siècle, a donné des indications très précises sur les opérations effectuées aux quatre paiements annuels. Elles étaient entièrement entre les mains des maisons italiennes et c'étaient les Florentins qui avaient la haute main sur elles. On en distinguait quatre successives. Il était procédé d'abord à l'examen des lettres de change, à leur acceptation ou à

(1) Alfred Bonzon. *La banque à Lyon aux XVIe XVIIe et XVIIIe siècles.* (Revue de l'Histoire de Lyon, 1902 et 1903).

(2) On trouve, d'autre part, l'indication de paiement de février, de caremen-trant. Sont-ce des façons de désigner le paiement des Rois ?

(3) Travaux cités de Charpin-Feugerolles, Bonzon, Yver, Castelot. – Ajouter Vigne. *La banque à Lyon du XVe au XVIIIe siècle.* Lyon, 1902.

leur refus. Puis on arrêtait le jour où se feraient les paiements de la foire suivante. On fixait ensuite le coût de l'argent pris à change, c'est-à-dire le taux de l'intérêt pour l'intervalle de deux foires. Enfin le règlement de toutes les créances était fait par compensation entre créanciers et débiteurs d'un même négociant. « Et se paie quelquefois en cette façon, dit Rubys, et sans débourser un sol, un million de livres en une seule matinée (1) ».

A propos de ces dernières opérations, les plus importantes, qui clòturaient les paiements, Jacques Savary, dans son *Parfait négociant* (1674) emploie à peu près les mêmes termes. « Il se paiera quelquefois en deux ou trois heures de temps un million de livres sans débourser un sol ». En réalité le rôle de la banque lyonnaise avait beaucoup grandi au XVIIe siècle. Un mémoire du temps dit : Nous trouvons des exemples de paiements où il se fit de la sorte plus de vingt millions d'affaires sans que le déboursé dépassât 100.000 écus ». Et Savary de Bruslons écrivait peu après dans son Dictionnaire : « L'on prétend que c'est la ville de Lyon qui donne la loi pour le prix du change à la plupart des principales places de l'Europe. »

Ainsi, en plein XVIe siècle, les paiements de Lyon donnaient le spectacle du fonctionnement des *Clearing houses* de nos jours. L'éminent président de la Chambre de Commerce de Lyon, M. Isaac, en rappelant récemment ce glorieux passé, ne pouvait s'empêcher d'exprimer un regret et de constater que le « clearing house » du XXe siècle n'était même pas ébauché.

Les livres de la compagnie du corail montrent bien que le commerce de Marseille était dans la dépendance étroite des banques lyonnaises. Le détail des règlements de comptes opérés à Lyon durant de nombreuses années jette un jour nouveau sur leur mécanisme. Les spécialistes y trouveraient sans doute bien des éclaircissements sur des opérations de crédit encore mal connues et qu'il est souvent difficile de distinguer entre elles. Tout au plus est-il permis à un profane de donner à ce sujet

(1) *Histoire véritable de Lyon*, 1604 (chap. IX : Changes et paiements qui se font quatre fois l'an en la ville de Lyon).

de rapides indications sans courir le risque de commettre quelque grave confusion.

Toutes les affaires traitées par la compagnie en Italie, à Gênes, Savone, Livourne, Pise, étaient liquidées par la négociation de lettres de change à Lyon. Il n'apparaît pas qu'il en ait été de même pour les opérations conclues en Espagne ou même à Toulouse. Une étude minutieuse permettrait peut-être de limiter de ce côté le rayon d'influence des banques lyonnaises.

Les lettres de change, dans les livres de la compagnie, sont en général payables à un certain délai de vue, deux jours, quatre jours, et même douze. Si elles ont été payées avant il est question d'un escompte ; on trouve les taux de 3/6, de 1/5 o/o. Il est tenu compte naturellement par le banquier de l'agio sur les espèces pour lequel il retient encore un tant pour cent déterminé.

Pour la souscription des lettres de change les négociants formaient de véritables associations divisées en parts et s'engageaient par devant notaire comme pour une association commerciale.

Voici par exemple le modèle d'une de ces déclarations où les membres de notre compagnies sont mêlés à des négociants qui lui étaient étrangers :

« Ont été présents nobles Pierre Albertas, sieur de Saint-Chamas, Jehan Riqueti, sieur de Mirabeau, écuyer de la présente ville, lesquels sachant avoir été faite une lettre de change pour Roland.... et Nicolas Donzio de Messine de la somme de 2.455 écus adressée à eux-mêmes en leur maison à Lyon en date du 18 juillet dernier, passée au nom desdits Albertas, de Riqueti et Cie pour le renouvellement de laquelle ils et autres participes en auraient passé procuration par devant moi notaire le 23 août .... aux heoirs de feu Paulo et Stephanou Bernardi, César Bernardini et Cie, Ascanio Roncailhe et Petro Paulo Nobili dudit Lyon. A ces causes, iceux Albertas et Riqueti ont déclaré et déclarent... à noble Sebastien Cabre, Nicolas du Renel, présents et acceptants que lesdits Cabre et du Renel participeront en ladite somme de ladite lettre de change, à savoir ledit Cabre pour 3 carats de 30 montant 560 livres 14 sols et ledit du Renel pour 2 carats de 30 (1) ».

La compagnie était en compte courant avec ses banquiers de Lyon qui lui servaient de bailleurs de fonds. Elle recevait leurs avances d'argent à bon compte. L'intérêt des prêts commerciaux était alors relativement modéré. Charles-Quint avait autorisé le taux de 12 o/o à Anvers, celui de 10 o/o était usuel à Lyon. Le roi de France, obéré, devait offrir jusqu'à 16 et même jusqu'à 20 o/o pour obtenir les sommes dont il avait besoin. Le crédit de la compagnie était solidement établi. On a vu que, lors des règlements annuels, elle comptait ordinairement 10 o/o, suivant l'usage de Lyon, et souvent même 8 1/3 seulement pour les sommes que les participants avaient à leur crédit ou à leur débit en compte courant. Elle trouvait à Lyon de l'argent à meilleur compte encore en se servant d'une forme de prêt qui devint très développée dans la seconde moitié du XVIe siècle. C'était un prêt à à court terme pour l'espace d'un trimestre ou plus exactement pour l'intervalle d'une foire à l'autre.

L'expression *per lo scaduto di feria*, pour l'échéance de foire, est employée dans les livres de la compagnie, mais le mot foire suffisait pour désigner la même chose et on parlait couramment des intérêts d'une foire.

Le succès de ce genre de prêts fut tel que les capitaux des banquiers lyonnais n'y eussent pas suffi. Par l'appât d'un intérêt assez élevé, ils attirèrent l'argent des capitalistes et même des négociants qui trouvèrent là un moyen commode de tirer des revenus de leur argent sans le compromettre. Cet argent, mis en dépôt dans les banques et distribué en prêts à court terme courait un risque bien moindre que s'il avait été engagé pour longtemps dans des entreprises ou des prêts à longue échéance. C'est grâce à l'afflux de ces dépôts que les Italiens de Lyon purent donner aux prêts à court terme le développement extra-

(1) Déclaration pour noble Sebastien Cabre, sieur de Roquevaire, escuyer, contre Nicolas du Renel, marchand, de Marseille (actes du notaire Vinatier 1574. T. II, fol. 2239.

ordinaire qu'ils atteignirent. Le terme de *deposito* fut même détourné de son sens comme celui de foire et devint commun pour signifier les prêts de cette sorte (1). Couramment il est question dans les livres de la compagnie d'argent *preso a deposito*. M. Bonzon cite un curieux passage de la *Prosopographie* de du Verdier, parue en 1573, qui montre combien l'usage des dépôts de fonds dans les banques s'était généralisé : « Au commencement du règne de François, premier du nom, les banques furent introduites en la ville de Lyon par estrangers : invention très dommageable ne tendant qu'à la ruine totale des hommes... leur dix pour cent de foire en foire, leur intérêt de l'intérêt, leur cento per cento, sont cause que l'usure est si fréquente pour le jourd'hui qu'il n'est dit fils de bonne mère qui ne prend usure sur son prochain et encore s'en glorifie-t-on ». Du Verdier n'est pas le seul écrivain du XVIe siècle qui s'inquiète des nouvelles facilités de prêter et d'emprunter. Nicolas de Nicolay en parle dans sa *Description de Lyon* et juge cette manière d'emprunter « beaucoup plus pernicieuse et dangereuse que toutes les autres ». L'Italien Guichardin raisonne de même ; il se plaint que « les commerçants ont délaissé le commerce proprement dit, source de l'abondance, et que les gentilshommes ont cessé de s'occuper de leurs terres pour s'y intéresser sous le couvert de prête-noms ».

Mais, en regard des facilités dangereuses données à la spéculation, il faut considérer les avantages donnés par l'essor du crédit aux entreprises commerciales. La compagnie du corail en usa largement. Tout en donnant à leurs dépositaires un intérêt assez fort pour les satisfaire, les banquiers pouvaient céder l'argent à bas prix aux emprunteurs qui offraient de solides garanties. L'intérêt des sommes prises *a deposito*, d'une foire à l'autre, était sensiblement inférieur au taux payé pour les emprunts annuels ou à plus longue échéance. Il semble avoir été d'ailleurs très variable. En 1568 et 1569 on relève sur les registres de la compagnie les chiffres de 2 $^3/_4$, 2 $^3/_5$, 2 $^1/_2$, 2, 1 $^3/_4$, 1 $^3/_6$ o/o. Dans plusieurs de ces cas il s'agit d'un délai de foire

(1) M. Castelot, d'après Ehrenberg, parle des *Depositi* d'Anvers. Journal des Econom., mars 1898.

particulièrement long, entre la Toussaint et Pâques. Ainsi, pour un trimestre environ, le taux pouvait tomber à 1 $^1/_2$, c'est-à-dire à 6 o/o par an. La compagnie trouvait de l'argent à Marseille aux mêmes conditions, particulièrement auprès de ses membres les plus riches, tels que Pierre d'Albertas, Joseph de la Seta et d'autres.

Dans les prêts de cette sorte le banquier n'était donc souvent qu'un intermédiaire entre le prêteur et l'emprunteur. Aussi, pour prix de son service, percevait-il une certaine somme, en dehors de l'intérêt de l'argent pris *a deposito*, sous le nom de provision et courtage. Le mot de provision désigne-t-il ici, comme pour les lettres de change, les garanties de remboursement offertes par le banquier aux prêteurs dépositaires ? Le taux du courtage et provision est souvent fixé à 2 ou 2 $^1/_2$ pour mille. Il est question aussi de 2 pour mille et 1 ponr marcho (?) de courtage.

Pour les avances d'argent faites à la compagnie, on parle souvent d'argent pris à change. Il semble qu'il ne s'agissait pas là d'emprunts de forme particulière mais de prêts à court terme analogues aux depositi. Faut-il entendre qu'en ce cas le banquier prêtait ses propres fonds et n'avait à percevoir ni provision ni courtage ? La distinction serait bien risquée.

La compagnie n'était pas seulement en relations avec les maisons italiennes de Lyon pour des affaires de banques, avances d'argent, négociations de lettres de change, paiements par compensation. Ses correspondants lyonnais faisaient avec elle d'importantes affaires commerciales et spécialement de grands achats de produits d'importation.

On a vu qu'une grosse part des épices rapportées d'Alexandrie par les navires de la compagnie était écoulée à Lyon. C'était par l'intermédiaire des grandes banques. Il n'y a pas à s'étonner de voir celles-ci mêlées ainsi au commerce. La distinction entre la banque et le négoce n'était pas encore nette au XVIe siècle. Les documents lyonnais d'alors donnent parfois aux chefs de maisons italiennes le nom de banquiers, mais le plus souvent ils les qualifient simplement de marchands.

Les règlements par compensation réduisaient au minimum le

transport des espèces. Pourtant la compagnie avait besoin d'argent monnayé pour ses opérations en Barbarie. D'autre part ses comptes à Lyon se liquidaient en définitive par des excédents d'actif; il y avait donc fréquemment des remises de sommes quelquefois importantes de Lyon à Marseille. La poste royale ne devait fonctionner entre Lyon et Marseille qu'au début du XVIIe siècle. C'était donc à des courriers particuliers qu'il fallait confier le transport de l'argent et celui des lettres de change. Les routes étaient peu sûres, la mission était donc dangereuse en même temps qu'elle demandait un homme de confiance. Pourtant, malgré les qualités dont ils devaient faire preuve, il ne paraît pas que les courriers fissent payer trop cher leurs services. On a vu que le port des lettres et paquets entre Lyon et Marseille était fait à bas prix; on trouve aussi sur les livres de la compagnie divers exemples de paiements pour des transports d'argent. Ainsi, en 1568, le courrier Grand Pierre reçoit 16 écus pour avoir apporté de Lyon deux charges de deniers que lui avait confiée la maison Bernardini et Bernardi. L'année suivante le courrier Thomas Morene est payé 5 livres 4 sols pour avoir transporté la somme de 5.267 livres 12 sols.

On retrouve sur les registres de la compagnie les noms des maisons lyonnaises avec lesquelles elle était en correspondance suivie. Or, un ancien président de l'Académie de Lyon, le comte de Charpin Feugerolles, a fait de très intéressantes recherches sur les Florentins établis à Lyon, sur la généalogie et le rôle des principaux d'entre eux d'après les archives notariales et les précieux registres des Nommées conservés aux archives de Lyon. Les Nommées ou « valeurs et estimes des biens des citoyens, habitans et ayans biens en la ville de Lyon et pays à l'environ » fournissaient les indications nécessaires pour l'imposition des bourgeois de Lyon d'après leur revenu. On y peut donc faire des comparaisons très intéressantes sur la fortune des principales familles lyonnaises.

La maison le plus en relations avec la compagnie du corail fut celle des Bernardini et Bernardi. En 1569 les registres la désignent ainsi : les héritiers de J.-B. Bernardini, Bernardi et

Cie; l'un des chefs portait le nom de Louis Bernardini. En 1587 la raison sociale est devenue Bernardini, Bernardi et César Bernardini. La plupart du temps le comptable l'abrège de telle façon qu'il est impossible de distinguer les noms exacts. Ces principaux correspondants de la compagnie marseillaise n'étaient pas des Florentins, mais des Lucquois, rivaux des premiers. Ils comptaient parmi les opulents banquiers de Lyon, si l'on en juge par les impositions élevées qu'ils supportaient. Sur les registres des Nommées Jacques Bernardi et Jean Bernardini, au début du XVIe siècle, sont taxés pour leurs biens meubles à 1000 livres. M. Bonzon insinue que ces Bernardi pourraient bien être les ancêtres de Samuel Bernard, le fameux banquier de la fin du règne de Louis XIV. Mais il faudrait qu'une pareille supposition fût étayée de quelques arguments.

Les Bernardi et Bernardini que leurs opérations de banque et de commerce mettaient en relations régulières et constantes avec la compagnie du corail furent entraînés plus loin. Ne les avons-nous pas vus en 1570 prendre place parmi les premiers associés de la fameuse compagnie de l'écarlate ? (1) D'autres Lucquois de Lyon, les Bonvisi, furent constamment aussi en compte avec la compagnie marseillaise, spécialement autour de 1570. La maison, dirigée peut-être par deux frères, est ainsi désignée en 1569 : Louis Bonvisi, Louis Benoît Bonvisi et Cie. Un de leurs parents était venu de Lucques s'établir à Marseille et obtint des lettres de naturalité en 1571 (2). Comme pour les Bernardini, le commerce des épices importées à Marseille faisait partie de leurs opérations ordinaires.

Mais les Florentins de Lyon prêtèrent aussi aux associés de la magnifique compagnie le concours de leurs banques. Autour de 1585 trois des familles florentines les plus riches, les Capponi, les Spina, les de Nobili étaient régulièrement en compte courant avec elle pour des paiements de foires et pour le trafic des épices. Les Capponi et les Spina disputaient aux Gadagne et aux Gondi le premier rang dans la colonie florentine ; ils lui avaient fourni

(1) Voir le chapitre 6 et l'appendice.

(2) Arch. du Parlement (Aix). B. 3.332. fol. 286 V°.

des consuls. Plusieurs de leurs membres figuraient parmi les rentiers de la ville en récompense des grands services publics qu'ils avaient rendus. Au dire de l'historien lyonnais, Claude de Rubys, le célèbre Laurent Capponi, lors de la grande famine de 1573 n'avait-il pas, pendant environ trois mois, pourvu à la subsistance de 3 à 4.000 pauvres « auxquels il faisait distribuer en la place qui est devant l'église des Carmes, pain, chair et potage de riz. » Marié à la fille du plus célèbre des Gadagne, son immense fortune lui permettait de pareilles libéralités. La maison du chef des Spina, d'où l'on contemplait le Rhône et la Saône sur les pentes de Saint-Clair, avait excité l'admiration du chancelier de l'Hôpital en 1559. De 1580 à 1585 la compagnie du corail est en relations avec les héritiers de Louis Capponi et Spina. S'agit-il de Laurent Capponi mort en 1573 ?

Quant aux de Nobili leur situation était déjà très brillante à Lyon au début du XVIe siècle. L'un d'eux, Jérôme Denoble, est porté sur les registres des Nommées, en 1515, pour 2.500 livres, contribution énorme qu'il put d'ailleurs faire ramener à 1.500. Aux paiements de 1575, Pierre Paul de Nobili est en compte avec la compagnie du corail, ainsi qu'un autre Lyonnais du nom d'Ascanio Roncaglia.

Or, sur l'acte d'association de la compagnie de l'écarlate du 30 décembre 1570 (1) figurent à côté des Bernardini Bernardi, Ascanio Roncailhe et Pierre Paul Nobili associés. Les deux Italiens s'étaient-ils réunis pour cette entreprise particulière ou appartenaient-ils à la même banque ? Ainsi les financiers de Lyon surveillaient même les entreprises industrielles des Marseillais et y engageaient leurs capitaux.

Enfin, parmi les correspondants de la compagnie du corail, on rencontre, autour de 1590, des noms de banquiers qui n'étaient pas des étrangers, si l'on en juge du moins par la consonnance bien française de noms tels que Jean Guillemin et André Besson. Les Italiens et les Allemands n'avaient donc pas complètement découragé toute initiative parmi les sujets du roi.

(1) V. ci-dessus chap. 6.

Le nombre et l'importance des maisons qui furent étroitement mêlées à l'activité de la grande compagnie marseillaise grandissent encore le prestige de celle-ci. Les habiles et hardis négociants qui la composaient semblent avoir très intelligemment compris quelles nouvelles facilités le merveilleux essor de la banque lyonnaise offrait au développement de leurs affaires.

Foires et banques, au XVIe siècle, avaient singulièrement resserré les liens entre la métropole du Rhône et le port du bassin rhodanien. L'essor définitif de la soierie lyonnaise et des autres industries allait en créer de plus forts encore au XVIIe siècle. Depuis quatre cents ans la situation géographique a fait sentir de plus en plus la force de son influence. C'est pourquoi leur évolution économique rapproche de plus en plus deux cités que l'opinion irraisonnée du vulgaire peut seule faire considérer comme rivales et que la nature a destinées à se compléter l'une par l'autre.

APPENDICE

. — Tableau synoptique de la répartition des carats lors des divers renouvellements de la Compagnie du corail

	1564	1567	1570	1575	1582	1585	1591	1594	1599
Thomas Lenche	6	6	»	»	»	»	»	»	»
Jean-Baptiste Forbin, seigneur de Gardanne, mari de Désirée Lenche	»	»	3	3	1	1	1	1	»
Antoine Lenche	»	»	2	4	4	4	»	»	»
Thomas et Antoine (fils d'Antoine Lenche)	»	»	»	»	»	»	4	4	4
Jean Riqueti, seigneur de Mirabeau	3 1/6	3 1/6	3 1/6	3 1/2	3 1/2	3 1/2	3 1/2	3 1/2	»
Honoré Riqueti et Laurent (fils de Jean)	»	»	»	»	»	»	»	»	3 1/2
Pierre Albertas, seigneur de Gémenos, etc	2 1/2	2 1/2	2 1/2	2 1/2	»	»	»	»	»
Antoine de Nicolas Albertas, seigneur de Gémenos	»	»	»	»	2 1/2	2 1/2	2 1/2	2 1/2	2 1/2
Pierre de Battista	2	2	2	2	2	2	»	»	»
Alphonse de Baptiste Orsino (ou seigneur d'Orsino)	»	»	»	»	»	»	2	»	»
Héritiers d'Alphonse Orsino	»	»	»	»	»	»	»	1	1
Joseph de la Seta, seigneur de Nans	1	1	1	1	»	»	»	»	»
Jean Paul de la Sède, seigneur de Nans	»	»	»	»	1	1	»	»	»
Héritiers de Jehan Pol de la Setta	»	»	»	»	»	»	1	1	1
A reporter	14 2/3	14 2/3	13 2/3	16	14	14	14	13	12

	1564	1567	1570	1575	1582	1585	1591	1594	1599
Report	14⅔	14⅔	13⅔	16	14	14	14	13	12
Pierre Bausset, seigneur de Roquefort....................	4	4	4	4	»	»	»	»	»
Nicolas Bausset, seigneur de Roquefort....................	»	»	»	»	3	3	3	3	»
Héritiers de Nicolas et Claude Antoine de Bausset..........	»	»	»	»	»	»	»	»	3
Jean Daysac, seigneur de Venelles	2 ⅓	1 ⅓	1 ⅓	»	»	»	»	»	»
Carlin Dedier..................	1	»	»	»	»	»	»	»	»
Héritiers (Margaride Gonffaronne).....................	»	1	1	1	»	1	»	»	»
Cosme Deidier.............. ..	»	»	»	»	1	»	»	1	»
Jean Vernet..................	½	»	»	»	»	»	»	»	»
Héritiers de Jean Vernet........	»	½	½	»	»	»	»	»	»
Jacques Moustier....	½	»	»	»	»	»	»	»	»
Désiré et Pierre Mostier........	»	½	½	½	½	½	½	½	½
Claude Mostier................	»	»	»	¼	¼	¼	¼	¼	¼
Jacques Mostier.......	»	»	»	¼	¼	¼	¼	¼	¼
Jean Mouan....................	2	»	»	»	»	»	»	»	»
Lazarin Mouan	»	2	2	2	2	2	»	»	»
Jean Augustin Catachiollo (Catacholy).................. ...	»	»	1	1	1	1	1	»	
Pierre et Sampierre Catachollis.	»	»	»	»	»	»	»	1	
Bastian Cabre, seigneur de Roquevaire..	»	»	1	1	»	»	»	»	»
Jean Cabre, seigneur de St-Pol..	»	»	»	»	½	½	½	½	½
Loys Cabre, seigneur de Roquevaire...	»	»	»	»	½	½	»	½	»
Jean et Pierre Olivier	»	»	»	»	1	1	1	1	»
Jean et François d'Olivier......	»	»	»	»	»	»	»	»	1
Philippe Ghasparo....	»	»	»	»	»	»	»	1	»
Héritiers de Philippe Ghasparo.	»	»	»	»	»	»	»	»	1
Orso Santo Cipriano, seigneur de Cabriès...	»	»	»	»	»	»	2	1	1
Paul Porrata	»	»	»	»	»	»	»	1	»
Jean Porrata	»	»	»	»	»	»	»	»	1
Antoine Marie Salvetti.........	»	»	»	»	»	»	»	1	1
TOTAL DES CARATS........	25	24	25	26	24	24	19½	25	22½

II. — Compagnie et assossietté faicte entre messieurs de la pesche du corail à Marseille (1).

Au nom de Dieu soict il que, l'an mil cinq cens quatre vingtz et cinq et le vingt huictiesme jour de janvier avant midi, sachent tous présents et à venir que comme soict ainsi que par ci devant ait été faicte et dressée sossietté et compagnie entre messieurs Anthoine Lenche, noble Nicollas Bausset, seigneur de Roquefort, Jehan Riquetti, seigneur de Mirabeau, Anthoine de Nicollas Albertas, seigneur de Gemenes, damoiselle Désirée Lenche, femme et épouse de noble Jehan-Baptiste Forbin, seigneur de Gardanne, Pierre de Baptiste, Lazarin Muan, Jehan Cabre, seigneur de Sainct Pol, Loys Cabre, seigneur de Rocovaire (2), Jehan-Paul de la Sède, Jehan-Augustin Catachollo, les héritiers de feu Jaquet Mostier, Marguerride Gonfaronne relaissée à feu Carlin Deidier, Jehan et Pierre Oliviers, de la présente ville de Marseille, pour raison de la pesche du corail faicte aux parties de Bonne, Massaqueiras, la Calle, cap de Roze et aultres lieux circonvoisins auxquels ladicte compagnie a acoustumé fere ledict traficque et négotiation, suivant les arrêts donnés par Sa Majesté et permission du Grand Seigneur et roy d'Argier et pour le temps et espace de trois ans, lesquels auraient été fixés suivant l'acte passé par devant maitre Gaspard Boyer dudict Marseille en l'année mil cinq cens septante quatre et le dernier jour du mois de novembre.

Or est-il que, désirant les surnommés icelle compagnie estre continuée par cy après à l'advenir, constitués en leurs personnes par devant moy notaire royal à Marseille soubzigné et des tesmoings cy après nommés, ledict sieur Anthoine Lenche entrant et participant en icelle compagnie pour quatre quiratz (suit l'énumération des participants et de leurs quitrats : Nicollas Bausset 3, Jehan Riqueti 3 1/2, Anthoine de Nicollas Albertas 2 1/2, damoiselle Désirée Lenche 1, Pierre de Batista 2, Lazarin Muan 2, Jehan Cabre 1/2, Loys Cabre 1/2, Jehan-Paul de la Sède 1, Jehan-Augustin Catachollo 1, les héritiers de feu Jacques Mostier 1, Marguerride Gonfaron 1, Jehan et Pierre Olivier 1 ; en tout 24 quirats)les quels dessus nommés présents, tant en leur nom que des aultres absents qui vouldront ratifier le présent acte et paches y contenues, agréablement et de leur bonne volonté, ont passé et stipulé le présent acte de sossietté et compagnie et icelle continuer, suivant

(1) Dans les actes qui suivent on a ajouté l'accentuation et la ponctuation ; l'orthographe du texte a été maintenue.

(2) Roquefort, commune des Bouches-du-Rhône, canton d'Aubagne, arrondissement de Marseille ; — Mirabeau, commune de Vaucluse, canton de Pertuis, arrondissement d'Apt ; — Géménos, commune des Bouches-du-Rhône, canton d'Aubagne, arrond. de Marseille ; — Gardanne ch. l. de canton des B.-du-Rh., entre Marseille et Aix ; — Saint-Paul-les-Durance, commune des B.-du-Rh., canton de Peyrolles, arrond. d'Aix ; — Roquevaire ch. l. de canton, arrond. de Marseille.

leur ancien accord sur ledict faict de la pesche du corail, trafficz et négoce de marchandises qu'ils ont accoustumé fere, es mers et lieux ci devant spécifiés et contenus auxdicts arrêts et permission par eux obtenues pour le temps et espace de cinq ans, le premier desquels a accomencé depuis le premier jour du présent mois de janvier et semblable jour finissant, sous les paches et conventions cy après déclarées et accordées entre lesdictes parties par deues et mutuelles stipulations intervenues.

Et, premièrement, sont demeurés d'accord que ladicte compagnie sera exercée et continuée entre eulx, en tant que à ung chescun d'eulx touche, pour ledict temps de cinq ans. Et si aulcun d'eulx s'en vouldra desmetre de sa participation, que tel, soy demetant, ne pourra vendre ne remetre sadicte participation, ains demeurera tousjours au amble de ladicte compagnie et particips ci dessus nommés, icelle continuant et en augmentation desdits particips, en tant que ung chescun touche, tellement que ceux qui se demetront de leurs dictes participations diminuera le nombre desdictes vingt quatre quiratz que a esté reduicte ladicte compagnie, proportionnellement selhon que leur attouchera sur ceulx qui continueront à ladicte compagnie.

Item, sont aussi demeurés d'acord que, pour le régime, administration et gouvernement des négoce et affaires de leur dicte compagnie, incidents et deppendans d'icelle, les dessus nommés assossiés au nom de leur dicte compagnie ont commis et depputé pour superintendants d'icelle, savoir : Anthoine Lenche, le seigneur de Roquefort, le seigneur de Mirabeau, de Gemenes et Pierre de Batista ; scavoir ledict Lenche pour accorder patrons à fere ladicte pesche, pourvoir de bateaulx et engins nécessaires, constituer officiers pour ladicte pescherie et aux navires vaisseaulx d'icelle, et à l'expédition de toutes choses nécessaires, à ladicte pescherie, escrire tant au roy d'Argier que aultres que sera besoing à respondre à leurs lettres, tant d'ici que de là, en la Barbarie, pour les affaires de ladicte compagnie, communiquant tousjours le tout aux aultres superintendans ci dessus nommés, lequel Lenche et aultres depputés accorderont commandataires, patrons de nefs, vaisseaulx, escrivains, tant pour le régime et administration de ladicte pesche audict Bonne, Massaquarès, la Calle et aultres lieux de la Barbarie, que aussi pour les voyages qui se feront aux parties de Levant ou alheurs ; accorderont tous ensemble, ou la plupart d'eulx, un caissier et exhacteurs et aultres officiers qu'ils adviseront pour travailler et tenir compte audict Marseille pour leur dicte compagnie, lesquels caissiers et aultres, que sur ce seront commis et depputés auxdictes administrations et maneuvres, seront tenus donner bons loyaulx et vrais comptes et prester le reliqua (deux mots effacés) de tout ce qu'ils administreront et auront en charge et de ce en passeront obligation pour ladicte redition de comptes et prestation de reliqua à leur dicte compagnie, là et quant et touttesfois que de ce en seront requis, suivant lesdicts actes d'obligation que sur ce seront passés et sans que lesdicts depputés dessus nommés soient en rien chargés, ne comptables, desdictes maneuvres et charges susdictes, ains seullement lesdicts caissiers et aultres tenant lesdicts comptes et sans aussi que ladicte compagnie ne participe en icelle, puissent aulcune chose demander auxdicts depputés ne aulcun d'eux, estant ainsi acordé expressément entre lesdicts particips.

Item sont aussi demeurés d'acord lesdicts associés que ung chescun d'eulx, en son esgard et endroict, et suivant leurs portions et participations que dessus forniront, comme promectent fornir leur portion que leur atouchera et pourra atoucher suivant leurs dicts quiratz, tout ce qui sera nécessaire fornir, tant pour l'achept des victuailles, fournitures de vivres, solde d'officiers, achepts de merchandises et tous aultres afferes concernant l'entretenement de leur emprinze et compagnie, pour l'entretenement de l'escole desdicts Bonne et aultres lieux dessus nommés, soult, gaiges de mariniers, soldats, maistrance et tous aultres que seront au soult et gage de leur dicte compagnie, proviendront a la portion et part des patrons et mariniers faisant ladicte pescherie, le tout suivant ce que sera advisé par lesdicts deputés et que cognoistront estre besoing et necessaire fornir pour l'entretenement de leur dicte compagnie et pour le proffict et utillité d'icelle.

Et parce que la toutalle conservation de ladicte compagnie deppend de la prompte forniture de tout ce que ung chescun desdicts assossiés est tenu faire pour sadicte participation, à ce que le corps d'icelle ne soict plus en peyne à l'advenir de prendre argent à change pour les deffalhans et negligens, donct n'en venoyt que confuzion et perte, pour à ce obvier a esté convenu et accordé par pacte exprès et sans lequel la renovellation de ladicte sossiété n'eust été faicte, que cellui ou ceulx desdicts assossiés se treuvantz reffusantz et deffailhans au paiement de leur part et portion desdictes fornitures,lorsquils en seront requis par ceulx qui auront la charge de recouvrer pour ladicte compagnie, à la seulle déclaration et actestation desquels ont volu et consenti estre adjustées pleyne et entière foy, dans huit jours après ladicte signification, que demaintenant pour lors luy soict donnée par toutes perfections de délayes, audict cas seront entièrement privés de leur part et participation de leur dicte sossietté, en laquelle de maintenant ont renoncé et renoncent, s'en sont des partis et des partent, sans pouvoir préthendre aulcuns proffitz ne esmoluments dudict jour du refus ou deffalhement en là, saulf seullement d'estre payés et remboursés de leurdicte participation de tout ce que se treuvera lors en estat, tant en ceste ville, Barbarie, que alheurs, soict des marchandises, vaisseaulx, barques et forniments d'icelles et toutes aultres choses deppendantes deladicte compagnie, suivant l'apreciation et estimation qu'ensera faicte par expers.......

Encores a esté accordé que, en continuation des précédantz paches pourtées et contenues aux actes de ladicte sossietté par cy devant faictz, que aulcun desdicts particips ne pourra trafficquer en son nom ny par personnes interposées auxdictes parties de Bonne Massaquarès la Calle cap de Roze et aultres lieux circonvoisins auxquels ladicte compagnie faict ledict négoce ne moings en aulcun aultre lieu des limites pourtées par lesdicts arrêts de Sa Majesté et permission du Grand Seigneur et roy d'Argier sur la peyne vollontaire de deux mil escus d'or sol aplicable ungtiers a sadicte Majesté l'autre tiers aux hospitaulx dudict Marseille et l'aultre tiers à ladicte compagnie stipulée par moy notaire au proffit des absantz sans pouvoir estre aulcunement remisée quictée ni modérée en aulcune facon et pour quelque cause que ce soict et oultre ce seront privés de tous les proffitz que auront esté faicts auxdictes empletes qui seront et demeureront au beneffice de ladicte compagnie ainsi seront tant seulement remboursés du fondz principal quils auront forni auxdictes emplettes sans pouvoir demander aulcun aultre proffit.

Item a esté accordé entre lesdicts particips de ladicte compagnie que lesdicts depputés ne pourront accorder ne permettre aux commandataires que seront par eux eslus pour ledict negosse tant audict Barbarie que alheurs de pouvoir rien negotier en leur particulier ains seullement leurs portées que leur seront accordées par lesdicts deputtés, les envoyeront et prendront de pardellà incorporées avecques les marchandises que seront chargées et envoyées sur les vaisseaulx de ladicte compagnie et par le compte d'icelle et les recouvreront par les mains desdicts depputés.....

Sont aussi demeurés d'acord que ne sera permis aux patrons des vaisseaulx de ladicte compagnie passer ne enlever aulcuns passagiers sur iceulx vaisseaulx fors ceulx qui seront licenciés par ladicte compagnie ou aussi les administrateurs qui seront tant audict Bonne Massaquarès que cap de Roze, pourront iceulx recepvoir de la part de là tant pour y negocier que aultrement auxdictes eschelles.

Davantage sont demeurés d'accord lesdicts assossiés que incontinent que les corails, que Dieu aydant seront peschés, arrivés qu'ils seront audict Marseille appartenant à celle compagnie, les feront travalher et préparer lesdicts sieurs depputés pour les fere naviguer aux parties d'Alexandrie ou aultres lieux et endroicts que sera avisé..... Et pour le regard des robes et marchandises que en proviendra tant dudict corail que aultres marchandises fors et excepté touttesfois de bledz laynes et cuyrs que viendront desdictes parties de Barbarie lesquelles seront vendues par ceulx qui seront commis et depputés par ladicte compagnie pour l'entretenement d'icelle. Tout le reste, des lors et tout incontinent que seront arrivés audict Marseille, seront partagés entre lesdicts particips pour et aux fins que chescun d'eulx puisse fere de sa part à son bon plaisir et volunté.

(L'acte se termine par une *obligation* des participants qui engagent tous leurs biens dans l'association).

Registres de Me Champorcin, 1585, fol. 76-81.

III. — Achept de partie de nef pour sieur Thomas Lenche et aultres après nommés.

Au nom de Dieu soict-il l'an à la nativité notre seigneur mil cinq cens soixante-deux et le treziesme jour du mois d'apvril, régnant le très crestien prince Charles neufviesme de ce nom, longuement soit avecque félixité, amen.

Scachent tous présents et advenir que, estant et personnellement establis en présence de moy, notaire royal à Marseille, soubzigné, et des tesmoins cy après nommés, patron Michel Teisseyre,de la présente ville de Marseille, lequel, de son bon gré, certaine sience, pure et libérale vollumté, par lui et les siens, heoirs et successeurs quelconques à l'advenir, a vendu et, par tiltre de simple pure ferme vallable et irrevocable vendition, remis et perpetuellement désemparé au sieur Thomas Lenche, Pierre et André Gonfaron, Loys Gay et Pierre de Baptiste, dudict Marseille, combien quils soient absantz..... scavoir est trois quartz, syve dix huict caratz, d'ung navire nommé *Sainct-Victour-Bonnadventure* par lui acquis de dame Françoise de Foix, comtesse de Tende, de la portée de trois mil quintaulx ou environ, se trouvant à présent en ce port et avre de Marseille..... scavoir audict Lenche six caratz, audict Gonfaron et Gay aultres six caratz, audict Pierre de Baptiste six caratz, demeurant les aultres six caratz audict Michel Teysseire..... laquelle vente ledict Teysseire a faict auxdicts aschepteurs pour le prix et moyennant la somme de six cens escus d'or ditallie, de quarante-huict soulz tournois la pièce, qui revient à deux cens escus pour chascun quart et pour chacun six caratz..... (Payé en argent comptant reçu par Teysseire; sommes fournies pour l'acouplement reparement et équipaige dudict navire). A été stipulé que « ledict Michel Teysseire s'est retenu et réservé, retient et réserve le droit de patronaige et seigneurie dudict navyre, tant que icelluy navyre demeurera en estat.. ..

Registres de Me Champorcin, 1562, fol. 556 vo — 559.

IV. — Translation du commandement et permission octroyée par le grand seigneur de Constantinoble aux participes de l'antiene compagnie du corail.

L'an mil six cens et ung et le trezieme jour du mois de mars par devant nous Nicolas de Vento docteur es droictz, conseiller du roy lieutenant acesseur au siège de ceste ville de Marseille, compareust Mr Guillaume Arbousset, procureur audict siège, pour et au nom des particips de l'antienne compagnie du corail, qui nous auroit dict par sa requête que ladicte compagnie a obtenu ung commandement du Grand Seigneur en Constantinoble, concernant la permission de la pesche du corail, que lesdits associés ont faculté de faire faire aux parties de Massacarès la Calle Bonne et Cap de Rose, et, d'aultant que ladite permission se trouve escripte en langue turquesque, nous auroit requis icelle faire translater en langue françoise par le truchement de sa Majesté, pour après leur pouvoir servir ainsy par devant et contre qu'il appartiendra, au bas de laquelle requête et réquisition nous, dit lieutenant, aurions commis à Honnoré Suffin, interprète du roy, fere la traduction requise, partie appellée, prestant préallablement le serment en tel cas requis.

Et, en vertu de ce, Anthoine Arnaud, sergent royal audict siège, auroit baillé assignation et appellé Thomas et Anthoine de Lenches seigneurs de Moyssac (1), parlant à leur mère et femme dudict sieur de Moyssac à comparoir par devant nous et ledit Suffin, interprète du roy, à ce jourd'huy à neuf heures, attendant dix du matin, pour veoir procéder à ladite traduction ainsi qu'il appartiendra.

Advenue laquelle heure assignée ledit maître Arbousset, audict nom, nous auroit d'abondant requis en pretence ou deffault des parties adverses vouloir defferer le serment audit interprète du roy et à ces fins qu'il ait à procéder à ladite traduction.

Et, au contraire, nul ne se seroit présenté ny compareu.

Et nous, dit lieutenant acesseur, avons donné deffault contre lesdits Thomas et Anthoine de Lenches, pour le proffict duquel avons faict prester le serment en tel cas requis audict Honnoré Suffin, interprète du roy, de bien et deuement procéder à ladicte traduction selon Dieu et conscience. Et, ce fait, icelui Suffin a procédé en notre présence à ladicte traduction dudict commandement et permission escripte en lettre turquesque en langue françoise comme s'ensuict.

Le valeureux seigneur des seigneurs clément et magnanime, vertueux et suprême de toute prééminence et honneur, digne et plein de félixité et réputation à luy octroyée par la grace de la divine Providence, au suffisant et très prudent Beglierbey d'Algier, duquel la félixité soit perpétuelle, et au vénérable juste juge notre président les parfaits mousulmans, au magnific cady d'Algier en Barbarye, duquel la vertu et science soit en augmentation et au emin de la scale d'Algier.

Depuis la reception du divin et impérial sigil nostre, manifeste vous soit que l'ambassadeur de l'empereur de France a mandé une requeste à ma sublime et très heureuse Porte nous disant et signiffiant comme en Algier, Thunix et Tripoly, lieux et pays du reigne de Barbarye et Bona, ceux quy peschoient le courail en ces mers, nommés Anthon Lenche et Pierre Bausset et ses compaignons, marchans de Marseille, souloyent d'ancienneté pescher le courail en ces lieux et alloyent par cy devant à la scale de Bona, Cap de Roze et Calla de Massacarès et, présentement de nouveau, en vertu de ce nostre impérial commandement, nous leur donnons ample et seure liberté à ce qu'ils puissent

(1) Moissac, canton de Tavernes, arrond. de Brignoles, Var.

pescher le corail, depuis Montefousque jusques à la cap Negre, puisqu'il nous est manifeste que la Calla du lieu de Massacarès demeure et est au pouvoir dudit Lenche et ses compaignons, l'ayant acquise et louée justement des Genevois. Par quoy nous luy confirmons la susdite Calle de Massacarès, avec tous les aultres lieux et escales qu'ils souloyent premièrement tenir, dedans le Montefousque et le Cap Negro. Lesquels, avec nos excellents commandements, ils ont levé de leurs mains déclairant que nous ne voulons que lesdits Anthon Lenche et compaignons n'aient seulement à payer que mil cinq cens escus par an, pour lesdits lieux et escalle que premièrement ils souloyent tenir et encore à présent tiennent, et que personne ne puisse faire paier ne imposer davantage de mil cinq cens escus, ne moingt leur pouvoir lever lesdits lieux et que aulcung aultre ne prenne la hardiesse de pescher en ces lieux le courail, parce que ainsy est nostre volonté, ne les molester ny troubler en aulcune façon en leurs maisons et bastions, ne faire aulcune violence, y ayant despendu grosse somme d'argent, ny que personne leur puisse lever lesdits lieux. Et ceux qui viendront à pescher le courail pour le service dudit Anthon et ses compaignons auxdits lieux, tant françois que d'aultres nations et aux barques, vaisseaux, et navires, frégates, brigantines, facultés, merchandises et vivres qu'ils porteront esdits lieux, quy leur feront besoing pour ladite pesche du corail et négoce, et traffiquants, negotians, ils puissent paisiblement prendre merchandises et vituailles à suffisance pour leur vivre, achapter toutes sortes de merchandises, pourveu qu'elles ne soient prohibées ni faict contre les canons et capitulations jurées; puissent négotier, trafiquer librement sans que personne leur puisse donner facherie ni empeschement aulcung. Si que, pour leur argent, ils puissent estre servis de toutes choses nécessaires pour leur commodité et vivre, et que personne ne les puisse troubler ni empescher, ains, au contraire, ayant de besoing de faveur et ayde, les favoriser en tout ce qu'ils auron besoing et que tous puissent aller et venir librement et seurement, Commandons à tous capitaines de nos gallères, frégates, brigantins et volontaires, patrons et autres officiers quy gouvernent en nos terres maritimes, comme Beglierbey, Cady et Emin des escalles nostres, qu'ils ne facent chose contraire à nostre suprême et heureux commandement. Et s'ils leur auront faict aulcung desplaisir ou empeschement ou bien qu'ils eussent pris quelque chose de leurs facultés, faisant chose contraire à la sévère justice et canons et aux suprêmes Capitulations jurées, aient à leur faire restituer leurs facultés et merchandises personnes et tout ce quy leur aura esté pris. Et tous ceulx quy auront faict mal contre les susdicts les faire mettre incontinent en prison et faire entendre tout incontinent le faict justement comme il passe à ma sublime et suprême Porte. Et despuis que sera présentée requeste à ma heureuse Poste, suyvant la response que vous en aures et nos supremes commandements, tous aussy tost les mettres à exécution, suyvant ce quy vous sera commandé. Sur tels faicts nous a requis nostre heureux commandement, commandons à tous capitaines et officiers, tant de terre comme de mer, qu'ils ayent à obéir à ce que dessus; parce que despuis trente ou qurante ans en çà qu'ils ont pesché lesdits couraulx, et despuis ce temps là jusques aujourd'huy, ils doibvent pescher à l'advenir comme ils soulloyent et ainsy qu'ils ont faict parle passé. Et sy, despuis, il vous estoit mandé commandement de les empescher de pescher le courail, traffiquer et négotier à leur plaisir suivant l'ordre et limite que dessus, vous advertissant de ne pas faire ou faire faire contre les canons et suprêmes capitulations jurées. Et tous ceulx quy nous vouldront obéyr les deschasserez comme désobeissants et, s'il sera de besoing, les faire entendre à ma suprême Porte.

Et puis, ayant veu et leu ces présentes, vous les retourneres entre les mains de ceulx quy les vous ont présentées, donnant entière foy à notre sigil sacré et ainsy vous le devez scavoir.

Donné les calendes de l'auguste lune du premier de Chaban, en l'année du prophète neuf cent nonante (1), en notre impériale résidence de Constantinoble.

Et comme dessus a esté procédé à ladite traduction par ledict Suffin, interprète du roy, en nostre présence, et c'est ledit Suffin et nous signés.

VENTO. HONORÉ SUFFIN,
Interprète du roy ordinère
en sa ville de Marseille ay prosédé
come dessus.

Sénéchaussée de Marseille. B, 5, 1601-1607, fol. 4-7 (arch. des Bouches-du-Rhône).

V. — Noms des patrons corailleurs engagés par la compagnie en 1583, 1584, 1585 (2).

Pantellini Agnès *.
Angellini Allart.
Antoine Allier.
Martin Amourel.
Angeloto Arimondo *.
Jacomo Arardo *.
Anthoine Arardo *.
Antoine Ardisson.
Antoine Arluc.
Estève Arluc.
Peyron Arluc
Honnorat Arnaud, de Canos (Cannes).
Monet Aubert.

(1) 1582.

(2) Un certain nombre de ces patrons sont au service de la compagnie pendant trois ou deux ans. On a ici des exemples des noms de famille et des prénoms des habitants des petits ports de la Provence orientale, de la Ciotat à Antibes. — Les noms marqués d'un astérisque sont ceux des patrons recrutés dans le golfe de Gênes sur la Rivière du Ponent, à Oneglia, Alassio, Diano Marino, dont il est question dans l'acte qui suit. La forme de leurs noms, plus ou moins francisés, n'y est pas toujours la même : Pantelin Agnezo, Jules Figaretto, Joseph Balto, Anthonio Guargua, Nicollas Juge, Dominique Aousto.

Jean Audibert.
Domenico Avoust *.
Gaspard Babeglia.
Peyron Ballart.
Jehan Bar, de Bormes.
Antoine Bertrand, d'Antibou.
Peyron Besson, de Canos.
Georgi Bergier.
François Blanquart.
Franchiscou Blanc, de la Sioutad.
Jean Boisson.
Joseph Boton *.
Filip Bruny *.
Andriou Buen.
Antoine Cargues *.
Georgi Chano.
Simon de Claro.
Jacques Cornillon.
Jean de la Coste.
Anthoine Daoc.
Honorat Daubour.
Pantelnio Delpianno.
Lazaro Dyloro.
Nicolas Dilloro.
Bartholomeo Esterio *.
Honorat Evesque.
Mano Feraudon.
Marco Ferraud.
Jules Figarotou *.
Honorat Fornier, de Saint-Tropez.
Jehan Fugeiron.
Estève Gabriel.
Antoine Gantelmi.
Laurent Garello.
Antoine Garin.
Peyron Gassin.
Barthoumiou Gautier, de Saint-Tropez.
Marguet Gautier.
Ugot Gautier.
André Gayaut.
Nicolas Gazelle.
Nicollo Giudiche *.
Peyron Grallier.
Barthélemy Gros.
Peyron Guez.
Bernard Gydoart.
Auban Isnard, de Canos.
Barthélemy Isnard.
Boniface Isnard.
Janon Isnard.
Nicollas Isnard.
Franchiscou Jourdan.
Bernardin Janoart.
Nicollas Juge.
Anthoine Lambert.
Anthoine Lambert Marignana (de Marignane ?)
Michel Maria.
Barthélemy Mazardo *.
Jean Merle.
Martin Monet *.
Peyron Monnier.
Jehan Montaut.
Antoine Montollyeu, de Cannes.
Honorat Montollyeu.
Janon Montollyeu.
Blaise Mur.
Laugier Navilly.
Barthélemy Ollivier.
Jehan Ordano *
Jaumet Peyron.
Barthoumiou Pichon, de la Cioutat.
Gerentino Pirra *.
Honorat Portanier.
Jean Proze.
Sauvaire Raphel.
Baptiste Ribera.
Monet de la Ribbe, de Canos.
Laurent Roaze, de Canos.
Peyron Roaze.
Pichon Roaze.
Barthélemy Robaud.
Janon ou Johannon Rostan.
Louis Rougier, de Saint-Tropez.
Nicollas Rous *.
Jacomo Salligino.
François Salinier *.
Antoine Segni.
Jacomo Serviel *.
Jean Sibou.
Bastian Storra *.
Bastian Stella *.

Barthélemy Stroya.
Bastian Stroya.
Jaumet Taron.
Antoine Tyrardou.
Laurensou Venerandou*.
Jamet Vial.
Panthelymo Vilpianno.
Batin Viou*.
Paullon Viou*.
Augustino Viou*.

VI. — Promesse pour messieurs de la compagnie de la pesche du corail.

Sachent tous presants et advenir que, l'an mil cinq cens quatre vingt et trois et le cinquiesme jour du moys de may avant midi, comme Jehan Paul Guntier, du lieu de Saint-Troppes, aie accordé les patrons et aultres cy après nommés, pour et aux fins de aler servir messieurs de la compagnie pour la pesche du corail, lequel Jehan Paul Gontier leur en aurait faict passer acte d'obligation receu par maître Barthélemi Hermundo, notaire du lieu del Saru, et aultre notaire de la rivière de Dian, les an et jour en icelles contenus.

Or est-il que, constitué en leurs personnes par devant moy, notaire royal à Marseille soubsigné, et des tesmoings cy après nommés (suit l'énumeration : 21 patrons d'Onelho, 2 d'Arassio, 1 de Dian (1), les quels, en exécution de la promesse par eulx faicte audict Jehan Paul Gontier et satisfaisant à icelle, ils ont promis et promettent au sieur Pierre de Batista présent et stipulant,... de soy employer, leurs euvres et personnes, à la dicte pesche bien deuement et loyalement, ainsi que ont acoustumé fere les aultres qui sont employés à icelle pesche, aux mesmes paches, qualités portées auxdicts actes par eux passés avec ledict patron Jehan Paul Gontier...

(Suit la liste des 24 patrons avec l'indication des sommes reçues par chacun d'eux en prêt et en don. Le don est de 10 écus, le prêt de 51 ou 52 écus. Les sommes sont à rendre en corail ; ils doivent fournir à la compagnie au minimum six quintaux de corail).

Lesquels patrons susnommés, faisant le nombre de vingt-quatre, ont reçeu lesdites sommes respectivement, en présence de moy notaire et témoins soubz nommés, ascavoir trente troys escus d'or sol et cinq soulz tournois que sieur Anthoine Sabatier, dict de Madame, à présent caissier de ladicte compagnie du corail, lui a payé pour fere le complement des escus dittalie a escus d'or sol, la somme de   . Et de plus lui a eté payé par ledict Sabatier, lui a payé trente neuf escus et demy pour adjouster à sept desdicts patrons deux escus pour chascun patron et ving cinq escus à dix sept aultres patrons, à raison dung escu et demy par patron, et le demeurant somme ont dict avoyr receu par les mains dudict patron Jehan Paul

(1) Diano Marino, Oneglia, Alassio, ports voisins sur la Rivière du Ponent, à l'est de Porto Maurizio. — Saru (?) doit être cherché dans le voisinage.

Gontier du propre argent touttesfois d'icelle compagnie et s'en font tenir accepteurs bien payés et satisfaits et en ont quité et quitent ladite compagnie, sans espoyr de jamais en fere demande. A laquelle compagnie ont promis et promettent les susnommés rendre et restituer lesdites sommes à eulx cy dessus respectivement prestées aux administrateurs de ladicte compagnie, qui sont aux parties de Barbarie pour ladicte empreze, en tant de corail, à la raison de trente quatre solz la livre pourté yci en ceste ville de Marseille au risc perills et fortune desdicts patrons. Et pour le regard des aultres sommes à eulz respectivement données a esté faict à la condiction toutesfoys quils seront tenus de pescher a ladicte empreze dedans ung an six quintaux de corail par chascung patron. Et a faulte de ce fere ladicte somme de dix escus a euz donnée sera par chascun desdicts rendue et restituée à ladicte compagnie en tant de corail à la mesme mesure, à raison de trente quatre solz la livre. Et au surplus a esté permis davoyr le présent acte pour agréable sans y contrevenir qu'ils rambourseront de toute despense daumage et intérêts......

Faict et passé audict Marseille et dans la maison de ladicte compagnie.

Registres de Me Champorcin, 1583, fol. 276-279.

VII. — Accord et assossiation faicte et passée entre noble Jehan Deisac sieur de Venelle, Aulbert Massilhon Nicolas du Renel et aultres.

Sachent tous presants et advenir que comme soict ainsy que nobles Jehan Deisac, sieur de Venelles, Pierre Albertas, sieur de Saint-Chamas, sieur Nicolas du Renel, Albert Massilhon, Magdelon Lethelier, Jehan bon Jehan, merchantz de la ville de Marseille, Bernardiny Bernardy, de Lion, ayent propouzé et mis en deliberation de, avec layde de dieu, fere fabriquer quantité de draperies en leynes, à la façon et de la mesme qualité que ce fabriquent en la cité de Venize, et d'aultres sortes qu'ils adviseront et leur viendra à propos de fere, suivant la permission et license que a pleu au roy notre seigneur leur octroyer, dont ne trouvant personne qu'il soict plus apte et expérimenté en ce fait que messire Lois Drera, merchant dudict Venize.

Au moyen de quoy, ce jourd'huy, vingt sixiesme du mois d'aoust mil cinq cens septante et dix, establis en leur personne par davant moy, notaire royal à Marseille soubzigné, et des tesmoingts cy après nommés, lesdits sieurs de Venelles..... lesquels, desirantz metre en exécution et en effect leur dicte délibération, de leur bon gré pour eux et les siens, ont passé le présent acte de assossiation entre eux et convention avec ledit Drera, pour leffect que dessus, ainsi que cy apres sensuict.

Assavoir et premièrement ont convenu et accordé..... que ledit Drera sera tenu, ainsi que fere l'a promis en vertu de ces présentes, de employer bien et loyallement sa personne et heuvres à ce licites et convenables, pour la fabricque et construction de la quantité des draps qu'ils voudront fere toutes les années, de la qualité sorte bonté et colleur que ladicte compagnie voudra et déliberera fere durant le temps que contiendra ladicte permission et lisense octroyée par Sa Majesté, lequel Drera aura la toutelle, charge et administration, régime solicitude et superintendance de ladicte construction..., dont, pour ce faire, lesdits assossiés seront tenus... fornir et delivrer audict Drera toutes les leynes teinctures et aultres choses qui seront necessaires... et icceluy Drera y employera sa personne et heuvre avec toute dilligence loyaulté et fidellité, à tout son pouvoir et scavoir, durant ledit temps, sans pouvoir vaquer ni employer sesdites heuvres et personne pour aulcungs aultres affaires particuliers d'aulcungs aultres que ce soinct...

(Répartition des carats: Venelles et Albertas 9 carats, du Renel 2, Letellier 2, Drera 4, Massillion 4, Bernardini 2, Jehan bon Jehan 1. En tout 24).

Pour raison desquels quaratz chascung desdicts assossiés sera tenu de fournir et contribuer proportionnablement ce que sera nécessaire et conviendra fornir à ladite compagnie pour faire ladite heuvre et manufacture...... Sera tenu ledit Drera y entrer et contribuer pour ses quatre quaratz et là où ledit Drera nauroict moyen de pouvoir fornir et suplir pour sesdits quatre quaratz... luy sera permis de prendre sur son compte argent et change pour tel temps et ainsi que plera et bon semblera ausdits particips.....

Sont aussy demeurés d'accord lesdits particips que, pour les peynes travaulx vacations et industrie de la personne dudit Drera, et affin qu'il ayt meilheur moyen et vollonté de se employer à ladicte fabrique pour ladicte compagnie, icelle sera tenue lui payer toutes les années la somme de quatre escus de quarante huict soulz pièce de chascune piece de drap que se fera et pareschevera entierement, estant teinctes et prestes à estre expauzées en vente, estant toutesfois lesdites pieces diceulx draps faictes de la façon et mezure que long a acoustumé faire audict Venize, lesquelles sallaires et somme que dessus se prendront et payeront audict Drera du blod et fonds de ladicte compagnie, moyenent lequel sallaire et prix que dessus icelluy Drera sera tenu se loger et entretenir luy, sa famille, serviteurs et chambrieres, à ses propres coust et despans durant ledict temps, ormis toutesfois le loyer de la maison en laquelle se feront et construiront lesdits draps, dans laquelle ledit Drera sera tenu faire sa demeurance et habitation, le loyer de laquelle sera payé par ladicte compagnie.

Davantage a été accordé et convenu..... que ledit Drera sera tenu ..... de se acheminer audict Venise et autres lieux circonvoisins que conviendra aller, pour illec accorder tels gens ouvriers et experts audict negoce quil cognoistra estre necessaires pour le travailhe et vacation de ladicte fabrique desdicts draps et teinctures diceulx, ensemble pour la facture des modelles et engiens qu'il advisera lui estre convenables et necessaires affin de se tenir prest pour venir en ceste ville lorsquils en seront requis par ladicte compagnie, et icelluy Drera de sen retorner en ceste dicte ville pour faire ses aprests et aultres choses qui luy conviendra faire, par tout le mois d'octobre prochain ; lesquels Drera et aultres gens....., qui par luy seront accordés pour le négoce que dessus, viendront au despens de ladicte compagnie, despuis ledict Venise jusques en ceste ville,.....

Encores ont ils convenu par aultre pache que, estant lesdicts draps faicts teincts et rendus tous prests, la compagnie les chargera sur telz vaisseaulx et pour telle parti que les adviseront, soit en Levant ou alheurs, pour les vendre au meilheur proffict que faire se pourra de ladicte compagnie, et suivant lordre et comission d'icelle, et le provenu diceulx se vendra a leur proffict et beneffice sans que aulcung desdicts particips puisse lever ne prendre du fonds d'icelle compagnie, ormis de trois en trois ans à la fin desquels pourront, si bon leur semble, prendre et despartir le gain et proffict qui, Dieu aydant, se fera. Ne pourront aussy aulcung desdicts particips pouvoir assossier ne remetre aulcung des quaratz quils ont et participent en ladicte compagnie à aulcune aultre personne que à ceulx qui sont nommées en la présente assossiation et compagnie.....

Semblablement ont accordé et convenu que ledit sieur de Venelles tiendra ung homme expert et tel quil advisera pour tenir le compte de a raison de toute ladicte compagnie, tant des achepts que ventes que se feront et du retrect d'icelles, aussy des comptes et raisons que ledict Drera aura bailhé de ladicte fabricque et facture desdicts draps pour lequel homme ledit sieur de Venelles en répondra envers ladicte compagnie.

Et, en outre, sont demeurés dacord, lesdites parties, que, lorsque ladicte compagnie envoyera aux parties de Surie lesdicts draps en parties diceulx, seront tenus les envoyer et consigner entre les mains de Anthoine Massilhon et nom à aultre, pour, par icelluy, estre vendus et contractés au meilheur proffict et uttilité que faire pourra pour ladicte compagnie et tout ainsi que luy sera ordonné par les accords d'icelle compagnie, à la charge touteffois que ledict Anthoine Massilhon en uzera et administrera icelle charge bien deuement et loyallement, de la suffizance et probité duquel ledict Aulbert Massilhon, son frère, tant en son propre nom que encores en qualité et procureur de Augustin Massilhon, son père, sera tenu en respondre et en donner bon compte...., pour les sallaires et provisions duquel ladicte compagnie a promis luy payer à raison de trois pour cent du net proade.

Et finablement a esté convenu et accordé entre lesdictes parties par valable et mutuelle stippulation que, là où ledict Drera ne observeroict les paches cy dessus especiffiés et par luy promis, et que ladicte association et compagnie ne viendroict en effect ou demeureroict en surséance, pour sa coulpe ou négligence, audict cas il sera tenu de payer et ramborser à ladicte compagnie tous les fraix mizes et despences que par eulx auroient esté faictes et se pourront faire par cy après à l'advenir, ensemble tous aultres despenses daumages et intherests que pourront estre soufferts, et, oultre ce, payer la peyne vollontaire de cinq cens escus dor aplicables la moitié au roy et l'aultre moitié a ladite compagnie.......

Faict et passé en la ville de Marseille et dans la maison dudit sieur de Venelles.

Registres de Me Champorcin, 1570, fol. 1077-81.

VIII. — **Achept de meisons et jardins pour nobles Jehan Deysac, seigneur de Venelles, Pierre Albertas, Jehan Riquetty et aultres de la compagnie de l'emprese.**

Au nom de Dieu soict-il, l'an mil cinq cens septante ung et le vingt unième jour du mois de decembre, régnant le tres crestien prince Charles, neufviesme de ce nom, par la grâce de Dieu roy de France, conte de Provance, Forqualquier et terres adjacentes, longuement soict-il avecques félixite, amen. Sachent tous présentz et advenir que, par devant moy, notaire royal à Marseille soubzigné, et des tesmoings cy après nommés, personnellement establi honorable homme Anthoine Drivet, marchand de la ville de Marseille, lequel de son bon gré et libéralle vollonté, pour lui et les siens, hoirs et successeurs quelconques à l'advenir, a vandu et, par tillet de simple, pure forme, vallable et et irrévocable vendicion, remis et perpetuallement désamparé, sans rétention aulcune tacite et expresse, à nobles et honorables personnes, Jehan Deisac, sieur de Venelles, Pierre Albertas, sieur de Ners (1), Jehan Riqueti, sieur de Mirabeau, Sebastian Cabre, sieur de Rocovaire, Bernardini Bernardi, de Lion, sieurs Anthoine de Lenzo, Ascanio Roncailhe, Petro-Paulo Nobili, tous deux assossiés, Pierre Gardiolle, Nicollas du Renel, Aubert Massallion, Augier Perrel, maître Lois Drera, vinisien, Jehan bon Jehan dudict Marseille et aultres assossiés au faict de l'empreze de la draperie en lennes, novellement dressée en ceste ville, en la manière de Venize et aultres sortes qu'ilz adviseront et bon lui semblera fere, ainsi que apert de leur dicte assossiation et compagnie, acte receu par moy notaire soubzigné en lannée mil cinq cents septante et du trantiesme jour de decembre, et ce pour les parts et caratz que chacung d'eulx entrent et participent en ladicte compagnie, tant en leur propre noms et chefs que comme cessionnaires et ayant le droict de aulcung de ladicte compagnie ainsi que ci après sera particullièrement declaré.

Assavoir et premièrement ledict Jehan Deisac, seigneur de Venelles, pour trois cairatz, ledict seigneur de Ners pour deux, ledict seigneur de Mirabeau pour deux, ledict sieur Sebastian Cabre pour deux, ledict

(1 Venelles, commune de l'arrondissement d'Aix. — Voir page 25 note 3. — Roquevaire ch-l. de canton, près Marseille.

de Lenzo pour aultres deux, lesdicts Bernardi et Bernardiny pour deux, Ascanio Roncailhe et Pierre-Paulo Nobilli, assossiés, pour deux, sieur Nicollas du Renel pour deux, ledict Aubert Massillon pour trois, ledict Pierre Gardiolle pour trois, ledict Augier Perrel pour ung, Lois Drera pour trois, Jehan bon Jehan pour ung, Anthoine Bernardi pour ung et encores ledict sieur de Venelles, avecques Anthoine Albertas et compagnie pour ung cairat, par eux despuis acquis par cession, faisant en tout le nombre de trante cairatz en lesquels consiste toute la compagnie de ladite empreze du nombre desquels achepteurs sont estés présants les cy après nommés, assavoir ledict seigneur de Venelles, ledict sieur de Ners, le sieur de Mirabeau, Cabre, de Lenzo, Roncailhe et du Renel, stippullants pour les aultres absants, suivant les pouvoyr à eulx donné par les aultres de leur dicte compagnie, ainsi que ont dict aparoir de leur procuration receue par Me Balthezard Renozi, notaire dudict Marseille.. ....

Scavoir est une grande maison que ledict Drivet a en la présente ville de Marseille et auprès du couvant de l'Observance, en laquelle il avoict acoustumé faire la curaterie, avecques sa crotte (1) toute les deux jardins et son stable y jougnant, et tant qu'elle contient, toute avecques ses droicts et apartenences, estant assize et scituée au lieu jadict, auprès de l'Observance dudict Marseille, confrontant, d'une part, avec une rue tirant vers leglize majeure dudict Marseille qui est entre la chapelle des fraires dissiplinés blancs dudict couvant de lobservance, et le jardin des hoirs de feu Filip Félix, et, d'autre part, avecques le jardin dudict couvant et avec la grand rue tirant vers ladoubadour dudict Marseille, et avec ses aultres confronts plus véritables si point s'en treuvaict, y comprenant aussi en ladicte vante certaine ruete sive androne (2) bailhée à nouvel bailh a feu Jehan-Baptiste Dalmas par messieurs les maîtres rationaux de la courte des comptes de ce pays de Provance, ainsi que apert de l'acte du nouvel bailh pris et receu par maître (nom laissé en blanc), notaire dudict Marseille, le vingt quatriesme juillet mil cinq cens trente huict, estant ladicte maison mouvante et sur la directe majeure seigneurie du vénérable chapitre de l'esglise majeure dudict Marseille.. .....

(Le prix de vente de la maison, crotte, étable, jardins, est fixé à 2 700 écus de 48 sous; une autre maison « estant là auprès et tout au davant de l'aultre » est vendue par Drivet pour 800 écus de 48 sous. De cette somme de 3.500 écus il y a à déduire des sommes dues par Drivet. Le paiement est ainsi réglé : 150 écus comptant, 850 écus au carême prochain et le reliquat, soit 1.662 écus, au 1er janvier prochain.

Registres de Me Champorcin, 1571, fol. 1763-67.

(1) Mot provençal, cave.
(2) Mot provençal (androun), ruelle, cul de sac.

INDEX SOMMAIRE

TABLE DES MATIÈRES

TABLE DES GRAVURES

Marseille. — Imprimerie du *Sémaphore*, BARLATIER, rue Venture, 17-19.

IMPRIMERIE DU SEMAPHORE
MARSEILLE

www.ingramcontent.com/pod-product-compliance
Ingram Content Group UK Ltd.
Pitfield, Milton Keynes, MK11 3LW, UK
UKHW020544180726
13838UKWH00001B/33

9 782329 44758